U0560145

Biography of Song Qingling

宋庆龄全传

刘素平 著

团结出版社

图书在版编目（CIP）数据

宋庆龄全传 / 刘素平著 . -- 北京：团结出版社，2016.11（2024.2 重印）

ISBN 978-7-5126-4182-2

Ⅰ . ①宋… Ⅱ . ①刘… Ⅲ . ①宋庆龄 (1893-1981) —传记 Ⅳ . ① K827=7

中国版本图书馆 CIP 数据核字（2016）第 154039 号

出　版：团结出版社
（北京市东城区东皇城根南街 84 号　邮编：100006）
电　话：（010）65228880　65244790（出版社）
（010）65238766　85113874　65133603（发行部）
（010）65133603（邮购）
网　址：http://www.tjpress.com
E-mail：zb65244790@vip.163.com
tjcbsfxb@163.com（发行部邮购）
经　销：全国新华书店
印　装：三河市东方印刷有限公司

开　本：170mm × 240mm　16 开
印　张：18.25
字　数：272 千字
版　次：2016 年 11 月　第 1 版
印　次：2024 年 2 月　第 6 次印刷

书　号：978-7-5126-4182-2
定　价：59.00 元

序　言

永远一丝不乱的中国传统妇女的发型，古朴中透着典雅，高贵而不失大气。脸上永远充满着温馨的笑容，给人以宽厚、从容、亲切之感。时而，宽宽的额头、弯弯的柳叶眉下一双亮丽的明眸，闪耀着睿智的光芒；时而，圆润的鼻子下的两片嘴唇微微上翘，牵动出心灵的魅力。

——这就是宋庆龄，这就是宋庆龄留给世人的永恒印象。

宋庆龄被世人尊称为“庆龄先生”“孙夫人”。被周恩来总理誉为“国之瑰宝”。

因为她不仅是孙中山先生的学生、战友、同志和夫人，也是孙中山政治主张的继承人。在孙中山离开后的漫长岁月里，她坚守着“联俄、联共、扶助农工”三大政策，相信千百万人民将遵循孙中山的道路达到革命的最终目的。

她凭着自己的人格魅力，逐渐成长为一位积极的社会活动家、个性独特的政治家、受人爱戴的和平大使，从而成为近代中国乃至世界最有影响力的人物之一。

无论多么伟大的生命，都始于婴儿，宋庆龄也不例外。唯一不同的是，在宋庆龄生命的起始阶段，就有了一次看似平凡却又不平凡的经历。

1893 年 1 月 27 日宋庆龄诞生在上海一个牧师兼实业家的家庭。因为实业家的父亲宋嘉树是孙中山的朋友和同志，也是支持孙中山资产阶级民主革命，争取国民革命成功的重要财政支柱，所以，宋庆龄在一岁多的时候就“得见”孙中山，并得到了后来的“革命之父”之一抱。只是当时，所有人都没有想到这意味着什么？

宋庆龄是幸运的。虽然她出生于封建的旧时代，但生长在上海一个开明的富豪之家，使她免去了被缠足的命运。幼时，她是乖乖女，在兄弟姐妹六人中，她是最让父母放心的一个孩子。

在父亲斯巴达式的教育理念中，宋庆龄既当过小编辑精研国文，又经常去参加社会实践，增长独立面对各种挑战的本领。15 岁时，宋庆龄就成长为一位学业优秀的美丽少女。她和父亲、姐姐一样，负笈异域，考入美国佐治亚州梅肯市威斯里安学院，几年后获得文学学士学位。

在美国接受“欧洲式的教育”的时候，她也没有中断对祖国的关注。

父亲宋嘉树是她的第一个政治上的启蒙老师。辛亥革命推翻了清朝专制统治，使她对祖国的独立、自由、民主和富强满怀憧憬。父亲源源不断寄给她的书信与剪报资料，在她的心中与孙中山领导的革命事业架起了桥梁。

当共和国在摇篮中被扼杀，革命的大潮已经消退之时，宋庆龄学成归国。

苦于改革和建设祖国的抱负无由施展，于是她径直到流亡的革命党人集中的东京，不久即担任了孙中山的秘书和助手，开始了她的革命生涯。

在协助孙中山工作期间，她是愉快和充满期待的。出于敬仰，自然而然地，一个发自少女内心的浪漫念头产生了。

于是，她不顾年龄的差距，不顾家人的反对，意志坚定地冲破家庭的软禁，私奔到日本与孙中山结婚。

她发出了这样的肺腑之言：“我的快乐，我唯一的快乐是与孙先生在一起。”

为了迎娶她，流亡的民国缔造者孙中山，不仅与元配办理了离婚手续，而且与宋庆龄在日本律师和田家中办理了正式的结婚手续，并在日本友人庄吉家举行了婚礼。

孙中山拒绝和革命友人谈这个“私事”。孙中山说：“如能与她结婚，即使第二天死去亦不后悔。”

政治情势、政治利益和既成事实，都迫使持异议的人不得不接受这场划时代的婚姻。

“精诚无间同忧乐　笃爱有缘共死生”。

这样，宋庆龄从 1915 年至 1925 年成为了孙中山的夫人。短短的十年，是她人生的九分之一时间。在追随孙中山的十年中，她辅佐孙中山著书立说。

在革命失败后，孙中山心灵的创伤和流亡海外生活的孤寂，都从她的帮助和抚慰中得到补偿，而她追随孙中山的革命愿望得到了满足。

当广州发生陈炯明兵变，在危难之际她把生的希望留给了孙中山，“中国可以没有我，但不可以没有你！”她不顾自己安危，保护了夫君，也保护了中国革命，唯一遗憾的是为此失去了腹中的胎儿。

而她的夫君孙中山在弥留之际，也特别嘱咐儿子、女婿要“善待孙夫人”。短短十年聚首，胜过人间无数。

此后，她孀居终生。

1925 年的春天，日夜侍候在病榻旁的宋庆龄也没能留住孙中山的生命。她痛哭失声。然而，她没有一味地哭泣。她知道，向国内外介绍孙中山的新三民主义和遵循“联合世界上以平等待我之民族共同奋斗”的遗嘱，是她义不容辞的责任。

于是——

她发表坚持孙中山三大政策的演说；

她发表《为抗议违反孙中山的革命原则和政策的声明》，宣布站在坚持孙中山的革命原则和政策的立场上与叛徒们决裂；

她支持南昌起义，和毛泽东等 22 名国民党中央委员发表《中央委员宣言》，痛斥蒋、汪集团背叛革命，号召革命人民继续为反对帝国主义和解决土地问题而奋斗。

在维护孙中山的三民主义的同时，宋庆龄也有她自己的独立见解。

宋庆龄反对日本法西斯的侵略行径。

她组织“中国民权保障同盟”，主持召开“世界反对帝国主义战争委员会”远东大会；

她与何香凝等 1779 人联名发表《中国人民对日作战基本纲领》，要求发动抗日救国的民族自卫战争；

她与沈钧儒、邹韬奋等在上海成立“全国各界救国联合会”；

她邀集中外著名人士，在香港发起组织“保卫中国同盟”。

宋庆龄说：“一切工作和努力的结果，归根结底，应该使儿童的健康和福利得到改善，这是适用于每一个地方每一个人的生活的一条规律。”在致力于战时医疗救济和儿童福利工作的同时，她又组织“中国福利基金会”，从事妇女卫生、文化教育和社会救济事业，支持进步组织和民主力量。

宋庆龄是一位和平的使者。

她担任多个救济总会、中国福利会、保卫儿童委员会、亚洲及太平洋区域和平联络委员会的主席等职务。她出席在华沙召开的第二届世界保卫和平大会，当选为世界和平理事会理事。

更值得一提的是，1950 年，她在北京接受“加强国际和平”斯大林国际奖金，旋将十万卢布的奖金全部献出，交给中国福利会作为创办国际和平妇幼保健院之用。

她率领中国代表团出席在维也纳举行的世界人民和平大会；

她担任了中苏友好协会总会会长；

她作为和平的使者，访问了印度、缅甸、巴基斯坦、印度尼西亚等国；

她随同毛泽东率领的中国代表团抵达莫斯科，参加社会主义国家共产党和工人党代表会议及“十月革命”四十周年活动；

她同周恩来、陈毅一起访问锡兰。

1949年10月1日，宋庆龄参加了中华人民共和国开国大典。

根据她的心愿，1981年5月15日，中共中央政治局决定接受她为中国共产党正式党员。全国人大常委会第十八次会议决定授予她中华人民共和国名誉主席的荣誉称号，她是至今唯一拥有“国家名誉主席”称号的人士。

宋庆龄用实际行动证明：她无愧于这一个个闪光的头衔！

作为毕业于美国大学的文学学士，政治家宋庆龄还是一位女编辑、作家，晚年又接受了加拿大维多利亚大学授予的荣誉法学博士学位。

如果说，当年父亲创建印刷厂的一个大胆尝试，让宋家开始发迹，进而对中国民主革命起到了不可忽视的作用，那么，宋庆龄创办了《中国建设》杂志，并亲自指导该刊的编辑、出版工作，把新中国的真实情况介绍给全世界人民，以增进世界人民对新中国的友谊和了解。这也是对父亲所追求的信念的一种传承。

因此，可以说，宋庆龄还是一位至亲至情至孝女。

1981年5月29日，因患慢性淋巴细胞性白血病，宋庆龄于晚8时18分在北京寓所逝世。

根据她的遗嘱，她的骨灰安葬在上海万国公墓——她的父母墓地的旁边。因此，宋庆龄成为宋氏唯一终生陪伴在父母身边的子女，也只有她遵守了全家人归葬在一起的约定。

宋庆龄是爱国主义、民主主义、国际主义、共产主义的伟大战士。她为国家和人民所建树的丰功伟绩，将永载史册。

宋庆龄是一代国母，也是当之无愧的“国之瑰宝”。

CONTENTS · 目 录

第一章

学业优秀，温文尔雅的美丽少女

第二章

远涉重洋，孜孜以求的留美青年

第三章

人生初见，知书达理的英文秘书

第四章

缘定终生，青史留痕的时代结合

第五章

无比忠诚，倾情相伴的婚后十年

第六章

真情永久，不离不弃的最后追随

第七章

继承遗志，失去孙中山的日子

第八章

坚定信念，人间正道是沧桑

第九章

母爱无疆，托起明天的太阳

第十章

奉献大爱，献身和平的使者

第一章

学业优秀，温文尔雅的美丽少女

有一种美丽，叫温文尔雅。

1893年，注定是一个伟大的年度。

在这一年的1月27日，一个后来成为20世纪世界上最伟大女性之一的女婴，在上海出生了。与此同时，这个女婴的父亲，本为传教士的宋嘉树，也以实业家的身份，开始在上海滩崭露头角。宋嘉树既得女又生意兴隆，可谓双喜临门，因此，宋嘉树高兴地为女儿取名为宋庆龄。

早年的宋嘉树，曾经是传教士，后来以实业家的身份，开始在上海滩崭露头角。

当宋庆龄出生之时，中国正沉沦在半殖民地半封建社会中，此时，民主革命运动正在兴起。也就在这时，宋庆龄的父亲宋嘉树，结识了中国民主革命的先驱孙中山，并开始积极投身于孙中山领导的革命事业，并在经济上给予支持。

在襁褓中，宋庆龄就得以与第一次来宋家拜访的孙中山初次相见。

宋庆龄的童年，是与姐妹们一起嬉戏，无忧无虑地快乐度过的。而少年时代，是在上海接受的完全西式的家庭和学校教育，并受到了系统的宗教生活的熏染。宋庆龄是宋家三姐妹三兄弟中，受宋嘉树夫妇着意培养而得到最理想效果的孩子。

宋庆龄还是一个文静而守信的孩子，在父母所讲述的故事里，基督教的博爱平等观念和孙中山的革命思想自然融合起来，如细雨润物一样，滴滴渗入少女庆龄的心田……

天生丽质的宋庆龄，在父母的培养和正规的学校教育下，出落成为一名温文尔雅、学业优秀的美丽少女。

01. 兴奋，宋家的双喜临门

1893年，上海浦东川沙。

黄浦江，一条镌满着经典的历史之河，承载着上海深厚的底蕴，静静地流淌着。1893年1月末的一天，天已过午，平静的黄浦江面上，一叶乌篷船顺流而下，向入海口驶去。

船头上，站着一位很特别的中年男人。说他特别，因为他不像别的中国人那样穿着黑布长衫，头上梳着辫子，而是穿着洋人的西服，梳着西式的背头。

这个男人不是别人，正是后来对中国的政治影响巨大的宋氏家族的奠基人，他的名字叫宋嘉树，字耀如。

此时的宋嘉树非常兴奋，因为，今天他创建的华美印书馆，与美国《圣经》协会正式订立合同，《圣经》中文版正式出版。这标志着，他已经成为了在中国印刷宗教书籍的第一人，这也说明，他成为有影响的出版商指日可待了。

在此之前，宋嘉树本来是一位毕业于美国万德比尔特大学神学院的学生。那时的宋嘉树本想遵母命学医，用医术治病救人、普渡众生。可是，改行学医，无疑违背了神学院培养他的初衷。恰逢此时，美国各地的基督教会派出大批传教士，前往中国各地传教。于是，1885年10月，宋嘉树被派遣到美国监理会中国布道区做见习牧师。

1886年1月，在海外漂泊了十余年的宋嘉树回到了他朝思暮想的祖国，来到了上海。然而在上海，他耳闻目睹了清廷的专制、洋人的跋扈，到处都弥漫着不平等、不民主、不自由的腐朽气息。

1887年仲夏，在宋嘉树正处于苦闷、孤独、彷徨之时，与他有共同宗教信仰和西方教育背景的大家闺秀倪桂贞走入了他的生活，两个年轻人一见钟情，并迅速步入婚姻殿堂。

婚后的1890年，宋家夫妇居住在倪桂贞的娘家祖传老宅附近——上海浦东川沙古城内史第西南角沿街的两层石库门房里。作为牧师，宋嘉树开办了福音堂，在上海及近郊地区传经布道。

此时的中国，动乱频频，狼烟四起，在美国就受到了林肯思想影响的宋嘉树，义无反顾地投身到反清事业中。反清事业，迫使他为钱而奔波。

宋嘉树是一个执着而睿智的人。1892 年，他辞去神职，专心经营工商业。经商伊始，在美国经商的实践，更重要的是多年资本主义社会的耳濡目染，让他很快看出了经商的门道，并且走上了正轨。他敏锐地将目光投向了宗教书刊。他抓住大部分人看不懂英文版的《圣经》这一契机，大胆地开办了一个印刷厂。这是一个大胆的尝试，也是一次成功的尝试。

宋嘉树又向成功迈出了一大步，因此，从十里洋场回来，他的心情十分激动。他得赶紧回家，把事业成功的这一喜讯与夫人分享。

日已西斜，乌篷船离开江面，拐入了川沙的河道。在一个河边码头，宋嘉树弃舟登岸，再穿过明代抗倭英雄乔镗为抗击倭寇所建的川沙城墙，来到了川沙城池的中心地带——牌楼桥。

牌楼桥始建于明代，原本就是一座石桥。不知何年，人民为了纪念他们心中的英雄，在桥北侧建起一座石牌楼，并将石桥也称为“牌楼桥”。后来，乔木、乔拱璧父子两人先后考中进士，在此又建造了“父子进士坊”，更使牌楼桥一带成了川沙城的经济文化中心。

宋嘉树作为牧师，曾经无数次在牌楼桥布道演说。可是今天，他站在桥上，看着作为川沙一景的美丽夕阳，却无暇欣赏，他得快些到家。

让宋嘉树今天步履匆匆的除了生意的成功，其实还有一件重要的事，那就是夫人身怀六甲，预产期就是这两天了。

已经看到内史第宅院的飞檐翘角了，宋嘉树的脚步更快了。在砖雕装饰、别具一格、气派非凡的门亭处，宋嘉树与一位十五六岁的翩翩少年相遇。这少年不是别人，就是日后大名鼎鼎的教育家黄炎培。

少年黄炎培此时是宋家的邻居，看到宋嘉树，他主动打着招呼：“宋先生，您回来了，恭喜您，又当父亲了！”黄炎培还是小孩子心态，他从草堂放学回来，听到了第一进院落宋家居住的西厢房内，传来了婴儿的啼哭声。

“哇——哇——”宋嘉树也听到了嘹亮的婴儿啼哭声，他顾不上与黄炎培多说，高兴地推开雕花的木门走进屋来。

好像是知道父亲进门了似的，新生儿用更响亮的啼哭表达着她的情感。

进了门的宋嘉树，首先来到妻子的床边，有些歉意地说：“亲爱的，让你受苦了。你看——这么重要的时刻，我还没在你身边……”说完，宋嘉树俯下身，在爱妻的额头轻轻印上一吻。

刚刚生产不久，还很虚弱的倪桂贞，听到丈夫的话，微微一笑，轻声说：“又是一个女儿。我也没想到咱们这二女儿这么乖，生她时，根本没让我受罪哟！”

听妻子这么一说，已经走到婴儿床边的宋嘉树，爱怜地摸了一下女儿的小脸蛋，高兴地说：“好，是个孝顺的乖乖女，一出生就知道心疼妈妈了，长大了一定更是孝顺贴心的好孩子啊！”

“快给二女儿取个名字吧！”倪桂贞催促着说。

“对了，亲爱的，告诉你一个好消息。”宋嘉树此时才想起来，竟然有些手舞足蹈地说，“咱们的第一桶金赚到了。《圣经》的中国译本正式出版发行，而且用的是上海地区的方言，这样，不论是纱厂女工，还是码头工人，抑或是种田的农民，都可以读得懂《圣经》了。”

“那也就是说，我们家今天是双喜临门喽！”看到丈夫高兴得跟个孩子似的，倪桂贞也跟着幸福。

“有了，你刚才说什么？给二女儿起名字吧，我看，有两大喜事临门，是不是应该庆祝庆祝呢？那就给咱这宝贝二女儿取名庆龄吧！”

“庆龄，宋庆龄，我的小庆龄，这个名字好，就取为宋庆龄了。”倪桂贞高兴地重复着。于是，夫妻两人心领神会地达成了共识。小庆龄也仿佛感受到了父母的喜爱似的，不再哭泣，甜甜地睡着了。

这一天，是 1893 年 1 月 27 日，这一天，近代中国最有个人特点的政治家，一个伟大的女人——宋庆龄诞生了。

虽然这个时节的上海还很清冷，但宋庆龄的出生却温暖了很多人的心。

1893年，注定了是一个伟大的年份。

在这一年的10月，清湖广总督张之洞兴建的汉阳铁厂建成，湖北织布官局竣工，部分布机开织。

初冬，孙中山首次倡议组织以“驱除鞑虏，恢复华夏”为宗旨的团体，虽然还未正式成立组织，但是一个革命的信号传出了。

是年12月26日，一个对中国人来说更伟大的人物——毛泽东，诞生了。

此时，所有人，包括当事人自己，也还懵懂着，不知道这意味着什么。

宋嘉树夫妇只是兴奋着宋家的双喜临门……

02. 缘分，幼时的初次相见

1894年，春，刚满一岁的小庆龄正在蹒跚学步的阶段。

宋嘉树除了传教士与商人的公开身份外，又有了一个新的身份——革命的“瘾君子”。

当次女庆龄出生的时候，宋嘉树不仅赚到了第一桶金，而且逐步向百万富翁迈进。除了美华印书馆出版中文《圣经》及其他宗教书籍之外，宋嘉树还开办了上海福丰面粉厂，又涉足重型机器行业，把外国的机器引入上海。此时，开创宋氏家族基业的梦想不再是梦。宋嘉树成为上海滩最早的买办之一，同时也成为宋氏家族开始兴旺的第一人。

经济上的成功，使他投身民主革命的意志不但没有削弱，反而更加的坚定。

还在1892年时，虽然宋嘉树辞去了教会职务，却仍然是一个虔诚而活跃的基督教徒。并且创办了上海中国基督教青年会，与美国的上海圣经公会来往密切。此时，为了创办基督教青年会，宋嘉树到了广州并结识了陆皓东。

陆皓东是孙中山的同乡和少年的同学，也是基督教徒，他是一个聪明沉稳、真挚诚恳、能书善画的人，为了支持孙中山的革命活动，他提出了把父亲的遗产作为活动经费。

陆皓东与宋嘉树因为创办基督教青年会而一见如故。无话不谈的陆宋两人逐渐在谈话中提到了一个人——孙文，孙中山。宋嘉树于是很想见一见这位伟大的活动家。

经陆皓东引荐，宋嘉树终于得偿心愿，结识了中国伟大的民主革命家——孙中山。机缘巧合结识了孙中山，让宋嘉树朴素的爱国主义思想和对帝国主义列强歧视中国人的不满情绪，得到了升华。

有太多共同之处的孙宋两人一见如故。都是广东人，同是三合会成员，又都在国外受过教育，而且都是基督徒，他们俩还都曾想以医行天下，又都有宏大的抱负。相同的信仰、相同的理念，将两人紧紧地联系在一起。

宋嘉树成为孙中山的追随者，在孙中山革命精神的感召下，宋嘉树也开始成为中国革命的积极支持者和参与者。

1894 年春季，为了谋求国富民强，孙中山准备北上亲自上书给李鸿章。与孙中山同行的还有陆皓东。途经上海时，孙中山第一次走进宋家。

一天，宋嘉树高兴地将孙中山迎进了家门。哈哈——，宋嘉树本就是一个乐呵呵的人，喜欢开怀大笑。此番有贵客上门，他更是喜笑颜开地说："有朋自远方来，不亦乐乎！欢迎，欢迎光临寒舍。"

孙中山跨进宋府的客厅，第一眼见到的是一岁多的宋庆龄。

"抱！抱抱——"

当孙中山进来的时候，圆圆的脸，大大的眼睛的小庆龄正在客厅中蹒跚学步。见到父亲迎进来一位客人，她竟然向客人伸出了手臂，红润的小口中，还伴着发出稚嫩而简短的童音。

"哇——，好可爱的小公主！"孙中山抱起她，禁不住亲吻着小庆龄粉嫩的脸颊。小庆龄却也不认生，搂抱着孙中山的脖子，发出银铃般的欢快笑声。

宋嘉树在一边儿不无自豪地介绍说："这是次女，名庆龄。我的幸福女神！"从二女儿出生后，宋嘉树的生意是越做越大，因此，他总认为这是女儿带给他的幸运。因此，今天面对着朋友，他也这么介绍着。

孙中山用广东话反复地呼唤着小庆龄的名字，喜爱之色也溢于言表。而后又不无羡慕地说："宋，有这么漂亮可爱的女儿，你真是很有福气啊！"

大人们落座后，小庆龄仍没有放开搂抱着孙中山的小手，就那么偎依在那个宽厚而温暖的怀抱中，睁着大眼睛，静静地听着两位大人说话。她听不懂他们在说什么，只是朦胧地感觉到一种前所未有的温暖与奇妙。

“孙先生，此番北上，意欲何为？不知能否一问？”宋嘉树尽管比孙中山年长五岁，但基于他对孙中山的仰慕，从不敢以兄长自居，而是以先生称呼之。此时，他又接着说：“嘉树对先生的治国大计深表赞同，虽然不能对先生有所帮助，但愿意倾尽全力在财务上支持先生。”

“宋，我们虽然相识时间不长，但很有相见恨晚的感觉啊！”孙中山习惯于只用宋嘉树的姓氏称呼他，孙中山感觉这样的称呼更能体现朋友间亲切而亲密的关系。“我们此番北上进京，就是要上书李鸿章，向他陈述改革治国的大计。具体是向他提出学习欧洲各国的富强之本，以便做到人能尽其才，地能尽其利，物能尽其用，货能畅其流……”

倪桂贞怕打扰先生们的谈话，欲让人抱走小庆龄，小庆龄哭闹着不肯离开。

“好，好，不走就不走，就让她待在这儿吧！不碍事。看来小庆龄是喜欢听我们谈话呢！”孙中山对倪桂贞说。边说边还怜爱地拍拍小庆龄粉嫩的脸蛋。

倪桂贞见抱不走女儿，也便作罢。小庆龄见不让她走了，脸上还挂着泪珠就笑了。

抱着小庆龄，孙中山这位革命硬汉的心底也不禁温软起来。

这次幼时的见面，在幼小的庆龄心里，并没有留下太深的记忆。为了革命东奔西走的孙中山，也无暇想起这个美丽可爱的小女孩儿。但是，也许真是注定的缘分啊！谁也没料到，这次温情的相见，这个可爱的1岁女婴——宋庆龄，竟会在21年后，不顾父母亲的强烈反对，奔赴日本嫁给大她27岁的“革命之父”——孙中山。

1894年6月下旬，孙中山和陆皓东来到京城，上书给李鸿章，但昏庸的清政府并未采纳孙中山的治国主张。到了7月25日，震惊世界的中日甲午战争爆发了。11月24日，孙中山在檀香山组建了中国第一个民主革命团体——兴中会，提出了“振兴中华，挽救危局”，以“驱除鞑虏，恢复中国，创立合众政府”为秘密誓词。

此时，宋嘉树以宗教和实业为掩护，积极支持孙中山的革命活动。

宋嘉树在他住宅的地下室里设了一个印刷厂，印刷宗教书，也印刷宣传革命的秘密小册子。

到了1895年2月21日，孙中山成立香港兴中会。国际国内也发生了许多大事。清政府与日本签订了丧权辱国的《马关条约》；康有为联合应试举人1300余人发动了“公车上书”，资产阶级改良派开始登上历史舞台；为反对割让台湾给日本，台湾爱国军民开展了大规模的抗日武装斗争。

这时，宋嘉树写信给在美国的孙中山，促劝孙中山立即回国组织武装起义。

1895年10月下旬，孙中山领导的第一次武装起义——广州起义，因谋事不足，未及发难即遭失败。

这次起义的失败，让孙中山和宋嘉树失去了共同的朋友——陆皓东。起义失败后，陆皓东被捕入狱，壮烈牺牲。

03. 寻根，宋氏的家族起源

孩提时代，小宋庆龄最喜欢听父亲宋嘉树讲故事，特别是对家族的历史她总是喜欢打破砂锅问到底。

宋嘉树讲家史是从他的身世说起的……

这一天傍晚，宋家的客厅里，宋家的孩子们吃过晚饭，围坐在父亲宋嘉树的身边，听父亲讲起了家族的起源。

宋氏家族的先祖，原居河南安阳。早在南宋年间，族人韩显卿抱着族谱南渡琼州，定居海南岛文昌县锦山三江地。以后，韩姓家族这一支派就在海南岛繁衍下来。传到清代二十世祖韩儒循时，从罗豆乌坡村迁居于昌洒镇古路园村。

“爸爸，我们姓宋，怎么我们的先祖是韩姓呢？”第一次听父亲说起家史，勤学好问的小庆龄忍不住插话，提出了自己的疑惑。

宋嘉树用欣赏的眼光看着小庆龄，拍拍她的头，继续讲。

韩儒循有一子锦彝。韩锦彝与妻伍氏生两个儿子——鸿翼和鹏翼，长子鸿翼是一位儒商，为人宽厚，并热心公益事业，为乡人所敬重。夫人王氏，端庄文静，能诗善书，常向子女们讲述历史故事，使他们从中得到教益。鸿翼夫妇生有三男一女，次男名为韩教准。

“能理顺吗？庆龄。”宋嘉树讲到这里，看着深思中的二女儿。

“差不多理顺了。为人宽厚的韩儒循即为父亲的祖父，我们的高祖，对吗？”

“庆龄，聪明！”宋嘉树向小庆龄竖起了大拇指，又用眼睛看看孩子们。

围在身边的孩子们，特别是小庆龄，用小手支着下颚，正听得认真，从眼神就知道她一定是在努力地思考着。不待孩子们再次提问，宋嘉树又接着说：“韩教准，就是为父我喽！”“明白了，明白了。”小庆龄冲着父亲点着头回应。

“接下来呢？我们的老家海南岛肯定是一个美丽的地方吧？”受到夸奖的小庆龄又兴奋地提出了新的问题。

“自古琼瑶称此岛，珠崖毕竟占春先。”宋嘉树引用一句诗词做导语，于是，在他的叙述中，海南岛的画面在小庆龄的眼前展现开来。

海南岛位于浩瀚的南海北部，北隔琼州海峡与雷州半岛相望，它是我国仅次于台湾岛的第二大岛。岛上山峦迭起，河网交错，既有五岳之壮，又有苏杭之秀。由于此地处于北回归线以南，热带和亚热带的气候更使宝岛锦上添花。全岛终年葱绿，长夏无冬，山光水色旖旎多姿，热带水果品种繁多，特别是椰树遍布全岛，四季飘香。

文昌县位于海南岛的东北部，更以椰子闻名于世。“啊，我们的老家好美啊！”小庆龄无限向往地说。

接下来，小庆龄在父亲宋嘉树的叙述中，慢慢地了解了父亲的奋斗历程……

当韩教准也就是宋嘉树出生时，韩家的境况已大不如从前了，家里仅有四亩薄沙地。海南文昌县以盛产椰子而闻名，但是，不知为什么，韩家的土地上却偏偏不长椰子树。宋庆龄的祖父没有办法，只得做一些副业来增加一点收入。祖父烧过砖、编织过棕绳、替人运送过椰子，几乎什么赚钱的营生都干过。

俗话说，穷人的孩子早当家。日渐潦倒的家庭生活，让韩教准焕发出为家族拓荒寻求新的发展的冒险精神。

1872年夏天，韩教准和哥哥离家远渡重洋，投靠印度尼西亚爪哇岛上的一个远房亲戚，开始了学徒生涯。一个偶然的机会，韩教准的命运改变了。

1875年，叔父韩鹏翼的妻子宋氏的哥哥，也就是韩教准的婶母的哥哥，在结束了中国的探亲，返回美国波士顿的途中，转道爪哇作短暂停留。韩教准和这位堂舅父十分投缘。堂舅父讲述的自己成为一个美国丝茶店老板的拓荒传奇，让韩教准跃跃欲试。正好堂舅父膝下无子，也十分喜爱韩教准的聪明伶俐。于是，在征得韩教准的父母同意后，韩教准正式过继给堂舅父为养子。

从此，韩教准这个名字成为了历史，取而代之的是宋嘉树，字耀如，又名“高升”。这一年，宋嘉树12岁。

讲到这里，见天色已晚，宋嘉树对孩子们说：“今天就到这儿，明天我给你们讲南极企鹅的故事。”

尽管兴趣正浓，但毕竟是小孩子，姐妹几个都是哈欠连天了，小庆龄也带着对海南岛的畅想进入了梦乡。

次日晚饭后，小庆龄早早地就拽着父亲的衣襟，央求着父亲快点讲南极企鹅的故事。

“哈哈——”宋嘉树乐呵呵地放下手头的工作，招呼着孩子们，“来，来，孩子们都过来，马上讲。”那是一次令人毕生难忘的经历。

从中国到美国东部和加勒比海群岛，是一段非常艰险的路程。通常是由秘鲁、智利海域，沿太平洋向南航行，经过拉丁美洲南端的麦哲伦海峡或合恩角进入南大西洋，再沿阿根廷海岸北上至北大西洋。

就在太平洋的尽头，进入麦哲伦海峡前，一次意想不到的灾难发生了。

一块从南极漂来的冰块撞坏了船舵，失去控制的船像断线的风筝，随风向南极漂去。幸好，船在南极圈内一座小岛搁浅，全船的人才得救了。此时，惊魂未定的宋嘉树才发现，他们已置身于企鹅的包围中了。

“企鹅，企鹅，爸爸，快讲讲企鹅长什么样子？是和大鹅一样吗？”小庆龄忍不住好奇，又开始了提问。

“我啊，那也是头一次看到企鹅啊！据说，最早发现企鹅的人称它们为不认识的鹅。其实呢，企鹅是不会飞翔而擅长游泳和潜水的鸟类。企鹅身体肥胖，因此也有人称它为肥胖的鸟。企鹅经常在岸边站立远眺，好像在企望着什么，因此，人们就把这种肥胖的鸟叫企鹅喽！”

“企鹅嘛，走路是这样子的。”宋嘉树一边讲，一边站起身，学起了企鹅蹒跚走路的样子。“哈哈——哈哈——”

“噢！噢！太好玩儿了！”孩子们看到父亲惟妙惟肖的演示，直笑得前仰后合。从此，在每个孩子的心里，也就有了要亲自去看看企鹅的企盼……

04. 闪婚，父母的一见钟情

父亲的故事，深深地烙印在小庆龄的心里。

南极的企鹅让小庆龄捧腹大笑，父亲一波三折的经历，又让小庆龄的心一直起伏着。

在南极小岛搁浅的船，经过紧张的抢修，继续前行，好不容易闯出了南极圈。不料，经过麦哲伦海峡时，又遇上了海盗抢劫。所幸，虽然钱财尽失，但是命还在。养父对宋嘉树说：“孩子，你命大、福大、造化大，将来一定能保佑我们发财的！”

这样，几经辗转，1875 年从爪哇岛出发，等到达波士顿时，已是 1877 年的冬天了。

宋嘉树到美国后，一边跟着养父为他聘请的一位有经验的英语教师学习英语，一边跟着养父学习进口和销售丝茶的业务。凭着聪明勤快，秉性温和的宋嘉树很快掌握了丝茶号的生意经，养父也有意将店铺整个交给他。但是，宋嘉树并不安于就这样做一个安定富足的小市民。

宋嘉树想上学读书，想到外边去闯世界。

那位英语教师，还通晓美国革命史。在英语教师的口中，宋嘉树了解了什么是解放黑奴运动，什么是内战，什么是林肯的“民有、民治、民享”的“三民主义”。这些追求民主自由的思想，震撼了宋嘉树的心灵。

此外，清政府派遣的第一批官费留学生中的牛尚周、温秉忠几次来访，彻底改变了宋嘉树的生活道路。

三位青年经常在一起探讨人生道路。牛尚周、温秉忠鼓励宋嘉树走出丝茶店，去接受美国的现代文明教育，待学业有成回归故土报效祖国。

一天，宋嘉树在求学的请求被养父拒绝后，偷偷地溜到波士顿港，踏上了一艘即将启航的小艇。起航后，他才知道这是一艘缉私艇，船长查理·琼斯是一位善良的基督徒。船长收留了他这位有个性的青年人。

宋嘉树剪掉辫子，换上船员制服，并以查理·琼斯·宋的名字，成为美国财政部税务局的一名领工资的船员。

从此，在船长父亲般的关爱下，宋嘉树在缉私船上漂了一年多，不仅学会了击剑术、拳术，还学会了唱歌和吹小号。特别是，船长灌输的基督教的教义、耶稣传教的故事、教徒们甘于吃苦的牺牲精神，征服了宋嘉树。

1880 年 11 月 7 日，当缉私船停泊在威尔明顿港口时，宋嘉树在第五街卫理会教堂接受了洗礼。自此，成了一名基督教徒。

此时，宋嘉树的名字是查理·宋，这一年，他 15 岁。

为了将查理·宋培养成为一名传教士，船长查理·琼斯将他送进了美国一所著名的神学院杜克大学圣三一学院学习，带他进入了《圣经》的神圣境界之中。

圣三一学院是课程紧凑的预备班，之后，宋嘉树又到了南方的万德比尔特大学神学院继续学习，直到 1885 年以优异成绩毕业，然后又被派往中国传教。

起初，回国传教的宋嘉树，因为穿着打扮与别人不同，小孩子们都喊他“洋鬼子”。他感觉到寂寞和空虚。一个偶然的机会，他得知在美国结识的两个朋友牛尚周和温秉忠也已回国，而且就在上海，担任了清朝的官员，这令他欣喜若狂。

故人相聚，相谈甚欢。

为了唤起国人对爱国活动的支持，三人决定效法美国，成立一个“自由之子”社，于是，中国第一个归国留学生的社团——留美学人会诞生了。这个社团引起了清政府的注意和监视，也引起了美国监理会中国教区林乐知的不满。于是，宋嘉树被派往昆山当一名巡回传教士。

一间简陋的村舍小屋，一点微薄的工资，几乎让宋嘉树炽热的心，如同被劈头盖脸地浇了一盆冷水，救国救民的理想几近破灭。

就在这时，一个优秀的女人，走入了宋嘉树的生活，使他的生活又有了一次转机。这个优秀女人，就是后来成为宋嘉树夫人的倪桂贞。

宋嘉树和倪桂贞是通过牛尚周介绍的，两个人一见钟情。

倪桂贞比宋嘉树小八岁。她出生于上海一个基督教世家。她的祖上在明朝因最早皈依基督教而被人称为基督教在华“三大柱石之一”，是著《农政全书》的著名科学家徐光启的后裔。她的父亲倪蕴山是一位学者，对法律学造诣很深，也是新教圣公会的教徒。

倪桂贞 4 岁时就读私塾，8 岁进小学，14 岁考入美国基督教圣公会办的培文女子高级学堂，17 岁毕业。她学习成绩优良，尤其擅长数学，弹得一手好钢琴。由于家庭、教会及学校三位一体的教育，使她成为一名受西方思想影响较深的女子。

倪桂贞还十分热心慈善事业，经常出门帮助穷困的人，因此，被人称为“世界上最好的女人”。

倪桂贞有两个姐姐，大姐嫁给了牛尚周，二姐嫁给了温秉忠。两位姐夫自告奋勇为密友宋嘉树和小姨子当红娘。

宋嘉树和倪桂贞初次相见，就一见钟情，共沐爱河。两人同为基督教徒，信仰相同，而且性格、志趣也相投。因此，相识只两个月，两个人就闪电般结婚了。

那是 1887 年仲夏的一天，由南卫理公会教士里德主持，18 岁的倪桂贞和 26 岁的宋嘉树结婚。

倪桂贞除了带来一份丰厚的嫁妆外，也将倪家优越的社会地位——工商界、金融界及军政界等各种社会关系带进了宋家，为宋嘉树事业的发展，提供了很多有利条件。

婚后，两人的夫妻生活美满、融洽。两人紧密携手，用自己具有的刚强意志、高度责任感和严格要求，终于培养出多才多艺的众多子女，这些子女成为民国时期政治经济舞台上的活跃人物。

05. 手足，姐妹的嬉戏童年

7 岁以前的孩提时光，宋庆龄是与姐妹和小兄弟们聚在一起，无忧无虑地快乐度过的。

尽管倪桂贞是不缠足的新派母亲，但她仍认为女孩子应该学一点针线女红，这样才是能文能武的大家闺秀。因此，她为三个女儿请来了一位专为别人做活的刺绣女师傅。

三姐妹中，只有文静的小庆龄学得最认真。小庆龄灵巧的小手穿针引线，做得是像模像样，不断得到刺绣师傅的夸奖，“行，这个小姑娘活做得不赖哟！”小庆龄听了也是心花怒放。

学习了一段时间后，生性活泼好动的小美龄先坐不住了，大姐蔼龄也早就心里长草了。一次，父亲宋嘉树回到家，偶然看到女儿们手上拿着针线，眼睛望向窗外，一不留神，针刺在手指上，小手指被扎得血肉模糊，痛得龇牙咧嘴。宋嘉树看到女儿们身在曹营心在汉的受罪般的小模样，他就发话了，“既然能买到别人做得很好的刺绣，就不要将孩子们的快乐童年禁锢在她们并不擅长的刺绣上面了

宋氏全家福，摄于 1917 年的上海，端坐前排的宋庆龄时年 24 岁。

吧！”听了这话，母亲倪桂贞也不再坚持。于是，三姐妹似三只被放飞的小鸟，飞快地跑到院子里、田野间玩去了。

就这样，宋家的孩子们，在院子里玩耍，在田野里奔跑。她们采集花草，捕捉虫鸟，毫无拘束地嬉戏玩闹。

有一次，不知是谁提议：我们来玩“拉黄包车”的游戏，好不好？一经提出，立即得到了所有人的欢呼。

黄包车的前身叫“东洋车”又称人力车，大约 1870 年前后为日本人所创制，是一种用人力拖拉的双轮客运工具。1873 年，法商米拉以商人的敏锐眼光，看到了日益繁荣的大上海缺少交通工具，于是，向法租界公董局呈报了一份计划，正式申请十年专利，为人力车发放执照。第二年，首批 300 辆黄包车从日本引进，上海首家外国小车洋行成立，并在报纸上登发广告：“……不论天暗下雨，一样可推。车上另有帐篷，下雨不湿衣服，格外奇巧……”

之后，黄包车从车身到车轮及乘坐人数不断进行改进，慢慢受到出行者的欢迎。经改进的东洋车，车身一律漆成黄色，非常醒目，所以被称为“黄包车”。

黄包车绝大部分是由车行出租给车夫，以此来营运挣钱。有钱的人家，也自购精美的黄包车，雇佣车夫自用。生意日益红火的宋家也自备了一辆。

宋家的孩子们经常和父母一起乘坐黄包车，也经常看到街道上行走的黄包车，于是，就模仿着玩起了游戏。

这一天，借着黄包车闲置在家的空隙，孩子们就跃跃欲试了。分配游戏角色时，最大的蔼龄被选中扮作黄包车夫，小三岁的庆龄当然就成了扮乘客的人选。游戏开始，“车夫”蔼龄站在把手的位置，“乘客”庆龄坐到了黄包车上。

“拉车喽！拉车喽！——”其他孩子拍手跟着欢叫。

蔼龄一手握起一边的车把，学着黄包车夫的样子向前使劲儿。初时，因为人小力弱，再加上不会用劲，直累得脸通红，黄包车也没动窝。其他孩子们急了，帮着从车身后面推。这一回，车拉动了。

蔼龄在前面身体倾斜着向前拉，庆龄在黄包车上歪着身子坐着，其他弟弟妹妹在车后面用力推。黄包车看似轻巧，可那是大人们干的活儿，岂是几个小孩子能控制得了的。初时，拉动起来的黄包车让孩子们快乐极了，可是，只跑出十多步，蔼龄就感觉驾驭不了了。她吓得让后面的弟妹赶紧停下来，可正在兴头上的弟妹们哪里能听到大姐的呼喊哟！

蔼龄想停停不下来，想把稳稳不住，一个踉跄，蔼龄摔倒了。正在快速向前的黄包车失去了控制。因为惯性，车上的小庆龄箭一样，一下子就被抛了出去。大姐蔼龄吓坏了，从地上爬起来，顾不得自己满头满脸的泥土，赶紧跑过去想搀扶二妹。而突然的变故，让几个小一点的弟妹吓得惊呆了，先是张大了嘴，然后就是哇哇大哭，有的人还哭着跑回家告诉爸爸妈妈……

等宋嘉树夫妇闻讯赶到时，一看，小庆龄胳膊腿上摔得都是血，正在地上龇牙咧嘴地笑呢。

这次游戏留给宋庆龄的纪念是一小块伤疤。

宋家宅院的后面有一个大菜园子，挨着围墙，两边各栽了一排树，一排是风景树，另一排是乡里人种的果树。果树品种很多，有桃树、梨树等。果实成熟的季节，宋家的孩子只要翻过墙头，果实就触手可得。

有一年，桃子又成熟了，这是桃树丰产的大年，蜜桃挂满枝头，三姐妹望着又大又鲜的蜜桃直流口水。

“大姐，二姐，吃一口大蜜桃是不是很甜哟！”美龄最小，天真地问二位姐姐。“那还用说哟，那滋味，美极了！”大姐蔼龄一边做欲吃状，一边回答小妹。庆龄虽然仍不失女儿家风范没说什么，但是眼神中充满着渴望，也是不住地吞咽口水。

姐仨呆呆地望着树上的蜜桃，突然，人小胆大的小妹美龄，实在是挡不住桃子的诱惑了，脱下鞋子，翻过围墙，再爬到墙外的桃树上。然后，她手脚麻利地摘下桃子，一边扔给二位姐姐，一边自己就坐在树上吃起来。

“嘿嘿——嗨——这是哪家的孩子？”远处传来一声吆喝，果农来了。

三姐妹毕竟只是小孩子心态，因挡不住果实的诱惑，一时兴起才偷吃的。一听有人吆喝，才猛然发现，原来这不是可以随便采摘和吃的。三姐妹一时待在原地不知所措，特别是最小的美龄，坐在树上，口中还含着桃子，就吓得哇哇大哭。“来，快下来——”果农来到树底下，对着树上的美龄说，“快下来，这么金贵的小姐，上这么高，别摔着啊！”小美龄哪儿敢下来，直吓得哭声更大了。

“对不起，我们错了——”站在树下的小庆龄见状，首先低着头向果农承认错误。“我们吃几个果子，我们赔钱，行不？”大姐蔼龄也走上前说。

小美龄的哭声，惊动了她们的父亲宋嘉树。宋嘉树绕过围墙也来到树下，一看场面就明白怎么回事了。他首先走到果农面前深施一礼说：“老哥，实在对不起，这是我的仨闺女，怪我没管教好……”

果农算是宋家的邻居，平素是照过面的，宋嘉树乐善好施、朴实平和的为人，果农早就知道，也受到过宋嘉树的接济。见此番宋嘉树如此客气，他便开口言道：“宋先生，讲哪里话哟，自家产的几个果实，我是怕把小姐给摔了啊！”

“爸爸——爸爸——”树上的小美龄一边哭一边喊爸爸。宋嘉树一边和果农说着话，一边接下了小美龄。

父女四人坚持着按市价的几倍赔给了果农果钱。回到家，宋嘉树严肃地批评了孩子们。这次“果子事件”一直让小庆龄谨记着，等到和私塾先生学古汉语时，小庆龄结合这件事，更加明白了人“不能因恶小而为之”的道理。

06. 新派，宋式的教育模式

童年的宋庆龄快乐地成长着，而这时，“推翻清廷，光复河山”是孙中山等革命者首要的奋斗目标。

这时的宋嘉树，一方面，将其在进口机器业务中赚的一大笔钱拿了出来，作为捐献给兴中会的第一笔经费，在经济上和精神上支持着孙中山的革命活动；另一方面，倾心尽力经营工商业，以期能有强大的经济实力作为革命的支撑。同时，宋嘉树作为一代家族的奠基人，以其高远超前的眼光和融贯中西的胸襟，敢于蔑视男尊女卑的世俗偏见，刻意培养子女能够独立面对生活挑战的能力。

宋嘉树和倪桂贞都有很高的文化素养，夫妻之间情投意合，感情笃深。在家庭里，妻子管家务，丈夫管事业，分工极其严格，是典型的男主外女主内型分工。唯独在教育子女上是夫妻双方共同的义务。

宋家对孩子们的培养与教育赢在了起跑线上。

一方面，宋家在孩子们的学习上严格要求，在家里设立了私塾。在家庭私塾里，宋家的孩子们跟着请来的老师有步骤、分门别类地学习包括英文、拉丁文、古汉语等课程。同时，宋家还特别注重对孩子们的综合素质的培养，在这一点上，孩子们的老师就是父母。父亲宋嘉树经常给孩子们讲述自己在海外拓荒历险的传奇经历，而母亲倪桂贞则亲自教授孩子们读书和音乐。

宋嘉树在美国接受了斯巴达式教育理念，更信奉孟子的“天将降大任于斯人也，必先苦其心志，劳其筋骨，饿其体肤，空乏其身”的思想。他将两者有机地结合，形成了完整的现代型的“宋式”教育模式。

对此，作为母亲的倪桂贞，大多时候是认同的，但时常因为不忍心而打折扣。

那一年，倪桂贞生下了两人的爱情结晶——大女儿蔼龄。作为第一个孩子，宠爱的程度可想而知。但是，宋嘉树并没有一味地娇惯。大女儿蹒跚学步了，摔跤了，父亲就站在女儿的附近，弯腰扶起女儿是举手之劳，可父亲却没那样做。他只是在女儿的前面拍着皮球鼓励她：“勇敢的姑娘，爬起来，自己走！”

“沐于大麓，烈风雷雨而不迷”。让孩子们在雨中受淋，也是宋嘉树采取的一种有效方式。一个狂风暴雨的日子，宋嘉树牵着大女儿的手站在雨中，爷俩大有任凭风吹雨打，我自岿然不动的架势，急得女儿的外婆在屋里团团转，连倪桂贞也不忍心朝窗外看去了。当淋得透湿的爷俩跑回屋时，女儿竟然高兴地对妈妈说：“妈妈，我又经受了一次考验！”

为了培养孩子们的想象力，以印刷出版业起家的宋嘉树，1898 年，创办了一份《上海儿童报》。

这份报纸的第一任主编是大女儿蔼龄，第二任主编是二女儿庆龄。报上的文章作者主要也是宋家的孩子们。

儿童报的作者是儿童，更能充分体现孩子的精神世界，贴近儿童读者的心理。而撰写文章时，父亲宋嘉树鼓励孩子们充分发挥各自的想象空间，想写什么就写什么。对于文章内容宋嘉树从来不干预，他只是孩子们忠实的朋友、热心的读者和印刷业务的承担者。

于是，孩子们将在田园采花疯跑、嬉戏打闹的情景，诉之笔端，形成一篇篇童趣盎然的精彩文章，令大人们也读得喜笑颜开。

宋庆龄是最喜欢读书的孩子，再加上和姐妹们玩闹时的亲身体验，因此，她撰写的文章，文采与趣味并用，生动与形象同行，让人一读之后，过了半天，还口留余甘，回味无穷。一言以蔽之：那是相当出色！

这份《上海儿童报》一直办到宋家所有的子女都进入附中才停刊。在这种创造性的自立活动中，孩子们信手写出一篇篇文采斐然的文章就不奇怪了。

一天，为了鼓励孩子们学好英文和拉丁文，小庆龄听到父亲宋嘉树乐呵呵、不无自豪地说："我能准确而流利地使用英语。在帮助同学们写明信片时，书写体就像是复制版印出来的一样，很有功力。孩子们，你们也一定要学好英文，相信你们也一定能学好的哟！"

每当傍晚，小庆龄常常会支着下颌看着这样一幅画面：母亲倪桂贞熟练地弹奏着钢琴，而父亲宋嘉树则站在钢琴旁，跟着节奏应和着。高潮处，父母二人四目相对，深情地唱起了二重唱……完全进入了你中有我，我中有你的境界，直到孩子们的掌声响起，父母才相视一笑，停止演奏，引领着孩子们进入梦乡……

宋嘉树夫妇对子女的教育，完全摈弃了"三从四德"的封建传统，而采用民主的方式。他们对儿子女儿一视同仁，因此，宋家三姐妹从父母那里得到了同样的关怀。她们也接受了新式的良好的庭训，培养出了同样的社会责任心。宋嘉树常常教导女儿们说："身为女人，不应妨碍自己成为祖国有成就、有作为的公民。"

由于生意上的不断成功，有着强大经济实力的宋嘉树在上海虹口东有恒路

628C 建造了宋家的第一处房产。房子式样是中西合璧的风格。房子坐落在绿色的田野上，周围满是椰枣树等在上海都少见的树种。房前还有一条小溪缓缓流过。在这里，很多的时候，父亲宋嘉树和孩子们谈学习心得，讲经营之道，探讨爱国思想。

细心的小庆龄发现，经常有一些叔叔伯伯来到家中，轻声地说着她还听不大明白的事。而在父亲的口中经常会提到一个人——孙先生。久而久之，庆龄了解到“孙先生”的本名叫“孙中山”。

父亲宋嘉树口中的孙先生是一位大人物，是具有革命思想的大人物。而在小庆龄的心中，父亲就已经是令人十分敬爱的大人物了，能让父亲如此敬重的人，那肯定是更加了不起。父亲虽没说，但随着年龄的增长，小庆龄的心里慢慢地明白，父亲一定也是一位革命者。

小庆龄知道父亲是做出版生意的，也知道家里的地下室设了一个印刷厂。

一次，她进到印刷厂里，看到正在印刷的书中，除了宗教书，还有一些小册子，她看到里面的内容和那些叔叔伯伯谈论的事有关，就忍不住问：“爸爸，这是做什么用的？”

“庆龄，你还小，长大了就知道了。但是，切不可向任何人提及此事，更不可以将小册子拿到外面去，知道吗？”父亲宋嘉树闻听此言，以少有的严肃语气对宋庆龄说。宋庆龄似懂非懂地点点头，当然对父亲的话，是不会违背的。

又有一次，庆龄从学校放学回来，将听到的“长毛”“拳匪”的议论讲给父亲听，并且好奇地问：“长毛是长着长长的毛发的野人吗？”父亲问她是从哪儿听来的，并且严肃地说，这是革命运动，小孩子不懂，不要乱说，长大了就明白了。

就是这样，宗教、田园、钢琴、英语、民主精神，使宋氏家族与当时中国千万个普通家庭相比较，处在一种“世外桃源”般的优越环境中。既有基督教严格的生活秩序，又有和谐、欢乐和诗情画意的情感氛围，庆龄从小就受到高尚情操的熏陶，养成了文静善良、热爱生活、追求真理、厌弃邪恶的独特品性。

07. 文静，守信的宋二小姐

一见钟情而闪婚的宋嘉树夫妇，婚后生有三女三子。在兄弟姐妹六人中，宋庆龄排行第二，她有一姐、一妹和三个弟弟。姐姐宋蔼龄，大庆龄三岁。大弟宋子文，小庆龄一岁。妹妹宋美龄，小庆龄四岁。二弟宋子良，小庆龄六岁。三弟宋子安，小庆龄十三岁。

兄弟姐妹六人，大都长得脸胖体矮，唯独宋庆龄与众不同。从外表看，宋庆龄长得娇柔、纤弱、沉静。时常，她下嘴唇微噘，眼睛里流露出温柔、遐思和伤感的神情，就像是中世纪被囚禁在塔楼里的人质，似乎正在从遥远的地方悲哀地观察着世态人情。

从小，宋庆龄很重视对头发的梳理。她从来不会像姐姐和妹妹那样，匆匆地把头发往后一掠了事，而是在前额留着一绺刘海，再细心地用一条缎带把一头乌黑的秀发扎起来，垂在雪白的后颈上。从小，宋庆龄也不像姐姐妹妹那么傲气逼人，她纤弱而文静，温柔而谦和，是最惹人喜爱的孩子。从小，受到父母熏陶的宋庆龄，就是一个知道信守承诺，不失信于人的孩子。

许多的时候，小庆龄喜欢一个人静静地弹钢琴。她的钢琴老师就是母亲倪桂贞。和母亲一样，小庆龄在音乐上很有天赋。常常，母亲教了一遍她就会了，但是她并不浮躁，母亲忙别的事去了，她就自己一个人反复地练习着。在弹琴的时候，优美的音乐从指尖划过，她感觉到无比的享受。

文静的小庆龄，有着十足的小女儿心态。由于曾和女师傅学习过女红，因此，常常会摆弄一些布娃娃、剪纸、叠花篮等这些女孩子喜欢的小玩意儿，而且还玩得相当好，小伙伴们对她仰慕极了。为了这门手艺，还发生了一件令父母都对她刮目相看的事呢！

一个礼拜天，父亲宋嘉树宣布了一个令孩子们欢呼雀跃的消息：“孩子们，赶快打扮整齐，今天我们全家去一位伯伯家度周末喽！”“好啊！好啊！我们要出去玩喽！”孩子们异口同声地拍手欢呼。

正在钢琴前弹奏的小庆龄也合上琴盖去准备了。小庆龄知道，这位伯伯家养了好多鸽子，她最喜欢咕咕叫的鸽子，老早就想去了。几分钟过后，全家人穿戴齐整走出了房门。“不行，我不能去。”当全家走到大门口时，小庆龄突然停下了脚步说。“二女儿，怎么了？”父亲宋嘉树奇怪地问。

“我不能去了。我已经答应过小珍，今天上午教她叠花篮。”小庆龄郑重其事，小大人似地答道。

小珍是小庆龄的小伙伴，最崇拜小庆龄的心灵手巧了。望着小珍羡慕的眼神，小庆龄答应也教会她的。前两天，两个小伙伴已经拉钩决定这周末，小珍来宋家和小庆龄学习叠花篮。

“哦，原来是这样。”父亲宋嘉树松了口气，还以为是什么大不了的事呢。

“以后再教她吧，今天下午，或者明天，不都可以吗？”一边说，父亲宋嘉树一边牵着小庆龄的手向门外走。

“不行不行，我跟她约好的。”小庆龄使劲地挣脱父亲的手说。

“不要紧，明天再向她解释一下，要不，道个歉也可以的嘛。”母亲倪桂贞也劝说着。

“不，妈妈，您说过，做人要守信用。我一直记着妈妈您给我讲的故事。我不要做自食其言的孟武伯哟！”小庆龄坚定地说。

父母亲一听这话，知道二女儿是一个守信的好孩子，就不再劝了。

小庆龄提到的“自食其言”的故事是这样的。

春秋战国时，鲁哀公的身边有一位重臣，名叫孟武伯。他有一个最大的毛病，就是说话不算数。因此，鲁哀公对他十分不满。有一天，鲁哀公摆宴款待群臣。这其中当然也包括孟武伯，还有鲁哀公的宠臣郑重等一干大臣。孟武伯嫉妒郑重的得宠，于是，就想借宴会之机，出出郑重的洋相。郑重是一位身材微胖的人。孟武伯就故意高声讥笑道：“怎么郑大人长得是越来越胖了呢？”郑重知道孟武伯醉翁之意不在酒，听此言，只是笑了笑，也没理会。此时，坐在正中的鲁哀公听到了，便插嘴，毫不客气地言道：“一个人常常吃掉自己的诺言，当然会长肥的呀！”在座的众大臣一听，知道鲁哀公并不是批评郑重，而是暗中指责孟武伯说话不算数。孟武伯自知理亏，羞红了脸，低下了头。

母亲所讲的这则故事，一直铭记在小庆龄的心间。

这会儿，遵守诺言的小庆龄送家里人出门后，就一个人回到房间里，耐心地等候小珍的到来。时间一分一秒地过去了，小庆龄凝神侧耳听着大门的动静，还不时地将头伸到窗外。可是，左等右等，一直不见小珍的身影出现。难道说小珍忘记我们的约定了吗？

小庆龄一会儿拿起一本书看，可是书上的文字一直在跳跃，就是看不进去；一会儿她又坐到琴凳上弹钢琴，可是，奇怪了，平时很熟的曲子，今天却总是弹不准。

宋嘉树夫妇放心不下独自一人在家的二女儿小庆龄，吃过中午饭，就匆匆地往家赶。一进门，宋嘉树就喊道：“我的宝贝二女儿，你的朋友小珍呢？”

“小珍没有来。”小庆龄回答父亲的问话，同时也没忘替小珍的失约找理由说：“可能是她临时有什么急事吧！”

“小珍没有来，那我的二女儿一个人在家该多寂寞呀！”倪桂贞心疼地说。

“不，小珍没有来，家中虽然只有我一个人，但是我仍然很快活，因为我信守了诺言。”宋庆龄仰起小脸微笑着回答。听了小庆龄的话，父母对视一眼，都满意地频频点头，并给了小庆龄一个深深的拥抱和大大的赞……

小庆龄是快乐的，虽然她没能看成鸽子，也没能教上小伙伴，但她信守了诺言。

08. 好学，勤奋的女中学生

1904 年，仲夏，上海。

从 7 岁左右开始，宋庆龄就和姐弟们一起，坐在家庭私塾里学习着相当于小学程度的课程，而此时，宋庆龄 11 周岁了，她直接进入了上海中西女塾读书。

中西女塾，英文名为“马克谛耶女子学校”，系监理会系统的教会学校，该校建成于宋庆龄出生的前一年——1892 年 3 月，第一任校长是海淑德，开办学校的目的，就是为培养中国上层社会的女孩子成为有教养的淑女。学校位于上海汉口路，属于著名的慕尔教堂的一部分。

学校的课程有语文、英文、历史、地理、宗教、刺绣及烹饪等。除语文课以外，其他一律用英语教学，并由美国教师任教。从课程设置来看，与宋庆龄在家庭私塾里所学基本一致，因此，她一进入女塾学习，马上跟上了节奏。再加上她的勤奋和努力，各门功课一直名列前茅。

宋庆龄进入中西女塾读书以后，取英文名字为 Rosamond（罗莎蒙德），罗莎蒙德的英文意思是：学习勤奋，善于思考。在这一点上，宋庆龄表现得人如其名。

宋庆龄读书非常用功。除了在课堂上认真听老师讲课，课后回到家里，仍然不放松学习。每个晚上，她都会提前将第二天要上的课做好预习。

一天晚上，夜已经很深了。正在准备休息的父亲宋嘉树看到二女儿屋里还亮着灯，就走进来说：“我的罗莎蒙德，这么晚了怎么还不休息呢？不要看书太晚哦！以免累坏了漂亮的眼睛。”

“爸爸，您先休息吧！我得把功课准备好，这样，我才快活。否则，我睡不踏实哟！”

宋嘉树知道女儿的性格，只是像小时候一样，慈爱地拍了拍宋庆龄的头，不再说什么，径直回房休息去了。而宋庆龄直到将第二天应该学习的课程都准备好了，才安心地关灯睡觉。她睡得香极了，睡梦中都带着微笑……

因为父亲宋嘉树对孩子们英文学习的重视和熏陶，宋庆龄的英文学得相当好，老师们一直夸奖她学习英语有出众的天赋。进入女中学习仅仅半年，宋庆龄就可以用英语与美国教师进行流利的对话了。宋庆龄说得一口纯正的美式英语，让身为美国人的老师，都误以为宋庆龄从小是在美国长大的。

在中西女塾学习期间，除了罗莎蒙德这个英文名字，女同学们还给宋庆龄起了一个爱称——“小辫子”。

原来，天生丽质的宋庆龄，到了中西女塾学习以后，仍然不改娇柔与文静。她仍然喜欢打理那一头乌黑的秀发，但她有个习惯：不编辫子。

宋庆龄坚持认为，像其他同学那样，将头发如拧麻花似的编起来，既浪费时间，又损伤头发。她只是将头发精心地梳理到一起，然后还如儿时一样，用蝴蝶结扎在脑后。没想到，宋庆龄这个从小养成的随性的小爱好，在众女同学中，因为与众不同，反而成了女同学议论的焦点。

因此，私下里，女同学们都亲切地叫她“小辫子”，大有“此时无辫胜有辫”之势呢！对于这个别名，宋庆龄微笑着面对，一如既往地温文尔雅。

文静而和善的宋庆龄，并不是只会死读书，两耳不闻窗外事的学生。她勤于动脑，对什么问题都喜欢经过自己的独立思考得出答案。她经常会提出各种各样的问题并寻求合理的答案。

因为父母都是基督徒，所以宋家的孩子们定期会跟着父母去教堂，也会经常参加一些宗教讨论会。在讨论时，宋庆龄更是常常会踊跃地提问。

读书期间的宋庆龄

有一次，一个宗教讨论会又开始了，宋庆龄和妹妹宋美龄参加了这次讨论会。而身为中西女塾优秀学生的宋庆龄，对讨论会上的许多观点，都有了自己更深的理解，不再人云亦云地随声附和。因此，在这次讨论会上，她不断地向当时主持讨论的李牧师提出问题，直问得李牧师张口结舌答不上来。在场的基督徒，都对十多岁的女中学生宋庆龄刮目相看了。

在姐俩回家的路上，宋美龄不理解二姐怎么会有那么多问题，搞得李牧师那么难堪，甚至下不来台。因此，美龄第一次生气地责问二姐庆龄：“你为什么向李牧师提出问题？难道你不忠实于信仰？”

“讨论会，就是要开展讨论的嘛，我对李牧师说的一些观点不赞同、有疑问，为什么不可以提问呢？”宋庆龄向小妹解释着，“况且，真理不辩不明，大胆怀疑不是对信仰不忠实，不是对李牧师的不敬，相反，这才是一名信徒，忠实于信仰的一个正确表现呢！”

宋庆龄这种智慧早开，积极探索问题的精神，是比庆龄小几岁的美龄当时所无法理解的。两姐妹不再争论，高高兴兴地回家做着自己喜欢的事情去了。

正当宋庆龄在中西女塾勤奋刻苦学习的时候，中国的民主革命运动也在如火如荼地悄然壮大起来。宋庆龄感觉父亲宋嘉树比过去更忙了，而且经常会出国，美国、中国、日本来回地奔波，常常几天、几十天地外出。当父亲回来时，宋庆龄听到父亲口中的用语，有了新名词。

比如：父亲口中的孙先生，已经改称为“孙总理”了。

那是 1905 年 8 月末的一天，宋嘉树从日本回国，他难掩兴奋，悄悄地对倪桂贞说：“中国同盟会在日本东京成立了，孙中山先生被推选为总理。”

还没等倪桂贞说什么，不知何时来到身边的宋庆龄插话问：“爸爸，中国同盟会是干什么的？”

自从上了女中读书，宋嘉树就观察到二女儿比其他孩子更有思想，因此，对有些事情，他也不再瞒着宋庆龄，而是将进步和爱国的思想不断地向宋庆龄传送着。这时，在父亲的叙述中，宋庆龄知道了中国同盟会是以“驱除鞑虏，恢复中华，创立民国，平均地权”为宗旨的。

到了 1905 年 11 月中旬，宋庆龄在公开发刊的《民报》上看到三个新的词汇：“民族”“民权”“民生”。这是宋庆龄第一次接触三民主义……

宋庆龄全传

Biography of Song Qingling

第二章

远涉重洋，孜孜以求的留美青年

有一种旅行，叫远涉重洋。

1907 年，14 岁的宋庆龄从上海中西女塾毕业。同年夏，偕小妹宋美龄踏上了赴美的邮船，从此，开始了她长达六年的留学生活。

在美国，宋庆龄由一个天真少女，逐渐成长为一个成熟的青年。

初到美国，宋庆龄便成为一位痴迷于读书的文学女生。然而，她并不是两耳不闻窗外事的书呆子。

接下来，在与父亲的书信交往中，她得到了政治启蒙。为了维护祖国的尊严，她一语震得四座惊，一文抒发爱国情。

因此，她成为令人刮目相看的罗莎蒙德。

喜欢干净整洁是女孩子的天性，妙龄女生的宿舍，也大多被布置得满眼的柔情，宋庆龄所住的宿舍当然也不例外。然而，在宋庆龄的床头，与众不同地，却是一直挂着一面旗帜。

而当一个民主共和的春天来临之时，这面旗帜就由黄龙旗换成了五色国旗。

“打倒专制！高举共和的旗帜！”宋庆龄一改往日的端庄温柔，一边大声地高呼着拥护共和的口号，一边扯下墙上的清朝龙旗扔在地上……

直到这时，校友们才惊奇地发现，那样一个端庄温柔的少女，竟然，一直是一个热情洋溢的革命拥护者，在她的胸中，燃烧着一股股熊熊的革命火焰。

01. 远行，踏上赴美的邮船

1907 年，仲夏。

呜呜——汽笛一声长鸣，铁锚收起，太平洋邮船“满洲号”缓缓离开黄浦江岸，向大海深处驶去。

船舷边，两个女孩子拼命地向岸上的亲人挥手。两个女孩子，一个约莫十四五岁年纪，穿着素色旗袍，额前一绺刘海，直直的头发被一条缎带老老实实地扎起来，梳到脑后。整个给人以端庄、文静之感。另一个，长得像个滚圆的小黄油球娃娃，也就是八九岁的样子。

这两个女孩子不是别人，正是在父亲的安排下，启程赴美留学的宋庆龄和妹妹宋美龄。陪同宋庆龄姐妹前往美国的是她们的姨父温秉忠。

“满洲号”迎着霞光，乘风破浪，向着浩瀚的太平洋驶去。

庆龄、美龄姐俩倚栏而站，为即将远离的故土，怀有依依惜别之情。对于第一次在大洋中旅行的姐妹俩来说，一切都那么神奇，那么新鲜，那么深不可测。而与妹妹美龄孩子般的憧憬和想入非非的幻想不同，庆龄在感觉新奇的同时，是胸有成竹、目标明确的。

早在起程前的那几天，宋庆龄就知道，这将是一次漫长的航行。儿时父亲给她讲的故事，一股脑地闪现出来……宋氏的家族史、父亲的奋斗史、父亲的历险记，甚至南极那些笨拙的企鹅。父亲的经历、经验是她宝贵的财富，她等于是踩在巨人的肩膀上前行，因此，她对自己的前途充满信心。

“爸爸，妈妈，再见——”海风将庆龄和美龄的声音送回了岸边。

听到两个女儿的呼喊，岸上的倪桂贞边抹着眼泪边埋怨着：“都是你，非要把三个女儿都送出国，特别是美龄还那么小……”宋嘉树背着手，挺着胸，心中也不免伤感，但口中却言道：“亏你还是新女性，接受欧美式的教育，是她们必不可少的成长经历啊！”

“我也知道对男孩女孩要一视同仁，我也不是抱着三从四德的传统思想不撒手，关键是，远渡重洋，不知何时才能再相见啊！”倪桂贞泪眼蒙眬地望着渐行渐远的船只，幽幽地叨咕着。宋嘉树理解妻子的心情，他的心里何尝不是如此？若论疼爱孩子，宋嘉树更胜于妻子倪桂贞。

倪桂贞也深知丈夫的喜爱孩子之心。她知道丈夫宠爱孩子们，让孩子们按其个性自由发展，但绝非无节制地满足孩子的欲望，而是尽最大努力培养孩子们的自制力。倪桂贞多次听到丈夫对别人说：“只要 100 个孩子中有一个成为超人式的伟大人才，中国就有 400 万超人，中国还怕不能得救！现在中国大多数家庭不能全心全意地培养子女，我敢于为天下先。”

宋嘉树与倪桂贞夫妻恩爱，少有分歧，唯在子女上学上曾经产生过尖锐的争论。倪桂贞虽说是长着天足的知识女性，但毕竟生长在封建的中国，难免受到“忠孝节义，三纲五常”的影响。她认为，女孩子不像男孩了，男孩子可以留洋，女孩子则不必要。这和宋嘉树的观点正好相反。宋嘉树受了十年的西方教育，思想比较开放，脑子里并没有条条框框。他认为，儿女们要想成就一番事业，必须到国外闯一闯，学习先进知识。

胳膊拧不过大腿，最后，一家之主宋嘉树的观点占了上风。于是，大女儿蔼龄在 14 岁的时候漂洋过海，成为第一位正式到美国留学的中国女子。

几年后的今天，二女儿庆龄，也到了姐姐的年龄，当她在上海中西女塾毕业后，也踏上了赴美留学的邮船。

让不足十岁的小女儿美龄也一同出国，是为了兑现小女儿生病时许下的承诺。当年，小美龄曾被父母送去和二姐一起住校学习，因为年龄太小，受到惊吓而一直在家私塾学习。当时，宋嘉树就答应会将小女儿直接送往国外学习。

此番宋嘉树之所以让年龄尚小的小女儿与二女儿同行，除了兑现承诺之外，其实，还另有一个重要原因。这个原因和当时的形势有关。

1907 年 5 月 22 日，孙中山组织中国同盟会在潮州黄冈发动起义。之后，邓子瑜等在惠州七女湖起义；徐锡麟在安庆起义；秋瑾在绍兴起义……各地陆续有起义爆发。然而，也不断有起义未果，领导者被暗杀的消息传来。虽然宋嘉树的同盟会会员身份没有公开，但保不齐有叛变告密者，因此，作为一家之主，宋嘉树必须做到有备无患。之所以没有对倪桂贞讲，当然是怕她担心。

早在一年前，宋嘉树就利用去美国之机，请美国的友人，给女儿宋庆龄的赴美学习安排好了一切。1907 年 7 月 31 日，为宋庆龄办理了赴美的护照。8 月 18 日，宋庆龄的赴美申请获得批准，并且宋嘉树也为小女儿补办了相关手续。

一切准备就绪，因此，作为父亲的宋嘉树，马上就将两个女儿送上了赴美的航船。

宋庆龄久久地、默默地站立着。在邮船起航的那一刻，她看到了母亲的泪眼，也看到了父亲挺直的胸膛。

当父母的身影越来越小时，唯有临行前父亲的嘱托在耳边回荡：“爸爸要你们去美国，不是让你们去看西洋景，是要将你们造就为不平凡的人。这是一条艰苦的荆棘丛生之路，要准备付出代价，不管多么艰苦，都不要中止你们的追求。”

“满洲号”远离了陆地，远离了家乡、父母、兄弟……

美龄是小孩子心态，有姨和姨父关照，有二姐陪伴，到了美国还能见到大姐，因此，虽然是第一次出远门，并没有太多的伤感。她快乐地在甲板上玩耍。

看到小妹美龄开心的模样，宋庆龄想起了兄弟姐妹们在一起的快乐日子。

大姐蔼龄，因为是家里的长女，所以既是父母家庭教育理念的第一个实践者，在众兄弟姐妹心中，也是最有主见的一个。大弟子文，是家里的长子，父亲对他更为严格，他也最受母亲的宠爱。小妹美龄是个活泼的小姑娘。二弟子良和小弟子安还是不太懂事的小孩子。

太阳趴俯在海面上，将一片海水照得红彤彤的。

宋庆龄想：此时的父母亲在干什么？会不会和往常一样，母亲弹钢琴，父亲站在钢琴边配合着组成二重唱呢？

“少小离家老大回，乡音未改鬓毛衰”，此时，面对着茫茫大海，刚刚离家的宋庆龄就开始思念家乡、父母和亲人。

14 岁，花样的年华。宋庆龄想：如今我 14 岁了，应该算是长大了吧！长到了和父亲和大姐当年出国时一样的年龄。父亲当年是独身一人去闯天下，我却有父亲安排好了一切，还有什么好担心的呢？唯有牢记父亲的教诲，努力学习，将来报效祖国。

“庆龄，美龄，外面风大，回舱休息吧！目的地还远着呐。”姨父温秉忠寻来，打断了庆龄的沉思，他拉着美龄的小手，两姐妹跟随姨父回舱休息去了。

“满洲号”在太平洋上继续向前航行，船舱中的宋庆龄带着美好的期待进入了梦乡……

02. 专注，痴书的罗莎蒙德

经过半个多月的海上颠簸，1907 年 9 月 3 日，“满洲号”终于结束了横越太平洋的航行，顺利到达终点港——美国的旧金山。

满身疲惫的宋庆龄和宋美龄一下船就看到大姐蔼龄在向她们招手。大姐蔼龄早就接到父亲的来信，算计时日，这会儿，在码头上翘首以待多时了。三姐妹在异国他乡相见，道不尽的姐妹情深。

在美国求学时期的宋庆龄

在旧金山略作停留，宋庆龄、宋美龄就来到新泽西州的萨密特城，进入了波特温学校。这所学校是以波特温小姐的名字命名的，是一所专为中国学生进入美国大学而设的预科实习学校。

这也是父亲宋嘉树早就安排好的。

早在1906年，宋嘉树借到美国为孙中山筹措经费的机会，除了到纽约看望大女儿外，就是到新泽西州的小镇萨密特城去参观克拉拉·波特温小姐开办的这所学校。波特温学校办学宗旨是录取小批的中国留学生，辅导他们报考美国的大专院校。经过在学校的实地参观和与校长波特温小姐的交谈，宋嘉树十分喜欢学校的气氛，在征得校方同意后，决定第二年就送两个女儿来此学习。

宋庆龄刚一到达，就喜欢上了学校及学校周边的环境。

波特温学校是一座尖顶、砖木结构的二层小楼，看上去不像学校，倒似私人住宅。学校原本就是波特温小姐父亲留下来的一套房子。

学校周围绿树成荫，环境优雅。特别是学校对面有一家图书馆，这对于喜欢读书的宋庆龄来说，是最令她满意的。

校长波特温小姐亲自出来迎接两位新生。一见面，波特温小姐就惊呼："哇——好漂亮的中国姐妹花哟！"

就这样，宋庆龄姐妹俩开始了在波特温学校的留学生活。波特温学校的学生们，大部分是和美龄一样年纪的小孩子。因此，活泼而有些小淘气的宋美龄，对周围的一切都兴趣盎然，不论是新奇的花草树木，还是房屋和人，她都要盘根问底，打听清楚，更是与同学们玩闹嬉戏在一起。

天性庄重而文静的宋庆龄，虽然只比美龄大四岁，但不论是从言谈举止，还是从穿着打扮，都完全像个“小大人”似的，自然也不会去参加宋美龄等小孩子们玩的那些游戏了。

在波特温学校，校长、老师和同学们都称呼宋庆龄为“罗莎蒙德”。

罗莎蒙德最喜欢的去处就是图书馆。

一天，波特温学校对面的萨密特图书馆进来了一个漂亮的中国女孩子。她十四五岁年纪，见到图书馆员，略显得有些害羞。图书馆员见进来一位生面孔，就主动问：“小姑娘，有什么需要帮助的吗？”

“您好！我叫罗莎蒙德，我来自中国，我喜欢读一些传记、小说等文学和历史方面的书，能否帮忙介绍一下？”宋庆龄操着一口流利的美式英语，礼貌地介绍自己，并提出了她进图书馆的目的。

“文学和历史方面的吗？”图书馆员有些奇怪地反问，并不无自豪地推荐道，“目前最流行的畅销书是波特小姐的《彼得兔的故事》，小孩子们都喜欢读。”

图书馆员找到这本书，并介绍道：一辈子生活在庄园里的波特小姐，为了安慰一个生病的小孩儿，编了一个小故事给这个小孩儿。波特小姐没想到，她编的故事因描写得生动而真实，一下子打动了小孩儿的心，这个小孩儿感觉到无比的快乐，仿佛病痛一下子都消失了。

这次的成功，鼓励了波特小姐，于是，她继续用细腻的笔触编故事，并自己绘画配上插图，最后，形成了一本大人小孩子都喜欢读的书——《彼得兔的故事》。书中，作者波特小姐向全世界展示了一个可爱的小动物的世界。书中所有的动物、植物都真实生动，有着人一样的喜怒哀乐，一样的大智慧和小算计，一样的好心肠……因此，一经问世，立即风靡世界。

“好的，谢谢推荐！我可以借回去阅读吗？”宋庆龄问。听了介绍，她不仅自己想看，而且她想到小妹美龄一定更会喜欢。

又借了一本描写美国历史的小说，完成第一次借阅的宋庆龄，就告辞而回。从这以后，宋庆龄就成了图书馆的常客，只要一有时间，她就泡在图书馆里，直到图书馆关门了，她就借了书回宿舍去接着看。慢慢地，图书馆员牢牢地记住了这位与众不同、喜欢读一些严肃类书的中国姑娘。

有一天，图书馆中进了一批新书，图书馆员将其中的两本书细心地放好，她知道，这两本书一定是中国姑娘喜欢的。

宋庆龄又来到了图书馆，图书馆员小声而神秘地拉住宋庆龄，说："罗莎蒙德，推荐给你看两本新进的书，俄国著名的作家列夫·托尔斯泰的书你读过吗？"

"听说过这位伟大的作家，但他的作品还没有拜读过哟！"宋庆龄如实地回答着，突然，她心里一动，难道图书馆中有？

"给，你是馆里这两本书的第一位读者。"图书馆员将两本书呈现在宋庆龄面前。

"天啊！《战争与和平》《安娜·卡列尼娜》的英译本。"宋庆龄一见，差点惊呼出声。她赶忙捂住嘴，兴奋得脸色通红，心脏仿佛都快要跳出来了。

喜欢读书的宋庆龄当然喜欢这些名著，当然更喜欢那些文学性和现实性结合密切的读本。但是，当时，能译成多种文字在外国发行的书还很少。能在美国的一个图书馆中读到翻译成英文的俄国名著，真的是很难得的一件事，因此，宋庆龄显得特别的激动。

宋庆龄都忘记和图书馆员说声谢谢，就开始如饥似渴地读了起来……

此间，宋庆龄还对另一位俄国作家的作品印象深刻，这就是俄国现实主义作家冈察洛夫的代表作《奥勃洛莫夫》。

小说真实、细致地描述了主人公奥勃洛莫夫的生活现实。主人公是一个生活在京城圣彼得堡的贵族青年。他善良、温和，具有良好的教育背景。主人公坚持认为"工作是一种责罚"，所以他整日无所事事，躺在沙发上，"就是在梦中也想睡觉"。他所有的时间都耽于"美丽的"幻想，担心生活中的任何变故破坏他"安定的"生活。曾几何时，也有活泼、热情的姑娘，想要用爱情改变他，可是却失败了。姑娘失望了，于是离开了他。最后，主人公老死在“沙发”里。

这部小说，宋庆龄反复读了好多遍，每一次读，都对作者书中的人物刻画有新的认知和理解。这部有着悲喜剧性质的小说，似乎一下子让宋庆龄的思想成熟起来了。

小说中的主人公，可以说是一个好人，他的头脑里充满着人道主义及民主主义的思想，热爱普通人而厌恶不公正。可是，他的懒惰，他的空想，他的不采取任何行动，在宋庆龄看来，是一种必须避免的可怕的东西。

宋庆龄认为：有同情就应该有行动，要坚持原则，并为实现这个原则而奋斗。

宋庆龄是这样想的，于是就马上采取了行动。在新泽西州，她边学习边兼职做起了家庭教师，而且一做就是两年……尽管她的家不缺这点钱。

03. 影响，父亲的政治启蒙

1908 年，深冬，美国佐治亚州梅肯市。

在梅肯市城区有一座风格独特的建筑。它的独特在于，原本是一幢希腊风格的平顶楼房，大约在 1900 年前后，因在楼前加盖了装饰性的建筑，而改变了建筑风格，成为一幢尖顶的维多利亚式的楼房。

这就是 1839 年基督教卫理公会开办的，以注册最早而闻名于世的一所女子大学——威斯里安女子学院。

已是下午的自修时间，邮差来了。一位有着乌黑的秀丽短发的女学生径直向邮差走去。远远望去，只见她身穿碎花中式带扣袢上衣，下身着一条长及脚踝的印花长裙。及至走到近前，可见她明眸皓齿，面色白里透着粉嫩的红润。她走到邮差前，也不说话，文静地等待着邮差喊她的名字。

“罗莎蒙德——，来自中国的信。”邮差高声喊道，只喊了一声，看到了站在他面前的女学生，就直接将信递给了她。

这位被称为罗莎蒙德的女学生，就是宋庆龄。

在美国留学期间的宋庆龄、宋子文、宋美龄。

因为经常会有她的信件，因此，邮差就记住了她。此时，宋庆龄轻声说声“谢谢！”然后微微一笑，伸手将信接了过来。

信是父亲从国内寄来的。宋庆龄知道，在信中父亲肯定又给她带来了国内发生的，特别是孙中山先生领导的革命的消息，因此，她拆开信，读了起来。

果然，信中除了讲到一个父亲对女儿的思念和关心，主要是告诉宋庆龄：4 月末，中山先生命黄明堂在云南河口发动起义，起义军一度占领新街，坚持了将近一个月，终因寡不敌众，退往越南。9 月，中山先生在新加坡革命派所办的《中兴日报》上连续发表了《平实开口便错》《论惧革命召瓜分者乃不识时务者也》《平实尚不肯认错》等文，与保皇派展开了论战。

随信，宋庆龄还看到了父亲寄来的发表有孙中山先生文章的《中兴日报》。

读着信和报，宋庆龄陷入了深思中……

几个月前，宋庆龄以优异的成绩，考入了威斯里安女子学院的文学系。此时，宋庆龄 15 岁。从年龄上来算，正是花季的少女时代。然而在老师和同学们的眼里，她有着一副超越她年龄的忧伤和沉思的神情。而正是这种神情使她显得更加的俏丽动人。

而她的内心远比外表表现得更加激情而澎湃。她内心的激情只有她自己最清楚，她心里明白，在内心深处，她早已经是一个忠贞不贰的“造反者”了。

不，不只她自己，还有一个人，这个人就是她的父亲宋嘉树。

宋嘉树是启迪宋庆龄进步和爱国思想的第一位老师。早在宋庆龄的童年时代，在父亲的讲述里，爱国主义、民主主义思想就对她品格的形成产生了重大的影响。当父亲宋嘉树积极支持孙中山开展民主革命以后，在宋嘉树的进步和爱国思想的教诲中，就有了孙中山的影响。宋嘉树将孙中山留给他的影响移植在宋庆龄的身上开花结果。父亲高昂的爱国主义精神和民主主义进步思想的教导和熏陶，对宋庆龄的思想产生了直接和决定性的影响。

父亲宋嘉树的影响无时不在，只不过，留学美国期间，父女之间的交流变成了信件。在威斯里安女子学院期间，宋庆龄经常接到父亲的来信，教导她关心中国局势及多阅读中国历史书籍。因此，宋庆龄在女子学院也非常关心时事，经常阅读报纸，了解祖国的情况。

“罗莎蒙德，为什么你总是那么多地考虑国家的事，而不无忧无虑地享乐呢？”有的要好的同学见此，不禁问道。

“不能忘记祖国，如果忘记了，人生就失去其意义了。”每当有人问时，宋庆龄总会如此坚定地回答。

然而，关心时事政治，并没有影响宋庆龄成为一名品学兼优的好学生。

从 9 月 5 日入学开始，宋庆龄就在新生登记的表格中庄严承诺：在威斯里安女子学院就读期间，忠实遵守学校的一切规章制度。

宋庆龄的英语造诣很深。她在英语学习上少有的才思敏捷，在同学们中是出了名的。这里面还有一个小故事呢。

有一次，上英语课。这堂课教授主要讲解的内容是关于英语语法的问题。教授在进行了一番讲解之后，提出一个难度更大的英语语法问题，请同学们回答。令教授没想到的是，将英语作为国语的所有美国学生，都在这个问题上张口结舌地败下阵来。

起初，教授不相信他的学生会回答不上来，可是，教授将来自世界各国的学生几乎提问了一圈儿，也没有得到他想要的答案。教授简直失望极了。

只有一位来自中国的女学生罗莎蒙德没有提问了。教授看到她始终文静而略显羞涩地坐在座位上一言不发，对她也没抱太大的希望，甚至，有那么一刻，教授连提问的兴致都没有了。教授摇头耸肩地承认自己教学的失败，准备下课了，此时，宋庆龄却举起了手，她说：“教授先生，我可以回答这个问题吗？”

“你，罗莎蒙德，你有答案吗？哦——可以，当然可以。”教授将信将疑地点头示意宋庆龄可以回答。

于是，宋庆龄侃侃而谈，讲得头头是道，分析得有理有据。教授简直不敢相信地张大了嘴，不住口地夸奖道：“太好了！太好了！中国姑娘了不起！”

从此以后，英语教授记住了宋庆龄这位来自东方的姑娘。

又一堂英文作文课上，英语教授再一次为宋庆龄竖起了大拇指：“罗莎蒙德的文章最好！最有文采，也最有思想……”

宋庆龄不只在英语学习上表现得优秀，她对哲学、历史也有着浓厚的兴趣，并阅读了大量的书籍。广博的知识使她的见解深刻而有哲理。难怪一位教授赞叹地说：“在我一生教授的学生中，能有罗莎蒙德这样的女学生，我感到万分荣幸。”

04. 美妙，度假的文学女生

1908 年，宋氏三姐妹在威斯理安女子学院团聚了。

此时，大姐宋蔼龄是威斯理安女子学院文学系的大四学生，15 岁的二姐宋庆龄也以优异的成绩成为文学系的新生。但是，11 岁的小妹宋美龄却因年龄太小，连做“特殊生”的资格都没有。

在威斯里安大学，宋庆龄攻读的是文学专业。本来就喜欢读书的庆龄，在文学的殿堂里兴奋地遨游着。她担任了威斯理安女子学院校刊的编辑和哈里斯文学社的秘书，并经常在校刊上发表一些文章，如《留学生在中国之影响》《近代的中国妇女》。

由于从小就在父亲给她们办的报纸上当编辑、撰写文章，此时，庆龄不论是当编辑还是做秘书，都做得相当出色。这个文静的短发中国女孩，她那勤奋而好学的独特气质，给同学们留下了极深的印象。同时，她撰写的文章内容，也反映了她关心中国革命、关心妇女命运的进步思想。

为此，认识她的教授和同学们都说："这个女生外表文静纤弱，但是，内心很强大！"

宋庆龄和宋美龄在威斯里安学院肄业时，宋子文偕友人竺可桢去探望她们。自左至右为宋子文、宋庆龄、竺可桢女友、竺可桢、宋美龄。

转眼就到了1909年的春天，大姐宋蔼龄从威斯里安女子学院毕业，获得了文学学士学位。等再过了年，蔼龄就要告别妹妹们回国了。因此，暑假里，三姐妹有了一次共同的旅行。

这是因为，一来姐妹分别在即，二来外号"小灯笼"的小妹美龄，她的落脚之地还没安排好。因此，三姐妹将旅行的目的地，选择在了美国佐治亚州的山城——德莫雷斯特。

佐治亚州又称为"桃树之州"。州花是查拉几玫瑰花；州鸟是棕色长尾鸟；州树是活橡树——这是宋庆龄心中早就十分向往的地方。

德莫雷斯特，在美国佐治亚州东北部的阿巴拉契亚地区，是一个美丽的小山村。

三姐妹到山城德莫雷斯特的莫斯太太家做客。

莫斯太太是宋蔼龄一位同学的母亲。此前，宋蔼龄通过这位同学，已经征得了莫斯太太的同意，将小妹宋美龄留在这里，由莫斯太太帮着照顾。

莫斯太太是一位开朗好客的人，三姐妹一进屋，就感觉到了莫斯太太的热情。两位姐姐对小妹未来在这里的学习和生活就放心了。

德莫雷斯特这个小山村，是天然的避暑胜地。

这里四季分明，气候舒爽适宜。冬天虽然寒冷，但因为四周山脉的阻隔，温度要比同纬度的其他地区高。到了夏天，绿树成荫，浓密的树叶不仅装点了田园风情，也使人站在其中，能感受到说不出来的清凉与快意。

一个夏日的午后，宋庆龄站在德莫雷斯特一处浓密的树荫下，向远处的田园眺望……此时，骄阳似火，阳光很热辣，眼见着有一股股的气浪在田野的上空蒸腾，田野里看不见人在劳作，就连花鸟昆虫都不知躲到哪里去了。

宋庆龄收回目光，抬眼看看头上，她想：这样的夏日，能拥有一片浓密的树荫可以纳凉，真是人生之幸事啊！

其实，幸福原本就是这么简单。

此情此景，让宋庆龄想起了她的一位同学——珍妮，那是一个喜欢站在树荫下发呆的女孩儿。

此时，宋庆龄忽然很想给珍妮写一封信，而且，在这封信里，她还要写上几行她并不太擅长的诗。她要用优美的诗句，来表达对珍妮的思念。她希望珍妮永远记住，这首美妙的诗，是一个美妙的姑娘，在一个美妙的世纪、美妙的年头、美妙的日子，写下的美妙的句子。

这是宋庆龄写的第一首诗，虽然这首诗是送给一位女同学的，但是，那种浪漫的小女儿情怀却也是溢于言表的。情到深处，下笔如有神韵，因此，这首诗很快就完成了。宋庆龄端着信纸，情不自禁地自己朗读出来：

1

她，珍妮是个很甜很甜的姑娘，
这个很甜很甜的姑娘就是我的珍妮，
她像一朵百合花那样端庄、腼腆，
所以，她是我最可爱最可爱的珍妮。

2

谁能把这朵百合花采到手，
谁就是幸运的宠儿。
这朵迷人的百合花啊，浑身都没长刺，
那么纯真，那么自信，
这不就是住在这间屋子里的她么！

3

她需要爱抚，她需要温存，

她老爱待的地方是那绿树下的浓荫。

啊，珍妮，你这个玲珑娇小的朋友，

就是我亲爱的蜜蜂。

就这样，度假中的宋庆龄，一边欣赏着大自然的美景，一边用书信与她的朋友们进行着沟通，诉说着别后离情，谈论着儿女私情……

在不知不觉中，假期结束了。宋家三姐妹，开始了分头行动。

大姐宋蔼龄开始准备回国的行程；二姐宋庆龄开始了威斯理安女子学院文学系的学生生活；而小妹宋美龄则留在了山城德莫雷斯特。

德莫雷斯特这个小山村，给三姐妹都留下了许多美好的回忆。

特别是留下来的小美龄，她进入了皮德蒙特学校读八年级。她不仅懂得了麻烦的英语结构，还学会了演奏《小耗子田野四处跑》一类的曲子。

受二姐庆龄的影响，美龄也喜欢博览群书，在德莫雷斯特，读完了狄更斯的大部分小说。

9个月后，宋美龄回到了威斯理安，回到了二姐宋庆龄的身边。因为威斯理安的新校长安斯渥夫主教，同意了美龄和另外两个年龄相仿的小女孩住在学校里，并为她们三人组成了一个小班，由学校的两个年轻教员专门辅导。

而此时，大姐宋蔼龄已经回国。留在威斯里安的只有宋庆龄和宋美龄两姐妹了。

两朵姐妹花，一朵是灿烂的雏菊，一朵则是香味悠长的百合。

如果说，宋美龄是因为年龄小而在威斯理安颇受关注的话，那么，宋庆龄则是因为她娴静美好的气质受到人们的欢迎。

宋庆龄这朵香味悠长的百合，在威斯理安女子学院文学系的百花园中，静静地、久久地绽放着……

当时光之梭穿行进公元1910年时，17岁的宋庆龄已经对在美国的留学生

宋家三姐妹

活很适应了。

除了在威斯里安女子学院的学习生活之外，她还利用假期到各地去旅行，同时，她也在不断地汲取更多的知识。

1910 年 6 月，宋庆龄带着轻松的心情，和几位同学来到了梅肯。在梅肯她打算待足六个星期，除了休假，她想借机补习一点拉丁文。

在梅肯，宋庆龄认识了两位美丽的姑娘，她们是卢拉 · 哈里斯与埃塞尔 · 所罗门。经这两位朋友推荐，宋庆龄没有待足六个星期就离开了梅肯，来到了蒙特伊格尔，住进了坎伯兰的山中。

坎伯兰是一个很可爱、很秀丽的地方。景色美极了，空气好极了。在美丽的山花丛中，宋庆龄捧读着维吉尔的作品。

维吉尔是古罗马最伟大的诗人，他的代表作品包括《牧歌》《农事诗》和《工作与时日》等，其中成就最高的作品是史诗《埃涅阿斯纪》。

维吉尔于公元前 29 年开始写作此诗，逝世前才完成初稿。他逝世后，由他的友人帮助发表。全诗共 12 卷 ，1 万余行。

在诗中，维吉尔叙述了英雄埃涅阿斯，在特洛伊城被希腊军队攻陷后离开故土，历尽艰辛，最后到达意大利建立新的邦国的故事。整部诗稿最后以当地部落首领图尔努斯与埃涅阿斯决斗被杀而结束。

史诗借用神话传说歌颂罗马国家，歌颂奥古斯都统治的历史必然性。其情节结构模仿了《荷马史诗》，但具体描写有自己的特色。全诗情节生动，故事性强，语言凝练。

可以说，《埃涅阿斯纪》是欧洲文学史上第一部个人创作的史诗，自问世以来，一直受到世人很高的评价。

因为有美景相伴，虽然维吉尔的作品读起来很难，但仍然令宋庆龄感觉很愉快、很爱读。

但是，快乐的日子里，宋庆龄最要好的同学珍妮却没有来，这让她有点小小的遗憾。为了弥补这一遗憾，她就用写信的方式，把她的感受用笔记录下来，寄给珍妮，与好朋友一起分享她的快乐。

05．尊严，一语震得四座惊

在威斯里安大学的一间学习室中，人们经常会看到，一个美丽而文静的中国姑娘，伏案孜孜不倦地学习的身影。偶尔，她抬起头来，可见她宽宽的额头、弯弯的柳叶眉下一双亮丽的明眸，闪耀着睿智的光芒。

她，当然就是美丽而知性的宋庆龄。此时，是公元 1911 年，正在美国留学的宋庆龄 18 岁。

大多数时候，宋庆龄是安静的。她不喜欢大声喧哗，更不喜欢高谈阔论。对于别人的争论，她也决不会轻易地随声附和。

然而，当有人发表蔑视中国的言论时，一向温文尔雅的宋庆龄，却似火山一样爆发了。

只见她，圆润的鼻子下的两片嘴唇微微上翘，皓齿轻启处，一口流利的英语便铿锵而出，义正词严，掷地有声。语调虽然不高，却也具有牵动人心灵的魄力。人们不禁对这个看似柔弱的中国女学生再一次刮目相看。

宋庆龄（右八，着黑衣）与威斯里安女子学院的同学们

虽然宋庆龄身在异国他乡，但她那颗热爱祖国的心却始终是炽热而真诚的。作为中国人，她为她的祖国而骄傲！她不允许有人蔑视她的祖国。

一次上历史课，18 岁的宋庆龄，为了祖国的尊严，以一席见解深刻而有哲理的辩论，震得四座皆惊。

事情是这样的。

那次历史课，教授留给学生们一个讨论题，题为：历史进程与历史演变。

一位美国学生首先站起来发言，说："历史的发展是难以估计的，那些所谓的文明古国，特别是亚洲的中国，被历史淘汰了，人类的希望在欧洲，在我们这里……"

闻听此言，宋庆龄立即站起来反驳道："历史确实在不断地变化，盛极一时的中国已经落后，这一点不能否认。但是，具有五千年文明历史和占世界四分之一人口的中国绝不会被淘汰……我相信，中国这头沉睡的狮子，决不会永远沉睡。我也相信，终有一天，东亚醒狮的吼声必将震动全世界！"

宋庆龄有理有据且豪迈的一席话，把那位美国学生驳得哑口无言，很快败下阵来。

从此，宋庆龄便被人们誉为"辩论家"。

宋庆龄将她的祖国比喻为一头沉睡的狮子。她说得对极了！

确实，中国这头狮子，是不会永远沉睡的。

公元 1911 年，是农历的辛亥年，在这一年里发生的许多事，都足以验证宋庆龄的观点。当然，此时的宋庆龄，还不知道这就是后世史学家们所称道的"辛亥革命"。

此时，时刻关注着祖国命运的宋庆龄，只是不断地通过各种途径，倾听着来自祖国的消息。几乎每个月都有重大的事情发生，虽然消息传来时，往往已经过去多时，但是，她的心，还是情不自禁地随之跌宕起伏着……

宋庆龄得知：

4 月末，广州起义爆发了。

早在 1910 年 11 月中旬，孙中山在槟城主持召开会议，商定发动广州起义的计划。

这样，在1911年的4月末，黄兴首先率领先锋队员举行起义，有86人血洒黄花岗。

宋庆龄从父亲那儿了解了这一情况，她为这些勇士流泪，同时，也为这些勇士的壮举而心生敬佩！

宋庆龄得知：

5月上旬，清廷终于宣布成立了“皇族内阁”，由庆亲王奕劻出任总理大臣。

宋庆龄得知：

6月中旬，四川保路同志会在成都成立，从此，四川掀起了保路风潮。

宋庆龄得知：

7月底，中国同盟会中部总会在上海成立，宗旨是：以推覆清政府，建设民主的立宪政体为主旨。

宋庆龄得知：

10月10日，武昌起义胜利了。

然而，此时的宋庆龄还无法得知背后的故事。其实，这次起义的发起者，是一群亦文亦武的能人。

早在年初的时候，以蒋翊武为首的一些人，就将湖北的振武学社改组为文学社。8月中旬，湖北文学社又与共进会在武昌举行联席会议，成立统一的指挥机构，将文学社赋予了军队的职能，并策划起义。

宋庆龄得知：

迫于压力，清廷不得不于11月1日任命袁世凯为内阁总理大臣。

宋庆龄得知：

到了12月底的时候，在各省代表的推选下，孙中山被选为中华民国临时大总统。这令宋庆龄激动不已。

聪明的宋庆龄敏锐地感觉到，中国这头沉睡的狮子不仅醒来，而且，就要发出令世人震惊的吼声了！

祖国正在沉睡中醒来，作为留学海外的游子，虽然无法亲身投入其中，但是，宋庆龄以她的方式，坚决地维护着祖国的尊严。

话说回来，宋庆龄之所以能在维护祖国尊严的辩论中，完胜对手，并不是因为她善于思辨，也不是因为她在强词夺理，而是缘于她对历史、哲学的深入理解和掌握。因为宋庆龄对哲学和历史有着浓厚兴趣，因而大量地阅读书籍。在书籍中，她不仅获得了广博知识，而且使她的见解独到深刻并富有哲理。

难怪，宋庆龄不仅让同学们刮目相看，而且让学富五车的历史学教授，都惊讶不已了。

一次历史课上，教授提问："罗莎蒙德，你认为在历史课上的学习，哪件事情最重要？"

听到教授的提问，宋庆龄用纯正的英文清晰地回答说："我想，最重要的事情，应该是学习研究一个民族的精神。因为，一个民族要发展，只有唤起全民族的精神，才能推动历史的进程，否则，不论是对于历史、对于学习、对于成长，都不会有真正的进步和帮助……"

此时的宋庆龄，声音如平时一样的柔和，态度如平时一样的温文尔雅，但她的眼神中却透出了一股火焰，一股足够照亮大地的火焰。

看着这样的一位学生，教授心里想：她是一个谜！

06. 豪迈，一文抒发爱国情

威斯里安女子学院，正在批阅学生试卷的历史教授，目光久久地停留在了一份答卷上。

这是一份历史论文答卷。

从卷面上看，干净而利落，绝没有勾勾抹抹，娟秀的英文，如一串串音符，行云流水般地舒展着，显然，这是一份经过深思熟虑之后的一气呵成之作。

学生的署名是——罗莎蒙德。

原本，富于引导的历史教授，留下的考题没有设定太多的框框，只是让学生们发挥想象的翅膀，自由撰写一篇论文。然而，罗莎蒙德的这份答卷之所以吸引了教授的目光，是因为这篇论文中所表述的思想内涵，实在是太深刻了。

中国必须改革——这不仅是一个历史课题，而且，更是一道深刻的哲学命题。对世界历史很有研究的教授深知，此时的中国，能有这种深刻哲学思想的人并不是很多啊！

罗莎蒙德，这位学生，教授是认识的。她可是一位温文尔雅的漂亮女生。从一个看起来温和的中国学生，且是一个女孩子身上，竟然能见到这样的见解，是令他万万想不到的。如此，教授不禁感叹：这思想和形象完全不相符嘛！

教授既为罗莎蒙德杰出的思想而高兴，同时，又为她带有叛逆精神的思想观点而不安。教授想：务必要找她谈一谈了。

第二天，罗莎蒙德站在了教授的面前。

她，一如既往的端庄大方，一如既往的知性典雅。圆圆的脸，青春而秀美。略带忧伤的眼神，却似有一丝丝火苗在跳动。

教授将那份历史答卷展开在桌子上，指点着说："罗莎蒙德，毫无疑问，你这是一篇很好的动人的论著。然而，这不应该是你在历史课上所学到的东西吧？"

教授耸耸肩，歪一下头，双手展开，又互握攥紧，然后又接着说："说实话，罗莎蒙德，我为此深感不安。"

"是的，我明白，但我想这张卷子只是个人的观点，一个学生的见解，自然不会有人误解成别的意思吧！"宋庆龄坦率地回答教授，语调不高，但却吐字清晰，接着，她又一字一句坚定地说："我，只是，追求真理。"

此时，宋庆龄坚定的回答，让教授联想起了此前的一次历史课，那次课堂上她的发言，就曾给教授留下极深的印象。教授这才注意到，其实，他的学生的这种思想，是早在入学之初就有了的。

于是，教授探究似地问："我看出，中国现在经历的革命运动影响了你的感情，然而，我相信我没有猜错，两三年前，你就有同样的感觉了，这从你那时的回答上看得出来。我想，你是不是受了家庭的影响？"

"是的，确实是这样的。"宋庆龄肯定地回答，并且，第一次在外人面前提到了孙中山先生的革命思想和主张。

宋庆龄满眼的向往和崇拜，说："我们有一个朋友，虽然，现在我还不能公开说出他的名字，但我可以说，他现在领导着中国的革命。通过我父亲的转达，使我有幸能经常听到他所说的话，了解到他的主张，并且，我坦言，他的这些思想，对我的影响应该是巨大的。"

教授明白了。

然而，仅仅在课堂上，论文答辩中，是不能充分表达宋庆龄对祖国的关注和炽热之情的。特别是，当她了解到此时中国的现状，她真的很不满，作为留学生，她必须要说点什么。她要如何说，说点什么呢?

威斯里安女子学院 1911 年 11 月号的院刊上，一篇《受外国教育的留学生对中国的影响》发表了。于是，一石激起千层浪……

曾几何时，外国人眼中的中国人吸鸦片成瘾、成风；曾几何时，中国人认为女子变形的脚是漂亮的；曾几何时，包办的婚约是青年人必须遵守的礼教。

而宋庆龄却从留学生的角度，撰文将这些一一进行剖析，如大浪推向岸边的朵朵浪花……

浪花之一：

文中，宋庆龄并没有回避中国当时存在的重大问题，反而将诸多陋习逐条列出。她不仅敢于直视和面对，并且，还将留学生们在改变中国人这些陋习方面所做的努力，告之世人。

比如：留学生们建立戒烟会，帮助那些吸鸦片的人戒烟。希望永远戒除自己的恶习的人渐渐地增多了，越来越多的人，充分认识到了鸦片的毒素带给人的危害。

浪花之二：

文中，宋庆龄告诉人们，在城市，留学生们组织了基督教青年会，它成为人们社交集会的活动场所。在这里，由于留学生们的影响，越来越多的中国青年不再像过去那样，习惯于认为变形的脚是漂亮的，或者要求女人裹脚。现在，他们拒绝和缠足的女子结婚，甚至解除童年时包办的婚姻。

这在中国是相当严重的一件事情。

浪花之三：

文中，宋庆龄认为，中国人出国留学的目的，应该是把一切有价值的、好的东西学到手，以便带回去，解决中国当前面临的重大问题。同时，文中还强调说，中国将会赋予留学生广阔的工作领域和无限的机会。她热切地希望，留学生们能够学成回国继续发挥作用。

实际上，《受外国教育的留学生对中国的影响》一文，充分抒发和表达了18岁的宋庆龄，为改造祖国而发奋学习的抱负和胸怀。

这也是一位海外游子对祖国浓浓的爱！

07. 悬挂，女生宿舍的国旗

时光之梭穿越天宇，迎来了公元1912年的元旦。1月1日，坐落于佐治亚州梅肯市的威斯里安女子学院里，原本宁静而清幽的校园，忽然热闹了起来。学生们都纷纷用自己的方式庆祝着新年的来临。

在庆祝的人群中，破天荒地出现了宋庆龄那美丽而文静的倩影。

本来，元旦这个阳历年，对于宋庆龄来说只是一个普通的冬日，因为，她拥有着浓浓的中国情结。在她的心里，农历的春节，才是真正的过年。

然而，不知道为什么，1912年元旦的到来，宋庆龄竟然有一种莫名的兴奋与冲动。她要庆祝，她要大声呼喊——

当然，此时的宋庆龄还不知道，她日思夜想的祖国，正在经历一场深刻的变革，她所崇拜的革命者孙中山先生，就在1912年1月1日这一天，在南京就任临时大总统，中华民国成立了！

“罗莎蒙德，取邮件。”一个多月后的一天，正在宿舍中整理内务的宋庆龄，又被邮差喊下了楼。知道肯定又是父亲给她寄来的包裹，她飞奔着冲下了维多利亚式的华美楼房。

威斯里安女子学院的学生宿舍，环境和设施是相当好的。宿舍位于双层斜坡式的楼顶，这是学院在希腊复兴时代的建筑风格基础上增盖的，宿舍的内部装备很舒适，不仅有大洗脸室和更衣室，而且每层楼还有一间浴室……

校园内的一切，都为来这里读书的女孩子，提供了良好的学习条件和生活条件。

宋庆龄所住的是两个人一间的宿舍，宽敞而明亮。

喜欢干净整洁，是女孩子的天性，妙龄女生的宿舍，也大多被布置得满眼的柔情，宋庆龄所住的宿舍当然也不例外。然而，在宋庆龄的床头，与众不同地，是一直挂着一面黄龙旗。

这面代表着中国的清朝国旗，是宋庆龄乘“满洲号”轮船赴美时，船上的一位大副送给她的。

这面黄龙旗，为纵高三尺、横宽四尺的长方形旗帜。黄羽纱制的旗面，正中用蓝羽纱绣制着一条四爪伸展的巨龙。龙头向上仰起，支棱着两根龙须，张着大口迎向太阳，也许是太阳光的照射，龙口中的舌头也是红彤彤的。

当时，大副还向宋庆龄介绍了将黄龙旗作为国旗的来历。

我国古代旗帜不少，但人们却不知“国旗”为何物。比如：战场上的“旌旗”，绘的是军队将领的姓氏，代表的是军队的归属。皇室有“御旗”，一般为金黄色，上面不是绣黄龙、金凤，就是绣麒麟、虎豹、八卦，当然，不是代表皇帝就是代表亲王。

到了 19 世纪，国门被打开，清政府不得不适应近代外交的需要，设计一面“国旗”。当然，最需要国旗的地方是军舰。

英国人李泰国和阿思本越俎代庖，曾经为中国船设计了一面绿底的国旗。

1860 年前后，太平天国起义，西方列强纷纷向清政府提出要以兵船助剿，怂恿清政府购买船炮最积极的是英国人。英国政府把单纯的买卖，当成了控制中国的军事途径。这样，1862 年，中国海关总税务司李泰国和英国皇家海军上校阿思本，组成了“英中联合海军舰队”。为了区别其他国家的船只，李泰国与阿思本两人就设计了一面旗代表大清国——长方形、绿底、黄色对角线交叉，中心嵌黄龙图案。

与此同时，清政府也认识到了这一点。总理衙门向老佛爷慈禧，报送了许多种备选方案，其中就有一面与李泰国他们的设计相仿的黄龙旗。慈禧认准了“龙”是君主的化身，金黄色又是皇家独享的颜色。既然“朕即国家”，那么用黄龙来代表大清，就最为合理了。

于是，1862 年 8 月 17 日，总理衙门的提议被批准，三角形的黄色龙旗，成为中国官船的旗号。

从此，龙旗开始具有了国旗的身份。

1872 年 10 月 4 日，总理各国事务衙门，正式批准中国轮船桅梢所常挂之式样为三角的旗帜作为海军旗，并规定从 11 月 1 日起，所有旗帜一律统一更换。如此一来，黄龙旗便具有了普遍的意义。

然而，龙旗虽然具有高贵意义，将旗设计成三角形，却与其他各国普遍采用的长方形不相符，并且，按国际惯例，在船上挂黄旗，意思是船上有危重病人，是向其他船的医生发出求救的信号。

因此，1881 年，洋务大臣李鸿章上奏请求将三角旗改为长方形旗。1888 年，慈禧太后在《北洋海军章程》中，正式批准大清国国旗为长方形黄龙旗。

花季少女宋庆龄带着对祖国的无限眷恋赴美留学，她把黄龙旗挂在宿舍的墙上，每天睁开眼，第一时间就能看到它。

那时，黄龙旗在宋庆龄眼里，代表着她挚爱的祖国。

此时，宋庆龄取回父亲寄来的包裹，回到宿舍，就迫不及待地打开。包裹里面是一面旗帜和一封信。

旗帜是五色的，初时，宋庆龄不明白五色旗的含义，但她知道父亲一定会在信中说明的。于是，她迅速地展开了信笺：

庆龄，我亲爱的女儿，告诉你一个真正值得庆祝的好消息，在西方的元旦节日，在南京，中华民国宣告成立了！并且，我们的朋友——孙中山先生，在那天，就任了临时大总统。

读到此，宋庆龄将目光投向窗外，凝神回想：元旦节那天我在干吗？对，在庆祝，并且，还莫名地有些激动，原来是心有灵犀啊！

宋庆龄为元旦那天自己的激动心情找到了答案。

她收回目光继续读信：

虽然革命取得了初步的胜利，国内的现状有利于革命党人，但是，促成民主，并非一蹴而就的，我们必须尽其所能继续支持孙先生、支持中国革命。尽管可能这还是需要冒一些风险的，然而，想做伟大的事情总是要这样的。

亲爱的女儿，也许，当你读到这封信时，一切都会好的。也许，那时，宣统皇帝已经退位，清皇朝已经结束。也许，那时，以孙中山先生为首的、以民主共和为宗旨的、新的政党已经建立了。

亲爱的女儿，一个民主共和的春天来了！寄去我们新的五色国旗，让我们一起为祖国的新生而欢呼吧！

“打倒专制！高举共和的旗帜！”宋庆龄一改往日的端庄温柔，一边大声地高呼着拥护共和的口号，一边扯下墙上的清朝龙旗扔在地上……

直到这时，校友们才惊奇地发现，这样一个端庄温柔的少女，竟然一直是热情洋溢的革命拥护者。

后来的事实，如宋嘉树在信中预料的一样，真正实现民主共和的路上布满了荆棘，孙中山等人以中国同盟会为基础，组成政党，继续奋勇前行。

08. 燃烧，熊熊的革命火焰

公元 1912 年，即中国的农历壬子年，同时也是中华民国元年，这一年，宋庆龄 19 岁。

在美国威斯里安女子学院留学的宋庆龄，继续孜孜不倦地学习着。

她的眼中，似有一团小火苗在跳动，随着学习的深入，那团小火苗不断地扩大，渐渐地火苗慢慢蔓延，终于成了足够照亮整个大地的火焰。

不，不只是眼睛，她的整个前额都焕发着内在的光辉。

她不仅知识渊博，态度庄重，而且富于理想。她的志向、她的情感，甚至她的整个生命都是中国的，而她所受的美国教育为她提供了“动力”。

宋庆龄学习刻苦，却不是书呆子。作为文学系的女生，她的课外活动是丰富多彩的。她是院刊《威斯里安》的文学编辑；舞蹈戏剧社社员；哈里斯文学社通信干事。

宋庆龄的文章屡屡见诸院刊《威斯里安》，体裁从童话、散文到政论性的文章都有。

1912 年 4 月，宋庆龄在院刊《威斯里安》发表政论性的《20 世纪最伟大的事件》一文，高度评价了辛亥革命的伟大意义。在此文中，宋庆龄论述道：

> 压迫导致了这场奇妙的革命，这是一件看来不幸的，而实际上却是造福人间的喜事。这一非常光辉的业绩，意味着四万万人民，从君主专制制度的奴役下解放了出来。这一业绩也标志着一个王朝的覆灭……中国正在开展剪辫运动，成千上万的人舍弃了身上的附属物——中国民族耻辱的象征……

对于辛亥革命将剪辫子作为革命标志，宋庆龄是完全赞同的。那个清朝统治者强加给汉族男人的变“峨冠博带”为“金钱鼠尾”的“剃发令”，是一个奴役人的意志的野蛮习俗，是到了应该被铲除的时候了。

宋庆龄在文中预言：通向博爱之路的任务，可能就落在中国这个最古老的国家身上。在促进人类进步的努力中，中国还要在其他方面起作用。

比如：中国是首先创建了刑法法典的国家；中国的哲学家对人类思想作出过某些最宝贵的贡献；中国浩瀚的文献赢得了学识渊博的、终身从事研究中国的欧洲学者的赞赏；中国的社会和道德伦理的准则，几乎是任何其他国家无法比拟的。

同时，宋庆龄认为：中国人一直是热爱和平的。对于中国人来说，笔比剑更有力量。中国以它众多的人口和对和平的热爱，必将推动人道主义运动，即实现世界和平。

《20世纪最伟大的事件》一文，是一个热切期望自己的祖国能尽快立于世界强国之林的青年学生的一次追求和探索。这是宋庆龄早期革命思想的萌芽。

若干年后，宋庆龄还强调说："清廷逊位，是辛亥革命最显著的成就，它的意义实极重大，因为至少在形式上，中国已经成为亚洲的第一个共和国，使含有世界人类五分之一的国家的专制政体消灭，这真是世界史上进步的一个碑石。"

除了具有忧国忧民的革命思想之外，温文美丽的宋庆龄，也有着一颗童稚的内心。

在1912年4月的威斯里安女子学院文学杂志上，不仅刊登了政论性的《20世纪最伟大的事件》一文，同时，也发表了一篇宋庆龄的童话短文——《四个小点》。这篇童话讲的是一个孩子和一群蚂蚁的故事。

主人公是古代一个叫杨韦林的孩子，他是一个勤奋善良、刻苦读书的好孩子。一个偶然的机会，他救助过一群蚂蚁。后来，这群蚂蚁也在暗中帮助他获得了应试的成功。

与此同时，中国国内的革命者也在坎坷和泥泞中向前跋涉着……

公元1912年3月3日，中国同盟会本部在南京召开全体大会，宣布改组为政党，并且选举孙中山为总理。而3月10日，袁世凯也在北京就任临时大总统。

此时，建立一个统一、稳定的政府，结束纷争已经成为全国人民的迫切需要。发展经济，使国家走向富强，免遭列强瓜分已经成为各界的共识。因此，孙中山等革命党人，从国家命运的全局考虑，于4月1日，在南京发布解除孙中山临时大总统职令的公告，但是，同时表明，解职不是不理事。

解职后的孙中山来到上海，得以与宋庆龄的父亲宋嘉树，20年后重新晤面。这多少弥补了宋嘉树没能亲眼看见孙中山在南京就职临时大总统的遗憾。

孙中山在致友人李晓生的信函中，感慨地写道：

1912年，辞去临时大总统后的孙中山。

> 宋君嘉树者，二十年前与陆烈士皓东及弟初谈革命者，二十年来始终不变，然不求于世，而上海之革命得如此好结果，此公不无力。然彼从事于教会及实业，而隐则传革命之道，是亦世之瘾君子也。弟今解职来上海，得再见故人，不禁感慨当年与陆皓东三人屡作终夕谈之事。今宋君坚留弟住其家以话旧，以得以追思陆皓东之事也。

什么是真朋友？真朋友就是在你荣耀风光之时，他退到一侧，默默无闻地为你鼓掌欢呼！而在你危难低落之时，他进到身前，奋不顾身地给你支持与帮助。

对于孙中山而言，宋嘉树就是这样一位朋友。

为了支持孙中山的革命事业，宋嘉树不仅给予财力上的最大支持，而且，还在孙中山解职后，让先期在美国留学毕业回国的大女儿宋蔼龄，担任了孙中山的英文秘书。8月24日，应袁世凯邀请，孙中山抵达北京，与袁世凯诚恳会谈。25日，以孙中山、宋教仁等中国同盟会成员为基础，合并统一共和党等党派，在北京湖广会馆召开成立大会，组成了国民党。

在父、姐积极支持孙中山领导的中国革命事业的时候，宋庆龄在美国的留学生涯也进入到最后的冲刺阶段。在留学美国的日子里，宋庆龄用自己的亲身经历证明：女学生在智力方面并不亚于男学生。被派往国外的中国女留学生，并没有成为置身于“象牙之塔”的精神贵族……

她，已经做好了充分的准备，她，要成为一位伟大的女性！

宋庆龄全传

Biography of Song Qingling

第三章

人生初见，知书达理的英文秘书

有一种感叹，叫人生若只如初见。

如果说，人生若只如初见，才是人生之最幸福的事，那么，宋庆龄便是这最幸福之人。

学业有成之时，宋庆龄奉父命而归。由此，她不仅不辱使命地完成了信使之托，而且快速上任，承担起孙中山先生英文秘书之职。

为久已崇拜的偶像工作，她感到了无比的自豪和幸福。她为能够亲自帮助中国革命而快乐着。

她说："我从来没有这样快活过。我想，这类事就是我从小时候起就想做的。我真的接近了革命运动的中心……我能帮助中国，我也能帮助孙博士。他需要我。"

在为革命事业而努力工作中，在互相登门拜访与交往中，一丝懵懂的、忘却了年龄的情愫在慢慢地滋生、发芽、开花……

一遍又一遍地读着他的来信，不知不觉中，她的心，已经被他牢牢地吸引了。虽然还很懵懂，但是，情窦初开的宋庆龄知道：这应该就是恋爱的滋味。

01. 返回，奉父命学成而归

当时光推进到公元 1913 年，即农历癸丑年的时候，中华民国进入了第二个年头。天资聪慧加上刻苦努力，宋庆龄已经成长为一名态度庄重、知识渊博，而又富于理想的新女性。

此时的宋庆龄 20 岁。

早在辛亥革命前，从 1907 年美国韦尔斯利大学开始在中国招收女学生一事上，宋庆龄就开始思考男女平等的问题。1913 年，在威斯里安女子学院院刊上，发表了宋庆龄的《现代中国妇女》与《阿妈》两文。文中，既体现了宋庆龄的学识，也表达了她作为一个女性真挚而温柔的情感。

在《现代中国妇女》一文的最后，她满怀信心地预言：随着女学的兴起和女子高等教育的提倡，用不了一个世纪的时间，中国就会成为世界上教育

宋庆龄和母亲、姐姐在一起

程度最高的国家之一；中国妇女也将成为同男人们地位相等、平起平坐的伙伴。

《阿妈》则是一篇散文。宋庆龄以朴实而流畅的文字，叙述了她家保姆的感人事迹。在宋庆龄的笔下，阿妈是一位目不识丁，甚至连自己的名字都没有的中国传统女人，但是，阿妈却懂得不少的儒家伦理道德以及中国的格言、民间谚语。阿妈把宋家姐妹兄弟当成是自己的亲生骨肉，照顾得无微不至。阿妈虽然只是宋家的女仆，但是，在宋庆龄的心里，对阿妈却有着深切的怀念之情。读罢《阿妈》，宋庆龄所表达的主仆平等、博爱的观念跃然纸上。

1913 年 6 月，宋庆龄以优异的成绩从威斯里安女子学院毕业，并获得了文学学士学位。她也成为继大姐宋霭龄之后，第二个获得美国大学文学学士学位的中国女性。而此时的宋庆龄，不再是那个 15 岁的羞涩少女，她已经出落成一个端庄大方、温柔成熟的大姑娘了。

同时，宋庆龄满怀着革命激情，毫不迟疑地离开美国梅肯城，踏上了回归祖国的征途。

一艘巨轮航行在太平洋上。7、8 月份的太平洋，海水清澈，气候宜人。对于 20 岁的宋庆龄来说，注定了这是一次快乐的返程之旅。

本来，在威斯里安女子学院获得学士学位之后，宋庆龄是打算继续读书的。可是，正在这时，她接到了父亲的一封急电。

这封急电是父亲宋嘉树从日本横滨打来的。急电中，父亲召她去日本，原因是大姐霭龄与孔祥熙即将结婚，不再担任孙中山的英文秘书，而父亲宋嘉树自己因为患有肾病，不能长时间坐在日本矮桌边从事写作，因而急召庆龄前往接替。接到父亲来电，宋庆龄毫不犹豫地启程回归。

6 月 22 日，宋庆龄离开波士顿前往加利福尼亚。当她到达以后，她又接到父亲要她推迟行期的来电。她遵命及时退掉了船票，但没来得及取回行李。她便给船上的事务长发了电报，让把她的行李卸在了檀香山。

1912 年 4 月 6 日，孙中山与亲友的合影，前排为孙中山与哈同，二排左起为孙娫、孙婉、秘书宋蔼龄。

在加利福尼亚滞留的两周里，宋庆龄感觉很愉快。因为，有两位朋友对她十分关照。一位是宋家的朋友，他是伯克利的代理公使，公使妻子专门陪同着宋庆龄；一位是旧金山的总领事，他又恰好是宋庆龄姨丈大学里的一个朋友。这两位朋友给宋庆龄订了一份有趣的日程。

在这段时间里，宋庆龄不仅被安排到处观光，也被安排去参加舞会和剧场看演出。在一次有 150 人参加的中国学生招待会上，宋庆龄成为绝对的“主宾”。由此，宋庆龄终于明白了什么是“生活高贵，思想简单”的日子。

在这段时间里，通过与朋友的交谈，宋庆龄还得知，令她十分崇拜的父亲的朋友孙中山先生，还被人们亲切地称为——孙逸仙博士。

两周之后的一天，宋庆龄带着一些革命的同情者托她带给孙逸仙博士的一封信和六箱加利福尼亚水果，踏上了一艘驶往太平洋的航船。此时，宋庆龄真的觉得自己很重要。

上船后，宋庆龄看到她的船舱里摆设着鲜花，并且到处是报纸、杂志和水果。有了这些，可以打发接下来的漫长旅程了。此外，宋庆龄发现，这艘船上有 170 个头等舱乘客，其中一些人是相当有地位的，如哈佛大学的教授和纽约四百家的成员等等。船上还有一支很好的夏威夷乐队。饭间、下午或晚上跳舞时都有音乐伴奏。也许跳舞听音乐是船上唯一的娱乐活动，因此，就连传教士们也成了舞会的旁观者！

这一天，轮船到达了美国在太平洋上的夏威夷州的首府和港口城市檀香山。因为宋庆龄的行李卸在了檀香山，因此，她又有机会来到檀香山。借着给轮船补充给养的空隙，在檀香山，宋庆龄驱车远足到了山里。

檀香山，是华人对此的称谓，当地人称为火奴鲁鲁。

火奴鲁鲁，意指“屏蔽之湾”，早期为波利尼西亚人的小村庄。因当地盛产檀香木，并被大量运往中国，因此被华人称为檀香山。

这儿的山里真美啊！那些树木和鲜花是宋庆龄此前从未见到过的。还有那里的水果，不仅好吃极了，而且名字听起来也很奇怪。檀香山的土著人体型多胖，穿着胸衣似的衣服也让宋庆龄引以为奇。那里还居住着各种民族的人，但大多数是中国侨民和日本侨民。

此时，宋庆龄还不能确切地知道，在檀香山，留下了她所崇拜的革命者——孙中山先生，求学多少年的身影。

轮船又启程了。时间过得可真慢啊！

一想到还有五天就要在横滨见到父亲，也许全家人都能见到了，宋庆龄就非常激动。从横滨到上海还要一个多星期，家人从那么远的地方来接她，这可真是太好了！

宋庆龄已经归心似箭了。

02. 受托，不辱使命的信使

1913 年 8 月 29 日，轮船终于在横滨港靠岸了。

船停在了异乡，此时，虽然宋庆龄的心还没有到家的感觉，但是，当她看到等在岸边迎接她的父亲的身影时，还是禁不住热泪盈眶。分别五六年了，父亲的身形看起来瘦弱了许多，也苍老了许多……

她快步下船，奔跑着扑向父亲的怀抱。

几年来，虽然父女两人不断有书信往来，但是，此番重逢，都在对方身上看到了变化。父亲眼中是欣喜的，因为他眼中的女儿，越发地成熟而端庄了。女儿的眼中却是痛惜的，因为她眼中的父亲，越发地衰老了。

“母亲可好？”看着父亲的鬓边白发，宋庆龄迫不及待地问到母亲。

“好，好，你母亲及全家都好。只是一直惦念着你们这些在外的孩子呀。”父女俩边说着话，边前往宋家在横滨的住所。一路上，通过父亲宋嘉树的介绍，宋庆龄对当前家、国所面临的形势的认识，逐渐地清晰了起来。

1913 年 3 月 20 日，为了阻止国会选举获胜的国民党组织“政党内阁”，袁世凯派人在上海火车站，暗杀了国民党代理理事长宋教仁。4 月 26 日，袁世凯与英、法、德、日、俄五国银行团签订 2500 万英镑的“善后借款合同”，作为对国民党用兵的经费。6 月 9 日、14 日、30 日，袁世凯下令分别免了江西都督李烈钧、广东都督胡汉民、安徽都督柏文蔚的职。总之，种种恶行都表明了袁世凯背叛和篡夺革命果实的狼子野心。

7 月 12 日，在孙中山力主下南方各省起兵反袁，李烈钧首先在江西湖口举兵讨伐袁世凯，二次革命爆发。然而，由于实力不足，8 月上旬，二次革命失败了。孙中山遭到通缉，被迫乘德船“约克号”离开上海，经福州抵台湾，又经日本门司港抵神户，不久移居东京。

国内的局势变得严重了起来，就连“不许插手”的上海也乱了。宋嘉树将全家移居日本横滨，并于 8 月 20 日，偕大女儿宋蔼龄抵东京，住进孙中山在东京的住处。

此时，孙中山领导的革命事业正处于困境，许多革命党人或者意志消沉，或者投降分裂，跟随在孙中山身边的同志不多了。此时，宋嘉树毅然坚定地站在了孙中山的身边。

因为大女儿蔼龄即将结婚，而自己的身体又不适宜像日本人那样长时间的盘腿席地而坐，因此，宋嘉树才急电召回了二女儿庆龄。

“我们也许得在日本逗留一段时间了。”宋嘉树最后对二女儿庆龄说。

父女俩回到宋家在横滨的住所，母女、姐妹、姐弟见面，自有述不尽的别后离情。但她们知道，既然回来了，享受天伦之乐和亲情的机会以后就多了，而此时，宋庆龄最大的使命，是帮助父亲协助孙中山先生的工作。

于是，父亲告诉宋庆龄，只有一夜的休息时间，第二天，就会带着她去拜会孙先生。

马上就能见到她所崇拜的革命者孙中山先生了，宋庆龄激动得彻夜难眠。

第二天晚上，也就是 8 月 30 日晚 9 时 50 分左右，宋庆龄和父亲宋嘉树及大姐宋蔼龄一起，抵达日本东京的一处寓所。

宋庆龄已经从父亲那里得知，8 月初，孙中山先生抵达日本，为了安全考虑，孙中山在头山满的安排下，住在了头山满的隔壁海妻猪勇彦家中。在寓所周围，日本警视厅派人二十四小时盯着寓所的人员进出情况，名为保护，实则监视。

为形势所迫，孙中山先生不便公开活动，而此时，宋氏父女的协助，更显得尤为重要。

已经见到寓所的门牌号了——东京赤坂区灵南坂 26 号，宋庆龄的心狂跳了起来。借助街灯的照射，她偷偷地瞄了一眼父亲和姐姐。只见他们神情如初，似平常归家的样子，看不出任何的心理活动。她不禁暗笑自己的幼稚。

庆龄深吸一口气，稍稍平复一下似快要跳出口的心，再悄悄地按了按手包。包里是离美时，一些同情革命的人托她带给孙中山先生的私人信件。然后，她快走几步，跟在父亲和姐姐的身后，走进了海妻猪勇彦家。

这是一处典型的木架草顶的传统日式建筑。房屋采用开敞式布局，地板架空，出檐深远。居室小巧精致，不施油漆的柱梁壁板泛着原木的本色，室内木地板上铺着称为“榻榻米”的草席，坐卧起居都在上面。

寓所的灯光恰到好处地闪烁着，柔和而静谧。父女三人在一间屋门前停住了脚步，这应该是居室旁边另设的一间，被人们统称为“书院造” 的书房。

大姐蔼龄拉开推拉式的隔扇门板，一个中年男人，面对着门口，正在堆满书信的书桌前埋头写着什么。透过光亮，首先映入庆龄眼帘的是一头乌黑的、寸把长的、直竖着的头发。

不知道为什么，只这一眼，庆龄狂乱的心神竟然完全稳定了下来，代之的是一种说不出来的亲切感，似乎，这个人相识已久了呢！

他，从书堆中抬起了头。宋庆龄的目光直视过去。

典型的亚洲人的黄白肤色和中国式男人的脸颊，前额饱满，眉宇轩昂，双眸炯炯。哦——好熟悉哟！这和庆龄的想象是相吻合的。

他，当然就是孙中山。

此时，抬起头来的孙中山，看到了宋嘉树身后的庆龄，微笑着站起并迎上前来说："耀如，这就是从美国学成归来的才女——我们的小庆龄吗？瞧！这儿哪是小庆龄哟，都长成亭亭玉立的大姑娘喽！"

一席话更加拉近了彼此的距离，没有了局促不安。宋庆龄从包中细心地取出一封信，郑重地交到孙中山手里，说："这是美国的友人委托我转交给您的信，我，幸不辱使命哦！"神情话语中，有着崇拜，也带着俏皮……

03. 上任，知性的英文秘书

夜晚是静谧的。

然而，在1913年8月30日，在宋庆龄抵达东京后第二天的这个夜晚，在孙中山的寓所，从父亲和孙中山的交谈中，她得悉了一个令她万分震惊的消息——我们的民国处在很大的危险之中。因为，袁世凯想推翻它。

某些国家在财政上支持着袁世凯，因为它们被袁世凯狡诈的外交手腕及阴险毒辣的宣传所欺骗。民众之声被压制，革命事业似乎无望。更令人痛心的是，一些革命的追随者，在绝望中，把革命事业看作失败的事业，因而放弃了。

"仅仅为了满足一个自欺欺人的虚荣心，而把我们的民国倒退到君主国的想法，是绝对不能容忍的！"望着正与父亲交谈的孙中山先生，宋庆龄暗暗握紧了拳头，心里这样想到。

此时，宋庆龄眼中的孙中山是这样的。

只见他眉下的眼窝深陷，并泛着浓重的黑眼圈，这与他炯炯有神的双眸形成了极大的反差。挺直的鼻梁下那绺隶体“一”字的胡须，愤怒而倔强地翘动着。

此时，他的左手捏着一支黄色的烟嘴，烟已经灭了。他用手指按按烟嘴，又重新装烟点燃，送到嘴边吧嗒着。于是，烟雾立即笼罩了脸颊，引得他一阵咳嗽。由于剧烈的咳嗽，带动着西式衬衫下瘦弱的身体也跟着抖动，看着让人既心痛又不由得担心。

国势岌岌可危了，这是一个非常痛切的事实。看来，必须下决心为我们的事业而工作了。

这一刻，宋庆龄作出了一个决定：她要去美国攻读新闻，以便使自己了解中国的真正事实和形势。而在此之前，在威斯里安女子学院毕业前夕，在1913年级学生自述个人志愿时，庆龄曾梦想着使自己成为中华民国的医学专家，主持一家十分出色的“宋氏多科诊所”。

日本，不是宋庆龄的目的地。虽然在这里见到了父母和家人，但上海才是她的家。

1913年9月1日，宋庆龄和父亲及姐弟，来向孙中山告别。早些时候，父亲宋嘉树已经安排好了一切，全家人准备到新桥车站，乘晚7时的火车经神户回上海。可是，当全家到达神户以后，父亲从友人处了解到，回上海的时机暂时还不成熟。于是，父亲取消了携全家回上海的计划，又从神户返回了东京。

接下来的日子，对于宋庆龄来说，相对是比较轻松的。除了多次同大姐蔼龄一起去孙中山寓所拜访，协助孙中山先生工作之外，父亲还带她去了很多地方，印象最深的是一个花园。

闲暇的时候，宋庆龄提笔给在美国留学时结识的好友们写信，诉说着别后离情。在给好友阿莉的信中，她有趣地写道：

这是一封按日本方式写的信。我现在用的毛笔也许用于绘画和当作眉笔会很好。离开旧金山以后，我到处旅行，参观了不少有趣的地方。在我们离开日本之前，还有许多地方要去。我们还可能在日本待几个月。

目前这里正是菊花盛开的时节，要是你能在这里该有多好！父亲带我去了一个花园，那里有一百多种各类的菊花在开放。花园中还有一个微型果园，里面有各种的矮种果树，如苹果树、梨树、石榴树和柿子树，简直是妙极了！

在日本，宋庆龄迎来了公元1914年的元旦。这个西方的节日，对于日本人来说，并没有特殊之处。然而，对于中华革命党人来说，意义就不同了。当子夜的钟声敲响之时，宋庆龄没有入睡，她想到了很多事情，特别的，她想到了悬挂在她大学宿舍中的那面国旗……

黄浦江，你离别多日的游子终于回来了。

元旦过后，由于母亲的健康状况不佳，宋庆龄为了陪同母亲去看中医，才回到了阔别六年多的上海。在上海，宋庆龄陪同母亲倪桂贞看中医、吃中药，不久，母亲的病就有了很大的好转。此时，袁世凯窃权弄柄，专制凶残，黄浦江的水，也被搅浑了。待母亲病情大好，母女两人又漂洋过海来到了日本。

中国真正的事实和形势已经摆到了明面上。宋庆龄知道，她已经没有时间，也不需去攻读新闻学来慢慢地了解了。她需要立即投入工作，具体就是协助孙中山先生的工作。因为，为了扫除专制凶顽，改革恶劣政治，恢复人民主权，孙中山先生更加地忙碌和操劳了。

孙中山需要助手，需要一位英文秘书。因为大姐蔼龄的婚期临近，为孙中山先生充当英文秘书这一工作，将移交到宋庆龄的肩上。为此，宋庆龄感到责任重大，使命崇高。同时，能在孙先生身边直接为革命的事业而工作，宋庆龄也深感自豪。

这一年，是公元1914年，中国农历甲寅年，也是中华民国三年。这一年，宋庆龄21岁。

从3月中旬开始，宋庆龄就同大姐宋蔼龄一起，时常去孙中山的寓所，在别人看来，她们只是去访问，而事实上，她们所作的秘书工作，是孙中山革命工作中的重要一环。英文秘书的工作交接，在姐妹俩每次的共同访问中逐渐地进行着。由于孙中山先生的特殊身份，她们的访问都被一一监视和记录在案。

有记录显示：从3月21日至5月29日，姐妹俩共访问孙中山寓所20次。大部分访问，只是被记录了到来和离开的时间，甚至一天中访问了两次的时间也记录得很清楚。有几次访问，因为曾同孙中山先生一起外出，记录得更加详细。

比如：陪同孙中山参观博览会场及乘马车至向岛观赏樱花；在寓所“看护”患腹痛的孙中山和赴医院探望住院的陈其美……特别是，与孙中山一起赴梅屋庄吉家的情况，记录得更加详细……

无论如何，知性而温文尔雅的宋庆龄，其英文秘书的工作已经上任了。

04. 崇拜，由来已久的偶像

也许，在每个人的内心深处，都有着一个既模糊又清晰的偶像存在着，而往往，少男少女心中的偶像，大部分是在其成长过程中，对其影响巨大的父母或是身边熟悉的人。20岁以前的宋庆龄便是如此。她的偶像，除了父亲宋嘉树之外，当然非孙中山先生莫属了。

许多年以前，宋嘉树与孙中山，这两位有着某种共同经历的男人，不仅一见如故，而且成为志向相投的最忠诚的朋友。宋嘉树之于孙中山，常常是久旱的及时雨，而孙中山之于宋嘉树，则是理想的践行者。他们的友谊，潜移默化地影响着宋庆龄，她发现，其实，对孙中山的崇拜，真的是由来已久了。

然而，宋庆龄注意到一个细节，那就是——似乎父亲宋嘉树以及所有熟悉的人们，对于孙中山先生的称谓，常常是不同的。比如，回国前，托她带信的一些美国友人就对他以“孙逸仙博士”相称。这其中肯定是有故事的。

对偶像的崇拜和好奇心，使宋庆龄产生了强烈的了解的渴望。担任了孙中山的英文秘书之后，这一切，宋庆龄自己一一找到了答案。

大约从1914年6月开始，因为蔼龄准备与孔祥熙结婚，姐妹俩的共同访问，常常会变成庆龄的独自访问。这说明，庆龄开始为孙中山承担更多的秘书工作了。

那些天，宋庆龄几乎天天都得去孙中山的寓所。因为，5月间，孙中山发布了《讨袁告示》和《讨袁檄文》，历数袁世凯窃权弄柄、专制凶残的罪行，表示“扫除专制凶顽，改革恶劣政治，恢复人民主权”的决心。

在工作中，自然而然地，孙中山和宋庆龄有了更多的交谈。不可避免地，在交流的话题中，就会引出关于孙中山的身世和致力于民主革命的缘由等。

那是6月18日，一个阳光明媚的午后，1时50分，因为前日的工作还有一些没有做完，宋庆龄就又一个人来到了孙中山的寓所。

“先生，这封发给香港朋友的信，应该如何落款？”宋庆龄根据孙中山的口述完成了书信正文的书写后，抬起了头问。

“就署名为孙日新吧！”孙中山很干脆地回答。见宋庆龄看向他的眼神中有着许多的问号，孙中山微微一笑，讲起了他的诸多名字及由来。这是宋庆龄第一次听到，而孙中山何尝不是第一次对外人提起呢？

是的，这一刻，不知道什么原因，孙中山就是有一种想和宋庆龄——他的英文秘书，谈一谈他自己的冲动。同时，这也是宋庆龄早就渴望知道的。于是，这个午后，宋庆龄在孙中山寓所中逗留的时间，就比往常长了些。

孙中山拿着一杆烟嘴，一会儿在手里摆弄着，一会儿叼在了嘴角，但，并没有烟冒出，因为，烟嘴里是空的，他并没有装烟。在思考问题的时候吸烟，已经是他多年来养成的习惯。可是，在3月末的时候，他曾经患了很严重的腹痛，宋家的姐妹俩“看护”了他一整天。那时，出于对他的健康考虑，庆龄就提醒他要控制吸烟量。对于香港西医书院的高才生，又有多年行医经验的孙中山来说，吸烟有害健康的道理，他岂能不知？孙中山陷入了回忆中：

1866年，孙中山出生在广东香山翠亨村。在家人口中，他的幼名叫“帝象”，大概是看相或是希望他有“帝王”之象吧！父亲又为他取名为“文”，在家乡上私塾时，由名“文”而取名“载之”，取“文以载道”之义。

孙家在当地并不是大户人家，但是，孙氏也是有族谱的，因此，按照族谱，他取谱名为“德明”。1883年，孙中山于香港信仰基督教，受洗时的署名为“日新”，取“日新又新”之义。后来，由他的汉文教师区凤墀牧师，依照粤语的谐音，又将他的教名改为了“逸仙”。在美国的时候，根据“逸仙”的音译，他取英文名为“Sun Yat-sen”。

“噢，怪不得在美国的时候，那些朋友都称呼您为孙逸仙博士呢！”宋庆龄呼应着孙中山的讲述。

“哪里谈得上博士哟！那只是朋友们的抬爱罢了。不过，由于革命工作的需要，我是有许多化名的，其中，化名为中山樵，还有一段故事嘞——”

说到这儿，孙中山停顿了一下，看向宋庆龄。只见她正手托香腮，忽闪着明亮的眼睛，听得入迷。于是，孙中山又接着说下去。

那是到日本从事革命活动时发生的一件事。当然，此时的孙中山还没有“孙中山”这个称呼，他只是孙文，或是人们口中的“孙先生”。

由于革命工作的需要，孙中山来到了日本。日本青年宫崎滔天、平山周十分仰慕他。经过许多周折，一天，这两位日本青年人在横滨，在中国革命志士陈少白的寓所，终于见到了他。交谈之中，两人深为他的革命热情和深刻见解所折服，决心尽全力帮助他，并希望他在日本多留一些时日。为了安全起见，宫崎滔天和平山周向他提议，让他改住到他们给安排的旅馆中去。孙中山接受了他们的建议。

于是，在宫崎滔天、平山周的陪同下，孙中山前往新的旅馆。一路上，经日比谷公园，又过中山侯爵府邸，穿街走巷终于来到了名为“对鹤馆”的旅舍。

当然，住宿是要填写登记表的，因此，就由平山周代笔填写。可是，当填到姓名一栏时，平山周为难了。因为当时，孙中山正在流亡之中，不能公开使用真实姓名的，这可怎么办呢?

急中生智，平山周忽然想起了刚才路过的中山侯爵府邸。这“中山”是日本人最常见的姓，正好借来一用。于是，平山周信笔写下了“中山”二字。姓有了，可是名呢？名怎么填呢?

看着平山周焦急的样子，孙中山接过笔，在登记表上的“中山”后面，写下了一个“樵”字。于是，孙中山就以“中山樵”之名，入住了“对鹤馆”旅舍。

事后，有人问孙中山，为什么要以“樵”为名呢？他回答说：“现在中国到处是榛莽荆棘，我就是披荆斩棘的开山樵夫啊！”

1903年，章士钊在翻译一个日本人的著作《三十三年之梦》（译为《大革命家孙逸仙》）时，将他的本姓与化名连用，从此，“孙中山”渐渐成为众人对他的惯称。

“噢，原来如此。”宋庆龄对孙中山的崇拜更加深了。

05. 拜访，互相登门的交往

在革命处于低谷的时候，宋家成了孙中山最忠诚也是最得力的支持者。为了便于自己和两个女儿协助孙中山先生开展工作，宋嘉树将全家的住所安排在了东京神田区仲猿乐町。此时，在空间上，孙、宋两家的距离，只需乘坐人力车就可以登门拜访了。

由于孙中山的特殊身份，他在日本的一举一动，都有人密切监视着，从而，密录了这样的一些镜头：

大多数时候，是宋氏父女或三人，或二人，或一人登门到孙中山寓所访问，时而，宋氏父女也会陪同孙中山一同出游。

此前，宋庆龄于1913年8月30日抵东京第一次看望孙中山后，从9月16–25日10天中，曾8次登门访问孙中山。在8–12月的4个月中，共访问孙中山11次。期间，由于陪母亲回上海就医，宋庆龄前往孙中山寓所的登门访问中断了一段时间。

从1914年3月21日开始，不仅拜访恢复了，同时，又增加了一些新的内容。

3月21日这一天，上午，宋庆龄同姐姐蔼龄走进了孙中山的寓所。午间，姐妹俩告辞离开。可是，下午的时候，她们又来到了孙中山寓所。这次，她们不是告辞，而是随同孙中山一起外出。首先，三人一起赴梅屋庄吉家访问；然后，他们又参观了博览会及游历了附近的一处公园。

似这样一天访问两次的情况是经常有的。4月1日，正是樱花盛开的时节，上午的访问照例进行，到了下午1时30分，姐妹俩又陪同孙中山一起出来，乘坐马车前往向岛观赏樱花。

随同孙中山一起外出，并不总是散步和游历。4 月 3 日，下午 3 时 10 分左右，马车将孙中山及宋氏姐妹拉到了一家医院，看望了在此住院的陈其美。

宋氏姐妹俩的访问也有扑空的时候。4 月 11 日下午 4 时 20 分，她们又到孙中山寓所访问，因为孙中山外出，她们便也即刻离去。

5 月 1 日，下午 6 时，姐妹俩才来到寓所，15 分钟后，她们就随同孙中山一起出来了。他们一起来到了日本友人梅屋庄吉家。除了见到了主人梅屋外，在座的还有两位外国人。他们不仅进行了愉快的交谈，而且还受到了主人的晚餐招待。

许多的时候，是只登门访问而并没有外出的。虽然受到监视，但是，相对来说，孙中山在寓所内的活动还是自由的。因此，孙氏姐妹如此频繁的访问，具体的访问内容是什么，别人就不得而知了。

进入 6 月份，登门访问的次数变得频繁了，几乎天天都有到访的记录，只不过，从姐妹两人的结伴而来，变成了宋庆龄的单独访问。别人不知道为什么，可是，宋庆龄心里清楚：由于大姐蔼龄的婚期将至，她将要承担更多的秘书工作了。为此，她累并快乐着……

到了 1914 年 7 月，情况又有所不同了。

破天荒地，7 月 3 日晚 8 时，没有宋氏父女的访问，孙中山却独自一人出门了。只见他乘坐一辆人力车，径直来到了神田区仲猿乐町的宋宅，亲自登门拜访。

这一次，孙中山在宋宅逗留的时间并不长，大概半个小时，他就向主人告辞出来了。当然，宋嘉树偕全家人将孙中山送到了大门口，一直看着他坐上了人力车，并消失在视线之外，方回。

对于宋嘉树来说，孙中山是一位多年的好友，但是，更多的时候，宋嘉树对孙中山是敬佩和崇拜的。孙中山是宋嘉树心中当之无愧的、永远的总理。

这次孙中山的登门拜访，交谈的时间虽然不长，但是，宋嘉树与孙中山的沟通是顺畅的。两人心有灵犀，一点就通。

孙中山说："从 1912 年的 3 月，我们中国同盟会改组为政党，8 月的时候，又正式组成了国民党。仅仅成立一年多时间，于1913年11月4日，就被袁世凯下令解散了。我这个总理当得不称职啊！我有责任啊！”

孙中山陷入了深深的自责中……

“不，这不完全是您的错。我们要振作起来！大不了，我们再从头来过。我支持您！”宋嘉树一边宽慰着孙中山，一边明确地表示了自己的态度。

接下来，孙中山将想要召开中华革命党成立大会的想法和盘托出，立即得到了宋嘉树的赞同。

这次，在孙中山登门拜访宋宅五天后，即1914年7月8日，中华革命党的成立大会在东京召开了。孙中山众望所归，再一次就任总理一职。

此后，孙中山又于7月17日、8月4日、8月18日，三次登门拜访宋嘉树。孙中山都是选择在傍晚时分到达，在神田区仲猿乐町的宋宅逗留几个小时之后，才告辞而回。一直到8月25日，宋嘉树全家自神田区仲猿乐町迁至横滨市山手町59号，孙中山亲自登门拜访宋宅，才暂时告一段落。

1914年9月，大姐宋蔼龄已与孔祥熙在横滨结婚，离开工作岗位，因此，宋庆龄正式接替姐姐，担任孙中山的英文秘书。

1914年7月28日，奥匈帝国向塞尔维亚宣战，第一次世界大战爆发了。

9月2日，日本对德宣战，并派兵到中国山东半岛登陆。国际国内的形势愈发严峻了。此时，21岁的宋庆龄，承担着更加重要的职责。

9月29日、30日，孙中山为回答美国大使馆的询问，接连两天携宋庆龄与廖仲恺、宋嘉树商量列举袁世凯的罪状，及其迫害国民党毒辣手段的书面材料。

这份材料由宋庆龄执笔，她连夜工作完成后，孙中山就偕同陈其美、胡汉民、居正、田桐、廖仲恺、谢持、杨庶堪、凌钺前往美国大使馆陈述。

从9月至10月，宋庆龄和父亲宋嘉树一样，参加到孙中山领导的革命议事工作中去。同时，她的心，不知不觉地，被孙中山这位她眼中的民族英雄所吸引了……

06. 快活，为能够帮助中国

“我从来没有这样快活过。我想，这类事就是我从小姑娘的时候起就想做的。我真的接近了革命运动的中心……我能帮助中国，我也能帮助孙博士。他需要我。”

——这是来自 21 岁的宋庆龄内心深处的声音。

这个声音实在太强大了，她已经按捺不住地想要找人诉说。于是，1914 年 11 月的一天，宋庆龄提笔致信仍在美国读书的小妹美龄，与妹妹一起分享自己在孙中山身边工作的愉快心情。

是的，在孙中山先生身边工作的这段时日，使宋庆龄感觉到一种从未有过的充实和快乐！能够帮助孙中山，从而能够在革命运动的中心帮助中国，真是宋庆龄从小就想要做的事情。

给妹妹写着信，突然，宋庆龄想起了那件儿时的往事，这是前日父母向她谈起的，想想真是好多年了，她不禁抿嘴莞尔一笑。

又一个晴朗的下午，宋庆龄照例来到孙中山寓所，继续为孙中山整理英文信件等工作。

一封友人的信件中提到了“中国同盟会”，自然而然地，孙中山又向宋庆龄讲述了他的革命生涯……

孙中山记得很清楚：

那是 1895 年 2 月 21 日，农历正月二十七，兴中会总会在香港成立了。兴中会以“驱除鞑虏，恢复中华，创立合众政府”为誓言。作为兴中会的秘书，孙中山见证了这一历史性的时刻。

3 月 16 日，兴中会首次干部会议，决定先攻取广州作为兴中会的根据地，并且采用了陆皓东所设计的“青天白日旗”作为起义的军旗。

孙中山来到了广州，创办农学会，广征志同道合者。本来拟定于重阳节起义，可惜的是，因为事先泄密，这次起义失败了。孙中山不仅痛失了好友陆皓东等一些同志，并且自己也被清廷通缉，遭香港当局驱逐出境，流亡海外。

这年的 11 月，孙中山避往日本。于此时起，孙中山对清廷不再抱有任何幻想，他剪掉辫子，改穿西服，与清廷彻底决裂。

1896 年初，孙中山抵达夏威夷，再转往美国，希望在旅美华侨中发展兴中会成员及筹款。同年秋天，他又转往英国伦敦。

在伦敦，孙中山被清廷特务缉捕进了中国使馆，成为一个国际事件。后来，这一事件被称为“伦敦蒙难记”。也算是因祸得福，孙中山因此事，反而名声大噪了。

1897 年，孙中山又经加拿大，转往日本。先结识宫崎寅藏、平山周，再结识日本军政、帮会中人，并一度与梁启超等保皇派接触。

1900 年，联系时任两广总督的李鸿章，希望能筹划南方诸省独立，成立类似美国的合众国政府。然而，却发觉又是清廷的一个陷阱。

1903 年夏，孙中山在日本青山开办革命军事学校，改革命誓词为“驱除鞑虏，恢复中华，创立民国，平均地权”。同年 9 月，孙中山离日再赴檀香山，希望再次在华侨中发展革命组织。

1904 年初，孙中山在檀香山加入洪门，成为致公堂洪棍。同年赴美国，却一度被美国移民局扣留在旧金山。后得旧金山致公堂保释及代聘律师申诉方才免被遣送回中国。

之后，孙中山寻求华侨支持革命，并于纽约首度发表对外宣言，希望博得外国人士对中国革命的支持与好感，遗憾的是，并未取得很大的成果。

年底，孙中山收到中国旅欧学生资助，转往欧洲活动。在伦敦、巴黎、布鲁塞尔等地，他在中国留学生中宣传革命。

1905 年，孙中山再赴远东，7 月抵达日本横滨。8 月，在日本人内田良平的牵线下，孙中山的兴中会、黄兴与宋教仁等人的华兴会、蔡元培与吴敬恒等人的爱国学社、张继的青年会等组织结合在一起，成立了革命组织——中国同盟会。

孙中山被推举为“中国同盟会”总理。

中国同盟会确定的革命纲领为：“驱除鞑虏，恢复中华，建立民国，平均地权。”同时，为了确保革命纲领的实现，又制定了“军法之治，约法之治、宪法之治”这三个工作程序。

中国同盟会将华兴会的机关刊物《二十世纪之支那》，改组成为中国同盟会的喉舌《民报》。在发刊词中，首次提出了“三民主义”学说，并与梁启超、康有为等改良派进行了激烈的论战。

此时，中国同盟会正式公开宣布——所进行的是国民革命，将要创立的是中华民国。

往事历历在目，孙中山的追忆，时而激昂，时而低沉。随着孙中山的讲述，宋庆龄的心，也不断起伏着……

虽然此前通过父亲宋嘉树，宋庆龄感觉她已经很了解孙中山和他所进行的革命工作了。如今亲耳听到，虽然孙中山讲得轻描淡写，带给宋庆龄的震撼却也足够大了。

啊！这是多么伟大的一位革命者！这是多么崇高的一份革命工作！

“我能帮助中国，我也能帮助他，他也需要我。”想至此，宋庆龄心里有数了，她埋下头，开始潜心工作。

于是，一封封字迹秀美、用词得当的回信发出去了；一篇篇观点鲜明、论证充分的檄文撰写完成了。

望着认真工作中的宋庆龄，突然，孙中山心中莫名一动，他不知道这是什么，他只知道平生第一次有了这种感觉。

这种感觉好温暖，好柔情啊——

07. 懵懂，忘却年龄的情愫

宋庆龄又在伏案写信了。

然而，此时，宋庆龄并不在英文秘书的岗位上，而是身在上海，在给她远在大洋彼岸的妹妹和同学好友们写信，述说着她此时此刻的心情。

由于母亲倪桂贞的病体一到冬季就需要服用中药调理，因此，再一次需要回到上海去就医。又因为大姐宋蔼龄刚结婚不久，因此，照顾母亲的任务，责无旁贷地落到了宋庆龄的肩上。

宋庆龄和宋美龄在上海家中的合影

于是，1914 年 11 月，宋庆龄不得不向孙中山先生告假，与母亲、姐姐一起，再次回到了中国上海。

分别，让彼此的重要性更加凸显了。

应该说，这次宋庆龄离开孙中山回上海，对于两人而言，心里的感觉都非比从前了。特别是对于孙中山来说，失去了宋庆龄的协助，连最简单的信件回复工作，也变得复杂而又无暇顾及了。

“先生，您的信。”某一日，房东拿着邮差刚刚送来的几封信，敲开了孙中山的房门。

门开时，一股烟雾冲出来，呛得房东急剧地咳嗽了起来。咳咳——，“您这是在做什么？”房东一边咳嗽，一边将手中的信递给孙中山。烟雾缭绕间，只见孙中山两眼通红，眼窝深陷。

“我在给朋友们写回信。”孙中山回答房东的问话，明显地，情绪有些低落。

接过房东递过的信，孙中山接着说：“你也看到了，目前我身边没有英文秘书。我先前的两位秘书，是两姐妹，姐姐宋蔼龄女士刚结婚，妹妹宋庆龄女士最近已回上海。所以我不得不亲自用英文写信了。”

房东这才注意到，是有好多天不见那两位漂亮的姐妹登门了。此前，每相隔几天，至少会有一个人来协助先生工作的。

“哦——噢——，英文秘书不在，您的私人信件又多，我见您近几个月来又十分忙碌，想必来信不能一一回复喽。”房东理解地点点头。

“不过，恕我直言，”审视着孙中山的房东话锋一转，“您，是不是患了相思病？”

突然被房东如此提问，孙中山像被人看穿了心坎深处的秘密似的，不由得羞红了脸。他赶紧低下头，半晌无语。

孙中山心里暗想：是啊！人到中年了，我这是怎么了？怎么还和年轻人一样，寝食难安，彻夜不眠了呢？

终于，孙中山略显羞涩，然而却是肯定地向房东作了回答，只听他说：“事情是这样的，我忘不了庆龄，遇到她以后，我感到有生以来第一次遇到爱，知道了恋爱的甘苦。”

房东理解地拍拍孙中山的肩，“那就更要好好注意身体喽”，然后，告辞退出了房间。

这难以言说的情愫哟！让孙中山这位刚铁汉子，忘却了自己的年龄。

“不行，我必须得写一封信，写给远在上海的庆龄。”孙中山将心动变成了行动。于是，一封挂号邮件，11 月 29 日，自日本东京飞往中国上海。

这一天，信到了宋庆龄的手里。看着信封上那一行熟悉的来信地址，宋庆龄的心，跳得急促了。她将信久久地按在胸口，并没有马上打开。

宋庆龄一直把孙中山看作是民族英雄，这样的大英雄在百忙之中亲笔给她写信，她真的好激动啊！

待心情稍微平静之后，宋庆龄拆开了信，并一字一句地在心中默读。

孙中山的信中，满是关心和鼓励的话语，这使宋庆龄对孙中山的感情逐渐加深了。

一遍又一遍地读着来信，不知不觉中，她的心，已经被他牢牢地吸引了。虽然还很懵懂，但是，情窦初开的宋庆龄知道：这应该就是恋爱的滋味。

在无尽的相思中，1915 年到了。

1 月 31 日，宋庆龄在上海接晤了孙中山自日本派来的朱卓文父女。

朱卓文是孙中山的老乡、好友加追随者，曾在孙中山任职民国代总统期间的南京总统府担任庶务司司长。而朱卓文的女儿慕菲雅，是宋庆龄少时的朋友。有他们父女前来当特使，孙中山对宋庆龄的关心更加贴切而直接，两个人之间的沟通也更加顺畅了。

初次见面，宋庆龄就向朱卓文表达了她极愿效力党事，且急盼党事之成的决心。听了宋庆龄的表态之后，朱卓文便放心地向宋庆龄转达了孙中山的请求。

“孙总理让我请问您，能否在您闲暇的时间，在上海，帮助他整理书稿？那是一些革命所需的资料。”朱卓文说。

“当然可以。我正在为因家事不能为革命工作而忧心，由此能忠孝两全，真是太好了！需要我做什么？请分配工作吧。”宋庆龄高兴地回答，并迫切地想开始工作了。

朱卓文办事很是利索。在征得宋庆龄的同意之后，他立即在自己家的隔邻布置了一房，作为宋庆龄的办事处。此房非常清净，宋庆龄非常满意。朱卓文再将孙中山的书稿搬回，有零星四散不全的，又购买了数箱，重新编号，并且将这些书稿放进了布置好的办事处备用。

一切准备就绪之后，宋庆龄就按照约定，每星期一、星期三、星期五前来办事处。当然，为了不让病中的母亲替她忧心，她向母亲说明的理由是去教朱卓文的女儿——儿时的好友慕菲雅英文的。母亲本就开明，这样的事儿自然不会反对。就这样，相隔两地，鸿雁传书，孙中山和宋庆龄两个人，努力为中国的革命事业工作着……

啊！空间的距离怎么能阻挡这因为共同的理想而生发出的忘记了年龄的情愫哟！

08. 兴奋，快乐默契的同游

1915 年 3 月 17 日，虽然是个很普通的日子，但对于孙中山来说，却是快乐无比的，因为，就在这一天，宋庆龄由上海来到了日本。

当宋庆龄到达东京火车站时，第一眼就看到了站台上翘首以盼的孙中山。那一刻，宋庆龄 22 岁的青春的心，醉了。

两人一同乘汽车回到了孙中山的寓所。书桌上，堆满了需要回复的信件，无暇述说别后离情，宋庆龄就立即埋头于工作之中了。

怜爱地看着宋庆龄忙碌的身影，有那么一刻，孙中山感觉很不真实，他怕这只是他的幻觉。他甩甩头，揉揉眼，还暗暗地掐了自己一下，最后，他确定，这一切都是真的。孙中山安心了。此时，一切语言都是苍白的、多余的。

如果必须得说一句，孙中山只想说："有庆龄在，真好！"

接下来的日子，有宋庆龄这个英文秘书在身边协助工作，孙中山觉得一切都变得顺畅了。

3 月 18 日，上午 10 时 5 分，宋庆龄同父亲宋嘉树到孙中山寓所访问。三人一起交谈，气氛是热烈的，直至下午，父女两人才告辞而回。

3 月 21 日，上午 9 时 50 分，宋庆龄又同父亲宋嘉树到孙中山寓所访问，一起在房间交谈了大约一个小时之后，11 时，三人从寓所出来，到至芝公园散步。散步之后，宋嘉树先行告辞。下午 5 时 7 分，宋庆龄又单独陪同孙中山乘车来到了青山练兵场，直到晚 9 时 30 分，她才完成一天的工作离去。

3 月 22 日，宋庆龄与父亲宋嘉树、头山满的女儿岩生等人，随同孙中山赴静冈县热海。一行人晚宿樋口饭店。饭后，宋庆龄与头山满的女儿岩生，随同孙中山又看望了因病在此休养的革命同志张仁方。接下来的几天，宋庆龄一直随孙中山在热海。27 日，宋嘉树偕头山满的女儿岩生先期返回东京，而孙中山和宋庆龄因为公务，直到 31 日方回。

4 月 10 日，下午陪同孙中山乘车去向岛、上野、青山一带游览，同行的还有戴天仇、张如霞等人。在外人看来，这伙人是来游山玩水的，可是，宋庆龄知道，游览只是幌子，探讨、研究如何开展救国救民的革命事业，才是他们此行真正的目的，青山绿水给了革命者最好的掩护。

结婚后的大姐宋蔼龄于 4 月中旬来到了日本，孙中山和宋庆龄亲自去新桥和东京车站，迎接从神户来的宋蔼龄，但没有接到。

接下来，整个 4 月中、下旬，因为革命事务繁忙，宋氏父女三人又一起成为孙中山的得力助手，参与了孙中山与黄实、陈其美等人的议事与交谈。到了

5月初，父亲宋嘉树因为身体的原因，准备回国与妻子倪桂贞相聚，大姐宋蔼龄也随后离开。在孙中山的身边，只留下宋庆龄一个人协助工作了。

5月9日，一个坏消息从国内传来，袁世凯不顾全国人民的一致反对，悍然接受日本政府的“二十一条”修正案。革命的形势处在了最低迷的时期，孙中山在日本的革命活动更加受限了。

孙中山被允许的公开活动，唯有游览、参观、看电影等一些在监视范围内的日常休闲娱乐活动。这样，在焦急地等待革命形势好转的同时，给了孙中山与宋庆龄难得的一段欢乐相处的时光。

快乐默契的同游，令宋庆龄非常兴奋，她情不自禁地致函美国的好友阿莉，吐露她的心声：

> 目前气候多变，这里下了几次暴风雨。在水和泥中行走使我感到十分疲倦。这段时间我并没有像那个爱尔兰人所说的那样把自己关在屋子里。相反，我感到十分烦闷，我需要在人群中找到一些逍遥。我们来参观展览、商店、兵工厂等。晚上我们则去看电影。我并不太喜欢这些电影，但每次看电影都给我带来一些兴奋的时刻，特别是有关历史事件的片子。
>
> 晚上数里长街灯火通明，真是华丽壮观。我好几次晚上去那里，为的是想看看荷花池中的倒影。在月光皎洁、星光灿烂的夜晚，这里像梦幻一般可爱，促使已逝岁月的美好回忆再度涌入人们的脑海。
>
> 当前正是樱花盛开时节，我们曾抓住时机愉快地乘车长行，深入花海。昨天晚上我们沿着堤边走了整整一个小时，两旁花枝低垂，使我们望不到天。想象一下嫩绿的杨柳作为背景衬托着这些樱花！大自然也知道如何使颜色协调。

年年岁岁花相似，岁岁年年人不同。大自然这种颜色协调的功能是自然天成、始终如一的，如果非说有不同之处，那就看观赏之人的心情了。

和崇拜的偶像在一起同游，宋庆龄年轻的心被拨动了。

一切都是那么的美好，一切都像梦幻一般可爱，一切都似以嫩绿的杨柳作为背景，衬托着樱花的画面那么协调。

身在花海中默契相伴的两个人，此时，没有了年龄的差距，也屏蔽了外界的一切烦扰。他们只是沿着两旁花枝低垂，一眼望不到天的堤边，向前，向前，一直向前走着……

眼睛是心灵之窗。此时，两个人觉得言语都是多余的。

他在她的眼睛里读到了女子青涩的娇羞与爱恋，并且，爱恋中还带有着依靠和崇拜。她在他的眼睛里接收到了男人极大的克制，却抑制不住汹涌澎湃的激情，并且，激情中还带有着欣赏和信任。

总之，无须多言，彼此在对方眼睛里，早已经读懂了一切。

宋庆龄喜欢这段相伴同游的美丽时光，但她深知孙中山作为一个坚定的革命者的抱负和理想。为了中国革命，他们不会，也不能沉醉在儿女情长里。她已经在为下一步继续协助他开展革命工作做准备了。

宋庆龄开始跟修道院的一个修女学法文。她希望能很快进步，那么，如果他们到欧洲去的话，将不需要依靠别人了。

宋庆龄全传

Biography of Song Qingling

第四章

缘定终生，青史留痕的时代结合

有一种请求，叫难以开口。

平生第一次，宋庆龄向父亲提出了请求，她说："我要嫁给孙先生。"她的这一请求，让开明的父亲也犯难了。

孙中山是一位革命者，他革命的目的，就是要改造国家，改造国人的家庭生活。他要做倡导一夫一妻制的典范。因此，孙中山坚持选择离婚然后再娶。也因此，孙中山的这次婚姻是娶妻而不是纳妾。

宋庆龄毅然选择了离家私奔这一方式，来追求她的幸福生活。

1915 年 10 月 25 日，注定了，宋庆龄会记住这个日子，因为，这是一个比生日更重要的日子。

履行正式的手续，坚决签订婚姻誓约书，是一种尊重，也是孙中山作为一个革命者对于婚姻的正确态度。

有朋友祝福和见证的婚礼，令宋庆龄感到欣慰，而最后，因为亲情，父母送来的丝毫不差的嫁妆则是令她最感安慰的了。

虽然，父母的这一份嫁妆来迟了，但这是宋庆龄最为珍视的。她把这份嫁妆当作最为珍贵的纪念物，一直珍藏在身边。

事实就是这样，也许是注定了的，这是一次青史留痕的结合。

01．表白，要嫁就嫁孙先生

"我要嫁给孙先生！"

1915 年 6 月的一天，刚刚从日本返回上海家中的宋庆龄走进父亲的书房。

宋嘉树正倚窗而立。她只看到了父亲的背影，心中竟然有一丝酸楚。父亲的背佝偻了很多，瘦弱了很多，瘦弱得就连窗外的阳光，都敢肆无忌惮地穿身而过，将整个房间照射得斑驳陆离。

有那么一刻，宋庆龄甚至想咽回前面所说的话。可父亲没有回头，却知道她进来了。

"你说什么？"父亲似乎没有听清她说的话，追问了一句。

其实，面对开明的父亲，从小，宋庆龄和父亲的交流就是没有障碍的。特别是宋庆龄这个乖乖女是最懂父亲的。父女之间的对话从来都是似师生，又似朋友。

父亲是宋庆龄政治上的启蒙老师，她的政治观点和见解深受父亲的影响。

当年宋庆龄去美国求学时，就是父亲将中国革命的信息，源源不断地通过书信传送给她。等她到孙中山先生身边工作之后，这种情形反过来了，女儿成了父亲的通讯员。

但，无论如何，父女两人对孙中山先生的敬佩与支持是一样的。

因此，宋庆龄相信父亲应该会理解和支持她。然而，毕竟是婚姻大事，这是有别于以往的政治话题的，父亲会是什么态度呢？

宋庆龄对于父亲的态度，真的是拿不准了。

然而，宋庆龄还是义无反顾地说出了心中的话。

“我说，我要嫁给孙先生！”对于父亲的提问，宋庆龄轻声地却坚定不移地重复了一遍。

“你说的孙先生，是——总理吗？”宋嘉树仍然没回头，发出一句低沉而沙哑的声音，一手抓掐着腰背部，一手扶着窗框，不胜体力地将身体更深地趴扶在窗台上。宋美龄心痛地想上前搀扶父亲。

“别——动！回答问题。”父亲背后长了眼睛似的。

对于“总理”这个称呼父女俩是心照不宣的。孙中山是中国同盟会的总理，不论时局如何变幻，不论孙中山历任何职，宋嘉树一直习惯于在二女儿面前这样称呼作为朋友和领袖的孙中山。

“对，我要嫁给总理——中山先生——孙博士！”宋庆龄第三次向父亲陈述了自己的观点，并列举出几个称呼来肯定自己的表达。

“糊涂虫！是你在打扰总理吧？”宋嘉树坚信这是女儿一厢情愿的打扰。因为他知道，处在女儿的年龄，肯定有一些不切实际的幻想。

同样的事情在大女儿身上也有过苗头，都被他的朋友不露痕迹地婉拒了。此前，他在大女儿口中听到过关于二女儿与总理的传言，他听了只是一笑了之，他只当这是女孩子间的嫉妒心在作祟。

此时的宋嘉树想：毕竟他是他的朋友；毕竟他是有妻室儿女的；毕竟他年长了女儿 27 岁……

“父亲，这是我和先生的共同心愿。而且……而且……先生已经准备与卢氏姐姐离婚……”宋庆龄有些心虚地辩解着。

啪的一声，“混蛋！孙文，你这个混蛋、糊涂蛋——”宋嘉树将手掌重重地击在窗棂上，一下子把紧闭的窗户振荡开去，惊得窗外树上的小鸟扑棱棱地飞得远远地。

宋庆龄长这么大从来没看到过父亲发怒，也从来没听过父亲骂人。这回父亲不仅骂了人，而且骂的还是他十分敬重的领袖和朋友。

看来，宋嘉树这个父亲是真的震怒了！

书房中的响声，惊动了母亲倪桂贞。

倪桂贞是贤淑而有教养的母亲，然而，母亲虽然知书达礼，但听说女儿要嫁给比她这个做母亲的还要年长之人，无论如何也是接受不了的。因此，母亲泪流满面，也加入了反对者的行列。

大姐蔼龄居然也介入了这件事。她不仅不同意二妹庆龄跟孙中山结婚，甚至还要庆龄跟另一个人订婚。

见此，宋庆龄立时晕倒过去，都不知是怎么被人抬上楼的。

这样，宋庆龄被震怒的父母及姐姐软禁在了家中。

不知过了多长时间，宋庆龄幽幽醒转过来，面对着紧闭的房门，她再次痛哭失声。怎么办？难道只能终日以泪洗面吗？

庆龄想起了她曾经坚定地向中山先生说的话：“经过长期、慎重的考虑，深知除了你，还有就是为革命工作，再也没有任何比这更使我愉快的事了。——我愿意这样献身于革命。”

想至此，宋庆龄起身，擦干眼泪，开始给远在美国的小妹美龄和大弟子文写信，寻求他们的理解和支持。

信，写得很长，但只有一个中心思想，就是表达她与孙先生在一起的快乐与幸福。在信中，庆龄称呼孙先生为孙博士。在庆龄的心中，孙先生不只是一位有坚定信仰的革命者，而且是一位知识渊博的知识分子，同时也是一位情感丰富，有血有肉的男人……

这个男人是有担当、有责任感，而又需要有一个好女人来照顾和关爱的。庆龄从内心深处感觉到，自己仅有的欢乐，只有和孙博士这样的男人在一起工作时才能获得。她心甘情愿为他做一切他需要她去做的事情，哪怕是付出一切代价，甚至是牺牲生命也在所不惜！

其实，庆龄知道，远隔千山万水，美龄和子文纵然支持她，也是远水解不了近渴的。她只是在信中抒发和缓解一下她的焦虑心情罢了。

日子，就是在这种抗争、煎熬、等待中一天天度过了。

庆龄不知道，期间，在 6 月 28 日，孙先生曾经给父亲宋嘉树写过一封信。当然，庆龄根本无法知道信的具体内容。

但是，宋嘉树对于这封信是不能无动于衷的。

在过去的许多年中，宋嘉树曾经接到过无数封孙先生的亲笔信，每次，对于信中孙先生的问候、请求、好消息等等，宋嘉树都是充满了期待、感激和毫无保留的支持和赞同。

然而，这一次和以往任何一次都不同。在这封信中，孙先生所提出的请求，太重了，重得宋嘉树拿着薄薄的信纸的手，都不堪重负似的一直在颤抖……

宋嘉树痛苦地抓着自己的头：啊！先生，总理，我的朋友——，你这是给我出了一个天大的难题哟！

与此同时，几天后的 7 月 2 日，孙中山也给在上海的宋庆龄写了一封信……

02. 名分，是娶妻不是纳妾

“庆龄，你看谁来了？”

1915 年 10 月下旬的一天，被困在上海家中多日的宋庆龄，听到母亲在楼下唤她。宋庆龄一听，似乎预感到了什么，飞快地跑下楼来。

庆龄跑到楼下，一眼看到客厅的沙发上，坐着好朋友慕菲雅，还有慕菲雅的父亲朱卓文，眼神立即亮了。

宋庆龄预感慕菲雅父女此番前来，绝非只是好朋友之间的拜访，肯定会给她带来一些孙先生的消息。所以，庆龄的心怦怦地狂跳起来……

“慕菲雅，是你，你来了。”宋庆龄的声音暗哑，却透着兴奋与期待。

“罗沙蒙德，哦，哦，庆龄，好久不见了哟！”慕菲雅快活地喊着宋庆龄的中英文名字，并且主动上来拥抱了面容憔悴的童年好友。

宋庆龄又礼貌地见过了朱卓文，之后，她看到慕菲雅悄悄地给她递了一个眼色，于是，她便心领神会地微微一笑，热情邀请慕菲雅去楼上她自己的房间说话。

母亲看到二女儿这么些天来，难得地露出了笑容，想这童年的小姐妹之间说一些话，也许会让二女儿的心情好一些，就欣然答应了。

两个小姐妹跑上楼来，关紧房门后，宋庆龄就拉着慕菲雅的手紧张地问：“孙先生可好？可否有什么音信带给我哟？”

慕菲雅从随身携带的精致手包中取出一封信，默默无言地交给庆龄。庆龄接过信，迫切地打开，只看了几句，泪就溢满了眼……

信中，孙先生告诉庆龄，他已经与原配妻子卢慕贞协议离婚了。

孙中山与原配妻子卢慕贞的婚姻，是按照中国古老习惯，由老一辈在他们童年时代就订下的，当然不可能经得双方的同意。当孙中山18岁时，奉父母之命和卢慕贞这位缠足的女子结了婚。

卢慕贞是一位受旧道德熏陶的传统、善良的中国女人，她的内心深处，期待着平平安安地过家庭的小日子，而不喜欢动荡不定的流亡生活，因此，对于孙中山所从事的革命工作，两个人在节奏上是不合拍的，经常是聚少离多。

卢慕贞夫人是一位大度而通情达理的中国女人，她时常为自己不能常伴夫君左右而自责，她希望孙中山能像许多男子那样娶妾，她希望有人陪在夫君身边，尽到她这个妻子所不能尽到的职责，给予她这个妻子所不能给的关爱。

卢夫人同意孙中山纳妾的想法也是符合当时中国的习俗的，可是孙中山不同意。因为，孙中山的革命目的，就是要改造国家，改造国人的家庭生活，他要做倡导一夫一妻制的典范。

因此，假如孙中山再娶，就一定是娶妻而不是纳妾。

既然，原配妻子不能常相伴，再娶是妻不是妾，那么，唯一的解决办法只能是与原配夫人离婚了。

其实，早在多年前，孙中山与卢慕贞就已经处于协议分居的状态。孙中山在各地四处奔走，而卢慕贞则独居澳门，由儿子孙科等子女奉养着她的生活。应该说，这是在当时的历史条件下，为顾全卢慕贞的社会地位而采取的一种较为妥善的办法。因为，当时的中国社会习俗，丈夫主动与妻子分离名曰“休妻”，妻子就会被人视为“弃妇”而丧失社会地位。

此时，慕菲雅告诉宋庆龄，早在当年3月份，孙先生就派她的父亲朱卓文到澳门同卢夫人谈离婚的事。

那次朱卓文代表孙中山去见卢慕贞，并带来了孙中山写给卢慕贞的亲笔信。信中，孙中山将他打算同谁结婚，以及为什么有这个打算等等，一一如实告诉了卢慕贞。卢慕贞听罢，让朱卓文带话给孙中山，表示她很理解孙中山的心情。并说自己不会写中文，也不会说英文，还是一位缠过足，连走路都不利索的小脚女人。所以，既然她不能像宋庆龄那样帮助孙中山，就还给他自由，让他娶到一个能帮助他的人吧！

宋庆龄听了这一席话，也为卢慕贞能有如此的气度而深表敬佩。

慕菲雅大致将她所知道的有关孙先生与卢夫人离婚前后的一些情况，告诉了宋庆龄。

9月2日，卢夫人偕侍女自广东抵达东京。接下来的日子，在外人看来，孙中山偕卢夫人拜访一些来日的朋友，并陪同卢夫人游览了上野公园、博物馆、动物园等处，又陪同卢夫人购物并托运行李，直到9月23日，将卢夫人送至东京车站。

所有的一切都是平静而又平常的，就像普通的夫妻久别小聚一样。然而，在这期间的某一天，这对夫妻，心平气和而友好地签下了一纸离婚协议书。朱卓文是这纸离婚协议书的见证人之一。

此时，慕菲雅替父亲朱卓文将那纸离婚协议书呈给宋庆龄。当然朱卓文此举也是奉孙中山先生之命而来的。宋庆龄展开离婚协议的法律证件和签字，孙先生的名字旁边，是一个用大拇指蘸红墨水按上的指印，字迹和指印都清晰可见。庆龄知道，卢慕贞夫人不识字，只能用大红指印来表明她的态度。庆龄心想：也真是难为她了啊！

同时，看到孙、卢的离婚协议，特别是孙中山先生坚持签订这个协议，令宋庆龄非常感动，同时也伴有一些内疚。她知道，先生之所以这么做，是不想让她被人们称作他的妾，而且，这个事也会不利于革命。

面对孙先生这一份真情，宋庆龄同意了。而且她问过自己的内心，这样做会不会后悔，答案是——不后悔。只是，善良的宋庆龄，在内心里总觉得对卢慕贞怀有一丝歉意。

热泪一下子溢满了宋庆龄的眼眶。这些日子以来，她太喜欢流泪了，但这次流的是幸福的眼泪……

03. 选择，毅然离家的私奔

凌晨三四点钟，喧闹的夜上海终于彻底平静下来了。

劳累的人们，这会儿，散了架似的，沉沉地进入了梦乡。大部分的霓虹灯也都熄灭了，只有微弱的路灯在街区小巷间闪烁着。

轻轻地，一座花园洋房二楼临街的一扇窗被打开了。一个青年女子从窗口探出头来。她向下望了望，借着微光，窗口下面的一切显得更加幽深，她有一种眩晕的感觉。

她，当然就是宋庆龄了。夜已经这么深了，她难道还没休息吗？

宋庆龄探头向外望了一望，然后缩回头，但却没有关上窗，反而令人不可思议地抬脚抬腿，跨坐上了窗口。她，这是要干嘛？

“二小姐，放心抓住床单下去，我力气大，能拉得住你。”一个女仆压低嗓音的鼓励，让宋庆龄增强了信心。只见她翻转身，将整个身体趴在了窗口，双手紧紧地抓着床单。

此时，两条二米长的床单，已经被拧成了麻花状，牢牢地系在了一起，并且攥在了宋庆龄和女仆的手里。确切地说，女仆是两手相扣，将床单的一头环绕在胳臂上紧攥着，而趴在窗口的宋庆龄，则是将系在一起的床单当作了绳子。

借助着“绳子”的牵扯，顺着墙壁，一点一点地向下，向下……

这是越窗而走、离家私奔啊！

个性坚强、温文尔雅的宋庆龄，以前可从来没有做过如此疯狂的举动啊。看得出来，这次，宋庆龄真是蛮拼的了。

6月中旬，宋庆龄从日本东京回到上海征求父母的意见，至今已经三个多月了。

此前，虽然宋庆龄也想到过父母一定会反对她与孙先生的结合，但是，她没想到阻力会这么大。她想，父母本来都是开明人士，大姐也是接受过西方教育的人，总会理解她的。但是，出乎预料，这次他们反对她与孙先生结合的态度，竟然如此地坚决，根本没有一丝商量的余地。

父母和姐姐不同意她的请求，宋庆龄只好抗争。在坚持抗争的这一百来个日子里，宋庆龄只能将心中的苦闷，写信说给远在大洋彼岸的小妹美龄听——

美龄小妹：

在前几封信上，你大概已经知道，我早就希望回到日本去，而父母却表示反对的事了，母亲所以不许我去，是因为反对孙先生。而父亲所以不许我去，是因为他要我详细的考虑，而要我得到相当的把握！我已经等了好久，可是母亲的意志，仍旧不会改变。

也许，当你接到这一封信的时候，我恐怕已经到了日本，而和孙先生在一起。我走时是那样的迅速、秘密而又不会通知任何人。

宋庆龄明白，自己的这种家庭，是从来不允许女孩子解除婚约的，同时，她也明白，父母是绝不会同意她与孙先生的这桩婚事了。所以，宋庆龄只能采取不经父母同意而结婚的极端方式。这对于乖巧、懂事、孝顺的宋庆龄来说，是最不能接受的事实，然而，这次她别无选择。

宋庆龄只能选择——离家私奔。

不再犹豫，不再等待，朱卓文父女的到来，让宋庆龄毅然决定离家私奔。在得到宋庆龄肯定的答复之后，朱卓文开始秘密安排行程了。

这一日，慕菲雅又一个人来到宋家，看望她的好朋友宋庆龄。在客厅，她遇到了坐在沙发上的宋嘉树，便礼貌地打了一声招呼："宋伯伯好！"

"慕菲雅好,你父亲最近在忙什么?他怎么没有来?"宋嘉树回应着。

"父亲，父亲一直在为孙先生办一些事情，我，我来找庆龄的。"

不知道为什么，慕菲雅的回答有些结巴，一抹红晕飞上了脸颊，说完这句话后，再不敢停留，低着头，逃也似的飞快跑上楼去。

宋嘉树无言地目送着慕菲雅上楼，眼神非常复杂。

楼上闺房的门关上了，两个闺蜜并排趴在床上，说起了悄悄话。

"啊——啊——，刚才见到宋伯伯，真是吓死我了，从来不会说谎，差一点泄露了秘密。"慕菲雅手捂着胸口说。

"秘密，什么秘密？"宋庆龄有了某种预感，自己都觉得有些明知故问。其实，从慕菲雅的眼神中，她知道，事情肯定有了进展。

是的，宋庆龄猜得没错，这一次，慕菲雅就是来告诉她具体行程的。虽然下定了离家私奔的决心，但是，真到快离家的时刻，怀着深深歉疚之心的宋庆龄，却也是举步维艰。

窗口离地面足足有三四米高，这是早就计算好的。同时，这也是她必须面对的一段高度和距离。

宋庆龄知道，她这一步走下去之后，离家私奔就既成事实了。待到天明，她反抗家庭包办婚姻之举，肯定会震动上海的上流社会，父母也会因她而遭受人们的指责。然而，宋庆龄真的别无选择，她只能义无反顾地走下去。

将一封早已经写好的信放在桌上，然后，宋庆龄一边默默地在心中对父母说着“女儿不孝！”一边含着泪，顺窗而下。

窗下，早有一辆黄包车在等候着。

宋庆龄恋恋不舍地回望一眼自家的小楼，每扇窗口都黑漆漆、静悄悄地，就连刚刚她爬下来的窗口，也被女仆关上了。她擦了一下眼睛，抹去了眼中滚动着的泪水，毅然跨上了黄包车。

黄包车载着宋庆龄，飞快地向码头驶去。码头上，孙中山最亲密的朋友兼使者朱卓文及女儿，早已经等候多时了。

呜呜——，汽笛声起，轮船起锚了，载着 22 岁的宋庆龄奔向了她的目的地。而此时，在上海宋家，宋嘉树夫妇躺在床上，却是彻夜未眠……

04. 牢记，比生日更加重要

1915 年 10 月 24 日，晨曦中，从中国上海跨海驶来的轮船，经过几天的航行，在日本横滨靠岸了。马不停蹄地， 宋庆龄在慕菲雅的陪伴下，又登上了开往东京的火车。

下午 1 时 10 分，火车隆隆地进站了，没等下车，透过车窗，宋庆龄就看到了站台上，正翘首等待着她的孙中山。

片刻之后，久别重逢的孙中山和宋庆龄面对面了。不约而同地，两双手紧紧地相握了，两双眼深深地相望了。久久地，两双手、两双眼就那么握着、望着，彼此就只有一句简单的问答：

“庆龄，你来了！”

“先生，我来了！”

“呵呵——，你们这是要一直在站台上凝视下去吗？”虽然不忍心打扰，但最后慕菲雅还是不得不笑着提醒到。经慕菲雅的提醒，孙中山和宋庆龄才收回了对望的目光。此时，他们也才发现，原本熙熙攘攘、人头攒动的站台上，只剩下了他们一行人。

下午 2 时 30 分，孙中山将宋庆龄和随行的慕菲雅接回了自己的寓所——东京赤坂区灵南坂 26 号。

这是宋庆龄从美国学成而归后，第一次拜见偶像的地方，也是她上任英文秘书的地方。她曾经无数次地进出这个地方，如今再次走进这里，她竟有一种恍如隔世的感觉。

是啊！此前，这里是她定时定点到来，协助孙先生工作的地方，不论工作到多么晚，她都是要告辞离开的。而此后，这里不仅是她工作的地方，而且更是她的——家。

走进书房，一切还是老样子，只是书桌上的杂物放置得凌乱了一些。宋庆龄立即动手收拾归置起来，孙中山跟在后面，仿佛犯了错的小孩子似的，红着脸嘀咕着："乱了一些，乱了一些……"

当两个人在书房的榻榻米上相对而坐的时候，望着焕然一新的布置，孙中山感叹道："一个家庭里，真是不能没有女主人的。"

"庆龄，亲爱的，嫁给我，你做好准备了吗？"孙中山不敢确定似的，发出如此一问。

"先生，您这是在求婚吗？"宋庆龄先是调皮地一笑，反问了一句。

见孙中山紧张的样子，宋庆龄不再调皮，转而变得相当的郑重其事，坚定地说："经过长期、慎重的考虑，深知除了为你、为革命工作，再没有任何比这更使我愉快的事。……我愿意这样献身于革命。"

孙中山放心了。

"我准备委托日本的著名律师和田瑞先生，代我们到东京市政厅办理结婚登记手续，你认为这样的安排如何？"孙中山进一步征求宋庆龄的意见。

"我，我完全同意！"宋庆龄含着泪回答。她这是激动的泪水，当在上海看到孙中山的离婚协议书时，她也曾如此流下了热泪。

"那好，就选在明天吧！"在办理结婚登记的时间上，两人一致认为择日不如撞日，说好第二天就着手办理结婚手续。

可是，今晚怎么办？

晚餐过后，住在隔壁的日本友人头山满夫妇来了。

孙中山借此向他们提出了让宋庆龄到他们家借住一宿的请求："今晚可否安排庆龄和她的好友慕菲雅到府上小住一宿？拜托你们，麻烦夫人照顾了。"

头山满夫妇一时没有明白孙中山此话的意思，慕菲雅是必须要过去住的，可为什么宋庆龄也需要他们来安排照顾呢？

虽然反抗家庭包办的婚姻，虽然不顾父母的反对毅然离家私奔，但是，孙中山知道，骨子里，庆龄还是一位传统的女孩子。她不会允许自己在正式结婚前就住到夫家的。

10 月 24 日晚，宋庆龄和慕菲雅住到了头山满夫妇的家。

天已经很晚了，身边的慕菲雅早已经沉沉地睡去，可宋庆龄毫无困意，几天来的经历，不断地在她的脑中萦回。

父亲、母亲，你们还好吗？你们一定看到女儿留下的信了吧？女儿真是太对不起你们了，女儿让你们在朋友们面前丢脸了。宋庆龄不断地在心里自责着，朦胧中，她似乎看到了父母痛苦的脸和眼神。

宋庆龄将眼睛紧闭着，可是仍然睡不着。因为，这一晚对于宋庆龄来说，相当于她人生的分水岭，是她作为女孩子的最后一晚，因为，明天——1915 年 10 月 25 日，她就要正式嫁为人妻，成为一个"女人"了。

不知过了多久，终于，宋庆龄带着对"明天"的渴盼，睡着了。

1915 年 10 月 25 日，注定了，宋庆龄会记住这个日子，因为，这是一个比生日更重要的日子。

天亮了，宋庆龄渴盼着的"明天"已经来临。

宋庆龄从头山满家回到隔壁的孙中山寓所，不久，大约在上午 10 时 5 分和田瑞律师来到了寓所。

"我需要确认我的当事人双方的意见。"和田瑞律师郑重地说道。

"我确定：我愿意！"

"我确定：我愿意！"

孙中山和宋庆龄以口头的形式，向律师郑重地表明了态度。

"好！先生、女士，那我先去准备了，下午见。" 10 时 30 分，和田瑞律师完成了他的一道办理程序后，告辞而去。

05. 尊重，坚决签订誓约书

履行正式的手续，是孙中山作为一个革命者对于婚姻的正确态度。

第一任妻子卢慕贞，不喜欢和他一起过动荡不安的流亡生活，但却按照中国的习俗劝他娶第二个妻子。孙中山说："不，如果各自独立生活，离婚将是唯一办法。"于是，他们正式办理了离婚手续，即正式签订了离婚协议书。

迎娶第二任妻子宋庆龄，孙中山怎么会不更加正式呢？

10 月 25 日下午 4 时 30 分，孙中山偕宋庆龄穿戴整齐地乘车出发了。

孙中山一身笔挺的西装加领带，新梳理的短寸平头，使他的额头显得更加的饱满。他的眉宇间透着成熟男人才有的英气，而略有胡须的嘴角微翘着，一股不服输的倔强与坚毅便呈现出来了。

1915 年 10 月 25 日，孙中山、宋庆龄在日本东京结婚。图为 1916 年 4 月 24 日，二人在东京大武照相馆合影留念。

宋庆龄是兴奋而激动的。车开动以后，她就小鸟依人地倚坐在孙中山的身边，将宽檐的大帽子拿在手里，并用手不停地摆弄着帽子上点缀着的丝绦。向两侧外翻的宽大白色绣花衣领，衬托得她本就粉嫩的脸颊更加的白皙透明。短上衣配宽松的 A 字长裙，使她给人的感觉既浪漫又传统，既青春又成熟。

不多时，车载着他们顺利到达了和田瑞律师家——牛道区袋町五号。

分宾主落座后，和田瑞律师拿出了一式三份的婚姻誓约书，呈到了孙中山和宋庆龄的面前。

“孙先生，宋女士，两位请详细地看一下，如果没有异议，只需要在誓约书落款处签名盖章即可。”和田瑞履行着律师的职责。

宋庆龄拿起一份誓约书，这是一份日文稿件。

今般孫文ト宋慶琳トノ間ニ婚約ヲ結ビタルニ付
左ノ諸件ヲ誓約ス
一、成ルベク速ニ支那国法ニ依リ正式ノ婚姻
手續ヲ執ルベキ事
二、将来永遠ニ夫婦関係ヲ保続シ各自
相互ノ幸福ヲ増進スルニ努ムベキ事
三、万一本誓約書ニ背反スル行為アリタル時
ハ法律上並ニ社会上ノ制裁ヲ受クルモ各
何等異存ナキコトハ勿論各自ノ名誉保
持ノ為メ各自又ハ其ノ親族ヨリ各自
ニ対シテ為ス措置ニ付テモ一切苦情ヲ申
出デザルベキ事
右ノ諸件ハ本誓約成立ニ立会セシ和田瑞ノ
面前ニ於テ各自誓約シ和田瑞ハ本誓約ノ
履行ニ付充分斡旋ノ為メヘキコトヲ證約シ
タリ
本書ハ三通ヲ作成シ誓約者各自一通ヲ保有
シ他ノ一通ハ立会人之ヲ保有スルモノトス
千九百十五年十月廿六日
誓約者 孫文
同 宋慶琳
立会人 和田瑞

孙中山与宋庆龄的婚姻誓约书

对于日文的会话和书写，宋庆龄虽然没有孙中山先生精通，但在日本生活工作也前后大约有二年了，聪明如宋庆龄，这一点是难不倒她的。

从外观上看，纵 11.25 厘米，横 17.25 厘米；朱丝栏，全页 24 行，其中墨书日文 22 行。宋庆龄想：其余空白的两行，应该是留给他们来签名的吧。

再细瞧，《誓约书》的中缝有上鱼尾；栏外左下角印有篆体字“东京榛原制”字样，作腰圆截记状。

宋庆龄看着《誓约书》上日文的内容如下：

此次孙文与宋庆琳之间缔结婚约，并订立以下诸誓约：

一、尽速办理符合中国法律的正式婚姻手续。

二、将来永远保持夫妇关系，共同努力增进相互间之幸福。

三、万一发生违反本誓约之行为，即使受到法律上、社会上的任何制裁，亦不得有任何异议；而且为了保持各自之名声，即使任何一方之亲属采取何等措施，亦不得有任何怨言。

上述诸条誓约，均系在见证人和田瑞面前各自的誓言，誓约之履行亦系和田瑞从中协助督促。

本誓约书制成三份：誓约者各持一份，另一份存于见证人手中。

誓约人

同上

见证人

千九百十五年十月二十六日

这是一份按照东京市政府的正规要求，依据孙中山与宋庆龄的个人情况所拟的婚姻誓约书，一经誓约双方和见证人签字盖章，再送交东京市政府登记备案，将立即产生法律效力，受到法律的保护。

“今天似乎是25日吧？怎么写成了26日呢？”宋庆龄发现了一个问题。

“是这样的。按照我们日本的老规矩，以双日为好日子，因此，我建议将25日单日，写为26日双日为好，你们看呢？”和田瑞律师解释说。好事成双，中国的习俗亦然，况且入乡随俗，那就将落款时间确定为26日吧！

“需要盖章吗？我没有哦——那我就只签名吧！”看到孙中山与和田瑞律师都拿出了名章，宋庆龄又说道。

孙中山首先在最上面的誓约人一栏，一笔一画地签下自己的名字——孙文，并正正当当地盖上了他的名章。

孙中山曾经告诉过宋庆龄他的诸多名字的由来。“孙文”，是孙中山的父亲给他取的学名。用“孙文”来签下他和宋庆龄的婚姻誓约书，足见孙中山对娶宋庆龄为妻的重视程度。她是受到整个孙氏家族祝福的妻子，是他必须要写进家谱的妻子，是他孙中山明媒正娶的妻子。

等到宋庆龄签名时，她又注意到，正文中将她的名字“龄”写作了“琳”。她想：大概是“琳”字比较好写一些的缘故吧！既然“龄”和“琳”同音，那么就宋庆琳喽。

于是，宋庆龄欣然在誓约书上签下“宋庆琳”三个字迹娟秀的小字。

“祝贺你们，从此刻开始，你们就是受法律保护的正式夫妻了。”当和田瑞律师也在誓约书见证人一栏签名并盖章之后，他向两位誓约人表示了热烈的祝贺。为了进一步表达祝贺之意，和田瑞律师又热情地邀请孙中山和宋庆龄共进晚餐。孙中山和宋庆龄同意了，并且，借花献佛地对和田瑞律师表示了感谢！

整个签订婚姻誓约书加晚宴历时两个半小时。

7 时整，已经正式结成夫妇的孙中山和宋庆龄离开了和田家。和田瑞律师也搭乘孙中山夫妇的车一同离家。将和田送至赤坂区溜池待合三岛后，大约 7 时 30 分，孙中山偕宋庆龄来到一处新址——东京青山原宿。

“这就是我们的家。”此前，为了给宋庆龄一个惊喜，孙中山并没有告诉她这处新址。“现在，我们已经可以称之为回家了吗？”

“回家”，宋庆龄感觉好温暖！好亲切啊！

从此，宋庆龄的生活开启了新的篇章——

06. 祝福，朋友见证的婚礼

1915 年 10 月 25 日晚，宋庆龄和孙中山一起回到新家——东京青山原宿。

此时，在宋庆龄眼里，孙中山不仅是一位坚定的革命者，同时，也是一位重情重义的男人了。

宋庆龄喜欢的就是这样重情重义的男人。

孙中山虽然与卢夫人协议离婚，但并不是对卢夫人不管不问，而是对卢夫人的生活仍十分关怀。虽然不是夫妻了，但是，他们仍然是亲人。

10 月 26 日上午，这是孙中山与宋庆龄正式签订婚姻誓约书的第二天，孙中山提笔致函并汇款给澳门的前妻卢夫人。宋庆龄在一旁研墨侍候着。

在离婚最初的一年里，孙中山一共连续亲笔写了六封家书。

在信中，孙中山提到了给卢夫人每月 100—200 银圆的家用，并且问候卢夫人的身体健康状况。他要她别想念他，告诉她怎么样分配他托她经手的给家乡贫困亲戚和村学的捐款。

在信中，孙中山称前妻为“科母”，这是从两人共同的儿子孙科而来的称呼。信底落款，孙中山自署为“科父”或是他们婚后所用的旧名——“德明”。

虽然，孙中山与宋庆龄的结合，正式签订了婚姻誓约书，但是，孙中山知道，他还必须给他的爱妻宋庆龄，安排一场明媒正娶的婚礼，一个有更多朋友见证和祝福的婚礼。

于是，10月26日下午2时58分，孙中山又偕宋庆龄外出了。他们来到了日本桥区路丸善株式会社观览书籍。

此时，在会社里遇见了几位熟人，有朱超、胡汉民，还有一位印度人。

朱超主动和孙中山寒暄，孙中山佯装没有看见，因此两人并没有交谈。当即将离开丸善株式会社的时候，孙中山声音很小地匆匆和胡汉民聊了两句。

因为他们极力压抑着声调，外人不知道他们在交谈些什么，但是，跟在身边的宋庆龄却听得一清二楚。

“总理，您，必须得放弃同您的英文秘书的结合，这不符合规矩，是有损您的身份和形象的……”胡汉民毫不掩饰地当面向孙中山“诤谏”道。

“展堂，我是来同你商量国家大事的，不是请你来商量我家庭的私事。”孙中山坚持着自己的观点，言语中竟然毫不客气。

当确信胡汉民没有国家大事可议了，孙中山果断地与胡汉民分手，偕同朱超等人来到了银座三丁目十字屋及竹川町商会。又遇到一些朋友，他们便一边观赏乐器，一边似乎闲聊地交谈着……

“明天下午，在梅屋庄吉家，将有一次聚会，希望大家能来捧场。”简单地交谈时，孙中山反复地向大家说了这句话。

这一段时间以来，对于孙中山与宋庆龄的婚姻，众说纷纭。孙中山想，有必须搞一次聚会，公开宣布他们的婚姻是合法的。

同时，最主要的，孙中山不想委屈了宋庆龄，他要给他的爱妻一场正式的、有朋友见证的婚礼。

10月27日下午3时30分，孙中山偕爱妻宋庆龄，按照之前的约定，如约来到了日本友人梅屋庄吉家——大久保百人町350号。

梅屋庄吉，是孙中山在日本的好友之一。他是日本电影业的先驱，长期以来，他始终热情地支持孙中山的革命事业，就连梅屋庄吉的夫人也随丈夫做过许多有益的工作。他们与孙中山关系十分亲密。

1916 年 4 月 24 日，孙中山、宋庆龄与梅屋庄吉的夫人合影。

宋庆龄与姐姐宋蔼龄在梅屋庄吉家同孙中山有了一次相见，此后，宋庆龄多次陪同孙中山赴梅屋庄吉家访问。渐渐地，宋庆龄同梅屋庄吉夫人也成了好朋友，并结成姐妹。

对于孙中山和宋庆龄的婚姻，梅屋庄吉夫妇已经献上了祝福，同时，他们也表示，他们可以做东，邀请一些朋友来家里聚会，共同见证他们这对忘年之恋的幸福结合，事实上，在革命处于关键的时刻，这就相当于简单的婚礼了。

孙中山同意了。

于是，小范围地，向几位在日本的好友、同事发出了邀请。

虽然邀请发出了，但是，最终会来几个人，孙中山心里是没底的。因为，此前，如胡汉民那样直言反对的“诤友”，毕竟不只是少数的几个人，如今他们能否来，孙中山此时真的是不确定。

令人欣慰的是：好友、同事们有赞同的，有反对的，尽管各有不同的意见，但是，他们仍然都来了。

肝胆相照的同事们，七嘴八舌地说了很多，孙中山一直没有反驳，当大家停止了述说之后，孙中山才坦率地对他们说：

“我不是神，我是人。”

“我是革命者，我不能受社会恶习所支配。”

孙中山当众公布，他已经与前妻卢慕贞正式办理了离婚手续，并且也与宋庆龄正式在东京市政厅登记结婚。

孙中山自信地承诺，他的婚姻生活并不会影响革命事业，相反，从历史的发展角度来看，还必将产生极其深远的影响。

“来，来，让我们大家以茶代酒，共同为孙先生和宋女士的婚姻见证与祝福吧！”当聚会的讨论接近尾声的时候，梅屋庄吉适时地举起了茶杯。

“好，好，祝贺！”“总理，请接受我们迟到的祝福吧！”……

好友、同事们纷纷送上了祝福。孙中山眼睛湿润了，深深地向大家鞠了一躬。

整个过程中，宋庆龄都没有说什么，她只是静静地坐在孙中山身侧，以崇拜的眼神望着他，望着他身边所发生的一切……

就在他们在梅屋庄吉家举办简单的茶话聚会兼婚礼的时候，一对远方的客人也来到了日本，并在孙中山与宋庆龄的新家中等待多时了——

07. 亲情，丝毫不差的嫁妆

“喔——父亲、母亲，您二老来了！”宋庆龄发出了一声呼唤。

1915 年 10 月 27 日，5 时 15 分，孙中山偕宋庆龄与梅屋庄吉等众人告辞后，相携着有说有笑地回到家中，看到了在院子里等候的父亲宋嘉树、母亲倪桂贞，以及陪同二老而来的朱超。

从朱超口中得知，下午 4 时 30 分的时候，父母二老就到了他们的新居。

对于父母的到来，宋庆龄并不感到意外。她知道，那天她离家私奔，当天明时父母见到她留下的告别信，他们一定会来的。只不过，她没想到父母会来得这么快。孙中山和宋庆龄赶紧将父母搀扶进内室的榻榻米上。

“父亲，女儿不孝，害您受累了，请您原谅。”宋庆龄跪坐在父亲宋嘉树的面前，哭着说。

此时，她看到父亲的身体更加瘦弱了。父亲的脸色蜡黄，手支顶着肝部，还没等开口说话，就先剧烈地咳嗽起来，然后，有汗从他蜡黄的脸上滚落。

宋庆龄忙起身为父亲轻轻捶背、擦汗。

“咳咳，庆龄，你……是我最听话的……孩子，跟我……回去吧！”因为咳嗽，让宋嘉树的劝说，变得断断续续。

“我不！父亲，女儿对不住您了。”宋庆龄的回答透着倔强与坚持，继而柔声进一步解释着说，“我和孙先生已经结婚了，是在东京市政厅正式登记的。我不能离开我的丈夫，我的丈夫也需要我——”

宋庆龄伤心地一边哭着，一边继续说：“父亲，我是幸福的。我想尽量帮助我的丈夫处理英文信件，我想为拯救中国出力，而他是一位能够拯救中国的人。这一点，父亲您是知道的，也是支持我的，不是吗？所以，我想帮助他，您为什么一定要反对呢？”

不知是被女儿的话打动了，还是因为病体虚弱，之后，宋嘉树不再言语，他只是伤心地半倚半坐在那儿。

劝慰了父亲，宋庆龄又转而来央求母亲。从母亲倪桂贞的哭诉中，宋庆龄大致地了解她离家出走后，家里发生的一切……

宋庆龄离家私奔的事儿，很快就在上海上流社会传开了。

因为宋嘉树夫妇都是虔诚的卫理公会教徒，首先反对的是那些传教士。

他们的思想都是倒退和保守的，他们不允许他们的教徒，同一个离过婚的男人结婚，因而，他们大怒。他们跑去找到宋嘉树夫妇，力劝宋嘉树夫妇到日本追回叛逆的女儿。

同时反对的还有中国的反动分子——孙中山的政敌。这些政敌出于他们的目的，想借此机会打击孙中山，因此，他们同那些传教士站在一起，指责孙中山在有妻室时再次结婚。

宋嘉树本身对女儿和孙中山的结合，也确实感到意外和气愤。他对老朋友传教士步惠廉悲愤地说：“比尔，我一生中从来没有这么伤心过，是我自己的女儿和我的最好的朋友给害的。”

对于女儿想要嫁给大她27岁并且有过家室的人，无论如何，作为母亲的倪桂贞是想不通的。倪桂贞不是思想封建，她是尊重婚姻中的“爱情”的，但是，在年龄上，两人的差距实在是太大了，因此，她为女儿的婚姻担心啊！

来自外界的压力和作为父母的责任，让宋嘉树夫妇在看到女儿留下的告别信后，立即乘下一班轮船赶到日本来。他们想劝阻女儿的任性，然而，还是晚了一步。

在宋庆龄与孙中山结婚的第三天，即 10 月 27 日，宋嘉树夫妇急匆匆赶到女儿与孙中山结婚后新的住所。

女儿的哭诉，让宋嘉树夫妇心软了一些。继而，他们把目标转向了进屋以来一直不知所措的孙中山——他们曾经的朋友。宋嘉树艰难地、狠狠地斥责道：

“我的朋友，你清楚，长期以来我一直是尊重和支持你的——全身心地支持你的。可是，这一次，你需要我支持的是我的女儿，她尚未成年，你让我如何来支持你啊！你——凭良心讲，对得起我吗？”孙中山无言以对，只能保持沉默。

夜深了，二老的劝说还是没有结果。晚 10 时左右，宋嘉树夫妇坚持着告辞，孙中山夫妇极力挽留不住，就一起乘车将他们送到在水道桥附近的一处临时住处才分手返回。

第二天，并不甘心的宋嘉树夫妇又来到了东京市政厅，向政府请求，说女儿尚未成年，是被迫成亲的！当然，这样的事情，日本政府是不能干预的。宋嘉树夫妇又是无功而返。

10 月 29 日上午 8 时 50 分，宋嘉树一个人再来见女儿庆龄和孙中山。

“庆龄，我的女儿，为父最后再问你一次，你确定——你不离开他跟我回去吗？即便是和我脱离了父女关系，也不后悔吗？”

“父亲，我不离开我的丈夫——我也永远是您的女儿。”宋庆龄明确地回答了父亲的问话，脸上透着执着与坚定的神情。

看到女儿的表情，听到女儿的回答，宋嘉树明白他的劝说注定无果了。他低垂着头，沉默了。三个人都陷入了沉默之中，许久，许久……

9 时 30 分，宋嘉树准备告辞了，孙中山夫妇送了出来。突然，走在前面的宋嘉树停下了脚步，转而面对着孙中山，深施一礼，声音喑哑地说：“我的不懂规矩的女儿，就拜托给你了，请千万多关照！”

“请放心，我用人格担保，我会用我的生命来爱护她、呵护她！”

宋嘉树夫妇虽然极力反对女儿同孙中山的结合，甚至宣布同孙中山“绝交”，与庆龄“脱离父女关系”，但冷静下来，还是在事实上接受了他们的婚姻。

回国后，他们为女儿结婚补送了一套讲究的家具，一条绣着百子图的被面，一份他们成亲时穿的锦缎长袍。

这是一份嫁妆——丝毫不差亲情的嫁妆，被宋庆龄永远视为珍宝的嫁妆！

08. 缘定，青史留痕的结合

宋庆龄和孙中山，他们俩都是不喜欢繁文缛节的人，因此，他们的结合过程，尽可能地简单又简单，但是应该有的程序也是决不能缺少的。

签订婚姻誓约书并在东京市政厅正式登记——这是两人作为社会公民，维护法律尊严、崇尚社会道德的具体体现。

因此，签订婚姻誓约书的那一天——1915 年 10 月 25 日，是宋庆龄永远珍视的结婚日子，她认为这一天，是在其生活中比她的生日更重要的日子。

举行有朋友见证的小型聚会式的婚礼——这是孙中山作为一个丈夫，必须要给他的妻子的一个“明媒正娶”。

这应该就是宋庆龄与孙中山独有的“中国式爱情”。

对于宋庆龄与孙中山的这份中国式爱情，后来，美国记者斯诺曾经好奇地问宋庆龄：“你能确切告诉我吗？你是怎样爱上孙博士的。”

宋庆龄慢条斯理地说：

“我当时并不是爱上他，而是出于对英雄的景仰。我偷跑出去协助他工作，是出于少女的罗曼蒂克的念头，但这是一个好念头。我想为拯救中国出力，而孙博士是一位能拯救中国的人，所以，我想帮助他。”

这段表述和当时宋庆龄劝说父母的言辞是一致的。

最后获得的来自父母的一份嫁妆——这是宋庆龄最为珍视的。她把这份嫁妆当作最为珍贵的纪念物，一直珍藏在身边。

如今，家具、被面、长袍，分别陈列在上海淮海中路的宋庆龄故居和北京后海北沿的宋庆龄故居。当然这是后话了，在此，笔者认为有必要先说一些后话。

1918 年 10 月 17 日，即结婚三年后，孙中山在写给老师詹姆士・康特黎的信中动情地写道：

我的妻子，是受过美国大学教育的女性；是我的最早合作者和朋友的女儿。我开始了一种新的生活。这是我过去从未享受过的真正的家庭生活。我能与自己的知心朋友和助手生活在一起，我是多么幸福。

到了晚年，宋庆龄愈加维护同孙中山的婚姻，除了澄清某些说法的错误，更对随意歪曲乃至“造谣污蔑”加以批驳。

1973 年 2 月 27 日，80 岁高龄的宋庆龄致信孙儿辈的亲戚林达光，信中这样写道：

你看到过索尔兹伯里写的《前往北京及北京以外》这本书吗？有一张你、艾琳和我在餐桌旁的照片。但我实在感到吃惊，像索尔兹伯里这样一位知名作家，怎么会容许自己去重复反动派在孙博士和我的婚姻上对我们的造谣污蔑。

事实的真相是，当他向我求婚时，孙逸仙是个自由的人。他同他的前妻是按中国老规矩成亲的。他们两人在东京协议离婚。我当时在上海。

我在 1915 年 10 月到日本，10 月 25 日在和田瑞先生家中当着双方律师和朋友们的面举行婚礼。我们的婚姻是在东京市政厅（登记）。我们的结婚誓约书有我们两人和律师的签名，各执一份。

我丈夫的儿子孙科当时住在美国加利福尼亚伯克利，他父亲把离婚和结婚的事都告诉了他。我希望孙科还保留着这历史性的家庭档案。

对于不久后发现的与孙中山的“婚约书”，宋庆龄明确指出：

日本军国主义者侵入上海，占领了我们的住宅，打开了保险柜，把其中所有文件都拿出来送到日本去了（我逃亡中国香港时不能携带重要文件或其他任何有价值的东西）。这就是几年前中国历史博物馆如何收集到一张婚约书的缘由。

有一天，他们把它送来请我鉴定，因为他们要付出一大笔钱给出卖这一文物的人。他们没有把它陈列出来，而是小心翼翼地锁起来了。但如果有人对此感兴趣，他们会拿出来供人观看的。

同时，宋庆龄还气愤地说：

我也感到惊诧，像索尔兹伯里这样有地位的人在写到这样一桩史实时，怎么不先做一番研究。

正如我们的毛主席所说："没有调查，就没有发言权。"我想什么地方都有这样的人，他们相信只要摔出去足够多的污泥，总有几块会沾上的！

1973 年 3 月 13 日，宋庆龄直接致信索尔兹伯里，指出其书史实上的错误。信中说：

首先要感谢您惠赐大作《前往北京及北京以外》，我已拜读。

请允许我指出一个史实上的错误。

孙逸仙在我同他于 1915 年 10 月 25 日结婚时，他是自由的（结婚年份不是您所说的 1914 年，当时我还在上海）。他同他的前妻是按习俗而不是法律成亲的，多年来他们分居，他们在东京协议离婚，在他同我结婚好几个月之前。反动派和传教士们（他们常常是反对进步的）试图造谣污蔑我们，但事实总归是事实。

我丈夫的儿子现住加利福尼亚，所以您可以很容易地从他那里得到有关上述事实的证言，如果您有此要求的话。

宋庆龄和孙中山的结合，最初似乎只是建立一个新的家庭，只是一件私事。而从后来的历史发展看，这个家庭，对宋庆龄与孙中山的革命生涯都产生了极其深远的影响。

所以，这不仅是他们两人的，也是中国近代革命史上的一桩重要事件。

事实就是这样，也许是注定了的，这是一次青史留痕的结合。

第五章

无比忠诚，倾情相伴的婚后十年

有一种爱，叫作倾情相伴。

《孙中山赠宋庆龄题词》全文："精诚无间同忧乐，笃爱有缘共死生。庆龄贤妻鉴孙文"。

这是怎样一种爱啊！

东京青山原宿——这是一栋隐藏在红枫树中的舒适小屋，在这里，宋庆龄很担心、很幸福，也很高兴地开始了她的婚姻生活。

婚后的宋庆龄

结婚后的宋庆龄是幸福的，她说："结婚就好似进了学校一样，不过，没有烦人的考试罢了。"

形影不离地伴随在丈夫孙中山的身边，几乎成了结婚后宋庆龄的一种习惯和规定行为。

在与孙中山朝夕相处的生活和工作中，宋庆龄见证了三民主义的诞生。

宋庆龄相随着孙中山的革命脚步，发起成立了出征军人慰劳会，为革命而竭尽全力。

温文尔雅的宋庆龄一向也是沉着而冷静的，这是在幼年时就显露出来的性格特点。而在关键之时，正是这种性格，帮助她和她的丈夫孙中山成功地脱险。

同时，在生死攸关的时刻，宋庆龄机智勇敢的抉择，也在危难之时体现了她的真情。

从广州脱险的经历中，宋庆龄发现了自己作为孙中山的夫人，对于革命所拥有的巨大作用和价值。于是，一个新的想法产生了——她要印制名片。

1923 年，一次次地陪同孙中山视察各个军事要塞，是宋庆龄在 30 岁这一年最难忘的经历。为此，她累并快乐着。

01. 幸福，红枫树中的小屋

东京青山原宿——这是一栋隐藏在红枫树中的舒适小屋，在这里，宋庆龄很担心、很幸福，也很高兴地开始了她的婚姻生活。

毕竟，婚姻是一个女人从懵懂到成熟的转折点，而且跨越这一转折点的过程是曲折和艰难的，因此，这一段时日，宋庆龄仿佛做梦一样，心里有惧怕、有疑虑、有些心不在焉。有时，她都怀疑做过的事是否真的做过了。比如，她怀疑她给好友阿莉的信发出了没有，因此，为了保险起见，她又重写了一封。

在信中宋庆龄告诉好友：

> 我勇敢地克服了我的惧怕和疑虑而决定结婚了。当然我感觉到安定下来了，感受到了家的气氛。我帮助我的丈夫工作，我非常忙。我要为他答复书信，负责所有的电报并将它们译成中文。我希望有一天我所有的劳动和牺牲将得到报答，那就是看到中国从暴君和君主制度下解放出来，作为一个真正的名副其实的共和国而站立起来。
>
> 当你在蒙特里特（北卡罗来纳）见到我时，我不会想到有一天我会变成一个热情的小革命者。你想到了吗？我的丈夫在各方面都很渊博，每当他的脑子暂时从工作中摆脱出来的时候，我从他那里学到很多学问。我们更像老师和学生，我对他的感情就像是一个忠实的学生。

就这样，宋庆龄开始了她婚后的生活和工作。和许多新婚夫妻一样，宋庆龄和孙中山婚后的生活是甜蜜而幸福的。

因为宋庆龄和孙中山两人都曾在美国留学，一些支持中国革命的友人建议孙中山到美国作旅行演讲，宣传中国革命，扩大影响，所以，他们接受建议并拟定了赴美作旅行演讲的计划。而这对于青春、浪漫的宋庆龄来说，是当作一次蜜月旅行来期盼着的，同时，她也能见到一些好朋友了。

然而，为了革命事业，他们毅然选择了舍小家为大家。

1915 年，也是一个多事之秋。

1 月 18 日，日本驻北京公使日置益向袁世凯提出妄图灭亡中国的“二十一条”。5 月 9 日，袁世凯不顾全国人民的一致反对，悍然接受日本政府的“二十一条”修正案，并且，8 月 14 日，袁世凯授意发起并成立筹安全，为复辟帝制鸣锣开道。

9 月 18 日，孙中山指示中华革命党党务部发布第 16 号通告，揭露了袁世凯主使筹安会复辟帝制的阴谋，疾呼全国人民迅速革命而后国家方能图存。

12 月 12 日，袁世凯不再伪装，竟然公开下令当皇帝，改国号为“中华帝国”，以民国五年为“洪宪元年”。

12 月 25 日，唐继尧、蔡锷等通电各省宣告云南独立，组织护国军，讨伐袁世凯。

为了使讨伐袁世凯复辟帝制的运动形成声势，孙中山和宋庆龄放弃了婚后赴美的计划。孙中山在 1915 年 11 月 20 日致友人函中这样写道：

> 由于我在此地开展工作较为顺利，而此种工作又为我们一切活动的中心，我已完全放弃美国作旅行演讲的计划，我确信，我此刻留在此地较之前往世界任何一地更为有益。

孙中山和宋庆龄选择了留在日本，而此时，他们位于红枫树中的小屋则成了世界各国的革命者们聚会的地方。

孙中山在领导中国革命时，非常注重与世界各国革命者的合作与交往，其中包括来自印度、朝鲜、菲律宾、缅甸、印度尼西亚的革命者。此时，他们绝大多数聚集在日本。特别是印度的布斯、穆克其、罗伊、莫吉姆和查特其，是东京青山原宿的常客。

和孙中山领导的中国革命一样，此时，亚洲各国的革命也都处于低谷期，经费匮乏是革命者们需要面对的首要问题。面对种种困难，孙中山与各国革命者们在金钱上，常常会互相帮助、互通有无、共渡难关。

枫叶正红的一天，当刚刚送走了一批客人之后，孙中山和宋庆龄没有立即回屋，就站在红枫树下，孙中山向宋庆龄讲起了许多往事：

“在1909—1911年期间，我的大部分时间在旅途之中，可以说，曾经环绕地球多次。一次，在美国，我遇到了菲律宾的阿奎纳尔多。我们共同讨论了如何解放菲律宾的革命问题。”孙中山陷入了回忆之中。

宋庆龄静静地倾听，眼神中充满了好奇与仰慕。

孙中山随手摘下一片红枫叶，托在手心里凝视了一会儿，然后，饶有兴致地将这片红枫叶插在爱妻庆龄的鬓边，于是，宋庆龄红红的脸颊和那片红枫叶，在孙中山眼中就相映成趣了。

少顷，孙中山又开始了他的叙述，语气有了些许的沉重：

“那一年，我到了法国，还同许多法国社会主义者有了交往，并和布扎贝等人成了好友。此前，我曾派廖仲恺到西贡去会见他，讨论过运送军火弹药的事。

这些法国的朋友都很有激情，他们经常在咖啡馆中讨论革命的问题。

你知道吗？法国的咖啡馆是很有名的。可惜的是，刚刚听说，其中的一位法国朋友，在巴黎一家路旁的咖啡馆中被暗杀了……”

夜深了，红枫树下笼罩上一层浓重的湿气，孙中山和宋庆龄两人相携着回到室内。宋庆龄想：革命者是打不垮的，她相信她的丈夫是意志最坚定的革命者，他们一定会渡过难关，走出低谷，迎来革命最终胜利的那一天。

接下来的日子，宋庆龄陪同孙中山，不时进出于红枫树下的这间小屋。时而，她陪同孙中山访问和会见日本友人，如田中昂、萱野长知、武藤全吾等人；时而，她随孙中山偕戴天仇、王子明、王子衡、廖仲恺等人徒步去宫益坂一带散步；时而，她又随孙中山到“民国社”，或去野崎医院探望王统一……

她只是默默地跟随着，并不多言。她知道，她丈夫所做的一切，并不仅仅是表面上所看到的。为了中国的革命，他们一直在努力！

02. 倾听，结婚就似进学校

结婚后的宋庆龄是幸福的。对她来说，结婚就好似进了学校一样，不过没有烦人的考试罢了。结婚后，宋庆龄继续帮助孙中山处理英文信件，此时，她的法语水平也有了很大的提高，她已经能够阅读法文报纸，并直接加以翻译了。

结婚后的孙中山更加忙了。

1916 年 3 月 22 日，在护国军的军事打击和全国人民的愤怒谴责声中，袁世凯被迫下令取消帝制，但是，他仍自称为大总统。为了将革命进行到底，在日本的孙中山，经常与一些仁人志士举行集会声讨袁世凯，令宋庆龄记忆最深的是一次声讨袁世凯的小型集会，又称“帝制取消一笑会”。

那是 4 月 9 日，下午 1 时 20 分，宋庆龄陪同孙中山乘车来到了巢鸭町，这是日本友人田中昂的家。陆续有人到来，他们是：廖仲恺、何香凝、金佐治夫妇、戴天仇、胡汉民、萱野长知夫人及两三位日本人。为了掩人耳目，表面上，完全是一次小型的朋友欢乐聚会。他们观赏太神乐、手品等演出，一起合影留念，最后又共进晚餐。于无声处的一笑间，声讨袁世凯的相关计划就谋划并制定出来了。

5 月 1 日，孙中山自日本回到上海，宋庆龄暂时留下来处理一些善后事宜。

5 月 8 日，孙中山在上海发表第二次讨袁宣言，指出此次讨袁“不徒以去袁为毕事”，并且宣言中还表示“袁氏未去，当与国民共任讨贼之事；袁氏既去，当与国民共负监督之责，绝不肯使谋危民国者复生于国内”。

5 月 19 日，晨，宋庆龄自日本回到了上海，孙中山亲自到码头迎接。在返回上海洋泾路 55 号住所的路上，宋庆龄敏感地注意到了孙中山的神情中带着的悲戚。关心地询问之后才得知，原来就在前一天，即 5 月 18 日，陈其美在上海萨赛路 14 号被刺客暗杀了。

陈其美，字英士，号无为，浙江湖州人，1914 年 7 月，孙中山组建中华革命党时，他担任总务部长。1915 年 2 月，他离开日本回到上海，主持讨袁活动的组织策划工作。

很明显，陈其美被暗杀，肯定和袁世凯脱不了干系，后来的事实证明，这是袁世凯密令张宗昌派人干的。陈其美被暗杀的地点，离宋庆龄未来上海前孙中山的住处很近。而且宋庆龄知道，她的丈夫孙中山从来都是无所畏惧的，即使有许多密探跟踪他也是如此，因此，作为妻子，宋庆龄很为丈夫的安全担忧。他一离开她的视线，她就感到不安。

然而，宋庆龄也深知，有一些事情她的丈夫是必须要亲自处理的，因为只有她的丈夫才能在这艰苦的年代拯救中国，使之免遭灭亡。因此，为了国家的利益，她必须承受她的丈夫冒着的许多危险。

在全国人民的愤怒声讨中，袁世凯在做最后的垂死挣扎。陈其美先生的被刺令人可怕，但他不过是死于袁氏之手的成千上万个爱国者中的一例。所见所闻虽然使宋庆龄的心非常悲痛，但她深信，真理不死，人们终将看到中国会再度恢复和平与繁荣，并造福于人类。

6 月，袁世凯毙命于北京。黎元洪继任大总统，段祺瑞任国务总理，民主共和的制度恢复了，天空暂时晴朗了。因此，孙中山也获得了一份难得的轻松时光。

8 月中旬，宋庆龄陪同孙中山到杭州参观、游览。在西湖边上，宋庆龄高兴地与孙中山合影留念。之后，又到绍兴参观并游览。

时间不知不觉地进入了 1917 年，此时，宋庆龄 24 岁了。

2 月 17 日，宋庆龄陪同孙中山前往上海江湾万国体育会赛马场，观看凯瑟琳·斯廷森的飞行表演。

凯瑟琳·斯廷森是美国底斯律·斯廷森兄弟的妹妹。这两兄弟制造了一架飞机，并以他们的名字命名为“斯廷森号”。1917 年，凯瑟琳·斯廷森把飞机大、小各一架装箱运到上海，17 日是她的首飞表演。

飞机和飞行表演，在此时绝对还是一个高科技的新生事物，更何况还是由女子来表演，因此，宋庆龄对此充满了期待。他们邀请十几位朋友一起，花三元钱买一个座位前去观看。可是，一直坐等了三个小时，都没有看到飞机升空。原因可能是一个引擎坏了，另一个引擎也没有装好。星期天，她们又在广告的导引下再次来到了表演场，然而，依然是虚张声势而已，飞机并没有升空。

2月19日，宋庆龄以学名和夫姓——“罗莎蒙德·孙”复函梅屋夫人，函中略云：“如果我自己能有一笔钱的话，我会和你合作搞电影，因为电影是实施教育一个很好的手段，我们可以通过影片让人们看到上海及其美丽的郊区。”

梅屋庄吉堪称日本早期最杰出的电影人之一。他曾派人奔赴武汉三镇，记录辛亥革命的现场实况，拍下了汉口、汉阳攻防战和革命军英勇杀敌的纪录片。宋庆龄也喜爱电影，很重视电影教育、审美和娱乐功能，看电影是她业余生活的一个重要内容。当然，这是后话了。

2月22日，宋庆龄复函阿莉，告知自己的近况，特别是对丈夫孙中山的崇拜和对幸福的理解。阿莉是宋庆龄和妹妹美龄在美国认识的好朋友。1912年夏，姐妹俩到美国北卡罗来纳州的蒙特里特参加基督教青年会的聚会，在下榻的山核桃旅馆初识来自芝加哥的阿莉。她在给阿莉的复函中说：

> 我非常高兴收到你17日的来信……
>
> 你知道我丈夫一直是中国政治改革家，也是我们民国的创始人。你记得吗？在蒙特里特时，我们去听卡梅伦先生所做的关于中国的图解讲课，他给我们看了一张孙逸仙博士的照片。当时我没有想象过我们两人之间会有超过朋友的关系。但这是命运。
>
> 他比我年长许多，知道如何使我成为一个英雄崇拜者，虽然我们已经结婚将近一年半，但我对他崇拜之心依旧。像以往一样，我是他忠实的崇拜者……

03. 伴读，著书立说的日夜

形影不离地伴随在丈夫孙中山的身边，几乎成了结婚后宋庆龄的一种习惯和规定动作，然而，在1917—1918年间，却有两次是例外的。一次是因为等候小妹宋美龄和大弟宋子文从美国回来全家的相聚；另一次是因为慈父宋嘉树的病重与离世。

宋庆龄与孙中山的结合，最初似乎只是建立一个新的家庭，而事实上却是近代史上的一桩大事。

1912年，孙中山以临时大总统的身份，亲自主持制定了《中华民国临时约法》，并据此召开了第一届国会。从此，孙中山就一直为维护约法和国会而进行着坚持不懈的斗争。袁世凯的称帝、张勋的拥清复辟、段祺瑞的“再造共和”等一系列闹剧的上演，让孙中山清醒地认识到，实现真正的民主共和之路，任重而道远。1917年7月6日，孙中山偕章太炎、朱执信、陈炯明、许崇智等，由上海乘海军军舰“海琛号”启程赴广州护法。

此次，宋庆龄没能和丈夫同行。

早就接到小妹宋美龄的来信，她今年6月就要毕业，7月就将回国。与小妹宋美龄一同回国的还有大弟宋子文。算算日子，他们到达的时间就在这几天了。时间过得可真快啊！一晃儿，宋庆龄和宋美龄姐妹俩分别已经三四年了，真是想念哟！那个活泼可爱的小妹，一定出落成一位亭亭玉立的大姑娘了啊！

宋庆龄早就盼望着全家团聚的这一天了。孙中山深知宋庆龄的心思，在宋庆龄左右为难的时候，孙中山力劝她先留下来。宋庆龄为丈夫理解她的心而感动着，同时，她也为不能伴随在丈夫身边而担着心。

时隔多年，宋家父母、兄弟姐妹八人，在上海终于又团聚了。道不尽的疼爱，述不尽的亲情。全家人兴奋地合影留念，最高兴的当属病中的宋嘉树了。出身孤苦又志向远大的宋嘉树，是最重亲情的，然而，为了孩子们的前途，他又不得不一个个地将孩子们送往国外，而让自己忍受着别离之苦。现在好了，孩子们都陆续回来了。于是，宋嘉树和老伴倪桂贞及孩子们相约，宋家要在上海买一块墓地，宋家人要生生世世永远在一起！

待等与家人相聚的心愿一了，宋庆龄就急急地离沪南下。

与此同时，1917 年 8 月 25 日，孙中山在广州召集原国会议员开会，提出了“护法”，即“维护中华民国临时约法”的主张。因到会人员不足，故称“非常国会”。会议决定在广州成立军政府。9 月 1 日，非常国会推孙中山为中华民国军政府海陆军大元帅。10 日，孙中山就任大元帅职。

宋庆龄来到广州，除继续担任孙中山秘书，处理英文函电及法文翻译外，是年冬天，她又开始加紧学习俄文和德文，为加强联系苏俄做准备。因为，11 月 7 日，俄国十月社会主义革命取得了胜利，宋庆龄闻悉，同孙中山一样感到欢欣鼓舞，认为“有了俄国革命，世界人类便产生出一个大希望”。

令宋庆龄再一次离开孙中山是因为父亲宋嘉树的病。

1918 年 4 月，得知父亲宋嘉树病重，宋庆龄由穗来沪侍奉，一直守护在父亲身边。5 月 3 日，父亲宋嘉树因肝癌医治无效而病逝。还没等宋庆龄从失去父亲的巨大悲痛中缓过神来，又传来了孙中山于 5 月 4 日向非常国会辞去大元帅职，并发表通电的消息，宋庆龄的心再次被揪了起来。

得悉孙中山离粤奔日并拟回上海的消息，宋庆龄多方奔走，6 月 4 日，在上海致电在日本的孙中山，告知：“已与法国领事交涉好，上海可以居住。”于是，6 月 23 日，孙中山离开日本，由神户乘船归国，26 日抵达上海，入住加拿大华侨赠给的房子——上海莫里哀路 29 号。

由于“护法”斗争的失败，孙中山怀着苦闷的心情回到上海。在日本期间因患急性眼膜炎未愈，抵沪时左眼仍缠着绷带，须发皆白。见到丈夫的样子，宋庆龄心痛得在滴血。作为妻子，她给予了丈夫孙中山无微不至的照顾，孙中山不仅目疾得以痊愈，而且过去因为长期颠沛流离的革命生活而形成的严重的胃病也痊愈了。

在上海莫里哀路 29 号这所幽静的住宅里，宋庆龄和孙中山夫妻时刻相伴，虽然生活非常俭朴，但是很有规律。

清晨宋庆龄陪伴着孙中山在花园里打网球，锻炼身体。早餐后开始办公。晚餐后的大部分时间是读书、看报或写作，每每工作至深夜方才就寝。陪伴孙中山读书写作，夏暑冬寒，从没有间断。

为孙中山读书，是宋庆龄每天必做的一件事。她为他读科学著作，也读政治、社会学的书。孙中山虽然放弃了医生职业，但对医学书籍仍有兴趣。她虽然不读小说或故事一类的书，但有时也会朗读一些轻松的文章，如英语和日语报刊上的短文等。无数个夜晚，夫妻两人时而分别阅读，时而在一起读书，那些时日，被宋庆龄当成了给孙中山当学徒的时光……

孙中山总结革命屡挫教训，决心著书立说，以启民众，唤醒社会。此间，孙中山在上海发奋“闭门著书，不理外事”。1917 年完成了《民权初步》，1918 年完成了《实业计划》，1919 年完成了《孙文学说》，共计 20 余万字书稿，后合编为《建国方略》出版。

宋庆龄为了支持孙中山著书立说，陪同他度过无数个不眠之夜。为查阅资料，她跑遍上海各家书店；为澄清一个史学问题，要跑很多路和向友人发去无数封信函；为确立一个观点的准确提法，他们共同探讨，有时直至深夜。

孙中山写作是严肃认真的，宋庆龄为其誊写打印稿件也是异常认真的。为了帮助孙中山完成《建国方略》，宋庆龄付出了极大的劳动和心血。而这一实践，也加深了宋庆龄对孙中山思想和事业的理解，促使她的思想与孙中山的思想日益契合。

此间，孙中山对宋庆龄极为信任，委以处理机要文件、来往函电和对外联络工作。宋庆龄在孙中山所有重大活动中都追随其左右，成为孙中山最亲密的战友和得力助手。

04. 见证，三民主义的诞生

孙中山曾对日本友人说：“余一生嗜好，除革命外唯读书而已。余一日不读书即不能生活。”

在研读革命书籍时，孙中山的确能做到手不释卷，融会贯通，而孙中山认为，一旦融会贯通，自然可以发扬革命精神，不然便追不上时代，一个人追不上时代便会变作落伍者。

孙中山精心收集有成套“陆军”“海军”年鉴，文学作品，外语手册、指南和修辞学著作，以及经济学、技术、农业及地质学方面的著作，甚至在美国顾问威尼根故世后，其所藏的法律图书，大部分也为孙中山所购，其中《美国宪法之辩论》一书，系起草及制成美国《宪法》的唯一记录书，十分珍贵。

每晚，孙中山最喜爱的事，就是铺开巨幅中国山水、运河图，弯着腰，在上面勾出渠道、港口、铁路等等。孙中山还订阅了一种英国出版的《航运年鉴》。由于不断地学习、研究，孙中山对于船只的吨位、吃水等这一类事情的了解，甚至可比有经验的船长、大副。

有一次，孙中山乘巡洋舰视察海宁，他告诉大副，航道水浅，把船靠外行驶。但这位大副自以为比他熟悉情况，不听劝告，结果船搁浅了。

1919 年，孙中山与宋庆龄结婚四周年纪念合影。

正当宋庆龄伴随孙中山著书立说之时，1919 年 5 月 4 日，五四运动爆发，揭开了中国新民主主义革命的序幕。5 月 6 日，五四运动爆发的消息传到上海后，孙中山即指示邵力子到上海复旦大学向学生发表演说，报告北京学生示威游行和北京政府派军警镇压学生的经过，激起复旦学生们的爱国热情。

宋庆龄与孙中山一起，对五四运动给予极大的同情和支持，对北京政府无理逮捕爱国学生表示极大的愤慨。她代孙中山起草了“学生无罪”的援救电文，发给北洋军阀头子段祺瑞，要他从速释放被捕学生。由于孙中山和社会上其他人士的支持及人民群众的团结努力，被捕学生很快释放出狱。

6月2日和10日，孙中山两次接见上海学生代表何葆仁、朱承洵。对于上海学生反帝爱国、团结一致的精神，孙中山高兴地用英语说了两句话："团结就是力量，分裂导致死亡。"7月18日，根据孙中山的授意，宋庆龄代为起草要求立即释放被捕工人和学生代表的《致广东军政府电》。

8月5日，孙中山出席全国学联评议部会议的闭幕式，并发表演讲。孙中山在演讲中分析了巴黎和会，讲到了俄国革命。他的演讲使学生深受鼓舞。

孙中山在寓所接见学生代表时说："中国的将来、中国的命运，这些重大责任，完全落在你们这一代青年的身上。你们要学科学，要爱国。否则的话，你们爱国之心虽有，但是力量不够，作用亦就不大了。有了学问，才能发挥更大的力量去爱国。"这表达了孙中山对青年学生的关爱和期望。

10月18日，孙中山应邀在上海寰球中国学生会发表题为《救国之急务》的演讲。在演讲中，孙中山详细阐述中华民国建立八年来，由于腐败官僚、跋扈武人、无耻政客，天天"阴谋""捣乱""作恶""卖国"，把我们中华民国的领土、利权，不晓得送掉多少的悲惨景象，大声号召全国人民起来，把那些腐败官僚等完完全全扫干净它，免致它再出来捣乱，出来作恶，重新创造一个国民所有的新国家，比现在的共和国家还好得多。

10月中旬，赴法留学青年张道藩等十余人，在上海候船赴法之际，特赴上海孙中山寓所拜谒。孙中山对他们作了一次语重心长的谈话。孙中山说："不管你们到哪一国去留学，也不论你们将来学什么，只要你们能够刻苦用功，切切实实地学，将来一定会有成就的。……你们也要知道，中国还是一个贫弱的国家，事事都受世界列强的干涉和压迫。我们全国同胞，尤其是知识分子，必须要大家齐心参加革命，才能使中国得到独立、自由和平等。……所以，我希望你们到外国去不要以能读死书求得一点知识为满足。你们应该除了专门科目以外，随时随地留心考察研究各国的人情、风俗习惯、社会状况以及政治实情等等。这些活的知识于你们学成归国之后，对国家、社会会有很大贡献的。"

此间，在孙中山参加演讲时，宋庆龄是最忠实的听众；孙中山在寓所会见青年学生、各国友人时，宋庆龄一边热情地帮着待客，一边静静地在打字机前忙着打字或校对书稿。

1919 年，在宋庆龄的协助下，孙中山完成了《三民主义》一文。

文中精述了三民主义——民族、民权、民生的原则与方案，用以解决半殖民地半封建中国所面临的独立、民主和富强三个主要问题。

初稿完成后，宋庆龄花几天时间，协助孙中山一字一句地阅读，反复地推敲校对，待论据观点、正文用词都无可挑剔之后，宋庆龄用蓝格稿纸将全文誊写了一遍。纸面清清楚楚，字体工工整整，娟秀中透着大气。宋庆龄誊写而成的全文共 36 页，合计 7085 个字。

遗憾的是，该文一直未能刊印。

孙中山的《三民主义》一文所阐述的思想，被史家称为孙中山的“旧三民主义”，虽然有其历史的局限，但它承袭了农民阶级和资产阶级维新派的纲领中的积极因素，抛弃了农业社会主义、皇权主义和君主立宪的消极成分，并从西方借取了民主主义素材，成为中国旧民主主义革命时期具有比较完全意义的纲领，体现了历史发展的趋势，产生过重大的历史作用。

此外，在 1919 年末到 1920 年初，宋庆龄最重视的一件事，就是协助林百克撰写《孙逸仙传记》。林百克是孙中山的挚友兼法律顾问。为了完成此书，林百克住进了孙中山的寓所，由孙中山口述，林百克笔录，共同收集资料。

宋庆龄将目光倾注在书中所需的照片上。一张她亲自收集的孙中山 18 岁的照片与她为提供这张照片而寄发的英文亲笔信，一同出现在书中，寓意深刻而动人。

令人惋惜的是——当《孙逸仙传记》出版时，孙中山已不幸逝世……

05. 相随，出征军人慰劳会

1920 年 5 月 1 日，京、沪、穗等地首次举行“五一”示威游行，庆祝国际劳动节。而在上海马斯南路口莫里哀路 29 号的孙中山寓所，宋庆龄协助孙中山完成了《中国实业当如何发展》一文的撰写、打字工作。

同时，在上海马斯南路口莫里哀路29号的寓所里，孙中山与俄国革命领袖列宁的友好联系更加紧密了。

1月、2月，孙中山在寓所中先后会见了俄国劳动社负责人马特维也夫·博特雷、苏俄远东地区阿穆尔省布尔什维克军队的代表波波夫上校。6月份，旅俄华工联合会第三次代表大会在莫斯科召开，大会分别推选列宁和孙中山为大会名誉主席。大会两次通过决议致电孙中山，以列宁的名义邀请孙中山访问苏俄。

1920年孙中山与宋庆龄在上海

7月份，宋庆龄为孙中山草拟给旅俄华工联合会会长刘绍周的复电，赞扬了旅俄华工联合会对于中国同苏俄建立友好关系所表现的革命热情与愿望。

复电略谓：目前中国还只是名义上的共和国，政权操在专政主义者和军阀手中，人民没有自由。还必须进行一次革命以扫除这些权力集团，方能实现各位在电报中所提出的四项要求。

列宁向孙中山发出了前往苏俄进行实地考察的邀请，但是由于国内斗争复杂，孙中山不便离开而婉言谢绝。为了中国革命事业，11月底，宋庆龄又陪同孙中

1920年11月，孙中山与宋庆龄在上海。

山乘中国邮船公司“中国号”轮船经香港到达广州，受到当地军政长官和广大群众热烈欢迎。同行者有伍廷芳、唐绍仪、胡汉民、戴季陶等人。宋庆龄随孙中山下榻粤秀楼。11 月 29 日，孙中山以广州观音山旧督署为军政府府第，重组“护法”军政府，拉开了第二次“护法”战争的序幕。

转眼到了 1921 年，宋庆龄 28 岁。

3 月 11 日，她致函孙中山的次女孙婉，云：“你父亲和我很高兴听说你们的婚礼即将在澳门举行。希望你们将会十分幸福，寄给你礼金四千元，或者，如你父亲所说，这是你的‘嫁妆’。”为人民的自由而忘我工作的孙中山，无暇顾及女儿的婚事，一切就都由宋庆龄代劳了。

4 月 7 日，国会非常会议参众两院联合会在广州举行，通过了《中华民国政府组织大纲》，并选举孙中山为中华民国非常大总统。5 月 5 日，孙中山正式就任中华民国非常大总统，并发表就职宣言。之后，宋庆龄陪同孙中山乘 97 号汽车赴各马路徐徐游行，与群众同欢。晚上，又随孙中山观看提灯会等庆祝活动。

为了进行北伐，统一全国，首先必须消灭在广西的桂系军阀残余势力，因此，6 月 20 日，粤桂战争爆发。

7 月初，为了支援孙中山讨伐桂系军阀的战争，鼓舞将士英勇杀敌，减轻广东军政府的财政压力，宋庆龄和何香凝等发动妇女组织“出征军人慰劳会”。宋庆龄亲自任会长，会址设在总统府。她们辛勤奔走，积极办理慰问事宜，并进行义卖、义演、捐献等多种形式的筹款献物活动。

7 月 20 日，宋庆龄派出廖仲恺夫人即何香凝等七位妇女代表，赴梧州、浔州前线，到各医院慰问伤兵，并携带蚊帐、衣物、药材、水果等慰问品。随后几位妇女代表又到各兵营及舰队一一慰问。慰劳会代表所到之处，士气倍增。

7 月 24 日，宋庆龄以会长的身份出席出征军人慰劳会卖物场开幕典礼。卖物场的会场设在广州东园新世界。场内外彩旗飘扬，锣鼓喧天。所陈设物品分设美术、文具、食物、绣织、玩具、花草、化妆货物、药物、音乐、演剧各部，均陈列整齐，布置华美。各部中以美术部各种书画最为美观，且所陈列的书画，都是由各书画名家所捐。其中有孙中山大总统的书扇及胡汉民、汪精卫、陈协之、高剑父、何香凝、邹海滨、徐桂农、高奇峰等人的书画。

下午4时举行开幕典礼。除各界妇女外，胡汉民、马君武、唐允恭等到会祝贺。令大家高兴的是，在开幕前，孙中山也亲自前来祝贺，并与宋庆龄在卖物场正门前合影留念。

这次的卖物场活动，引起了人们的关注和热议，1921年8月5日的上海《民国日报》发表评论说："广州出征军人慰劳会，为孙大总统夫人发起组织，实为我国创举。连日在东园卖物筹款，成绩颇佳。"

8月4日，宋庆龄偕同古湘芹夫人、何香凝等人，到广州各医院慰问伤兵，鼓舞士气。她们共携带了蚊帐300个，以及汗衫、人丹、食物、烟仔等物品。宋庆龄亲自分发给伤兵，并用温和的语调向他们表示慰问。

只听医官大声宣布："兄弟们，孙大总统夫人宋女士来慰问你们了！"

一时间，所有的伤兵都欢欣鼓舞，非常感动。

其中，有一位伤兵，他的两足已断，一边口中说着"感谢夫人"，一边就要强撑着起身施礼致谢。宋庆龄一见，怜爱地阻止他说："不要动，一定要好好休养！"

10月13日，孙中山即将奔赴广西，准备出征北伐。临行曾有偕宋庆龄同行广西之意。鉴于此时封建的旧习俗浓厚，有妇女在军中兵气不扬一类说法，廖仲恺力劝孙中山慎重考虑。孙中山认为廖仲恺言之有理，便接受了他的建议。

10月18日，宋庆龄以广东出征军人慰劳会会长的身份向红十字会会员谢英伯等人发出请柬。下午2时，在总统府慰劳会办事处，两会代表举行茶话会，商议慰劳会与红十字会合并以及由宋庆龄担任名誉总裁的事宜。

中国红十字会成立于日俄战争时期。按照各国红十字会的惯例，各国红十字会均推举其国元首及其夫人为总裁。在战争即将发生，红十字会、慰劳会都有临时事务的关键时刻，推选宋庆龄为红十字会名誉总裁不仅实至名归，而且刻不容缓。同时，因慰劳会与红十字会慈善的宗旨是一致的，在非常时期，两会暂时联合行动也是极为必要的。

于是，12月上旬，宋庆龄率领红十字会会员离开广州前往桂林，支持孙中山的北伐事业。

06. 抉择，危难之时见真情

温文尔雅的宋庆龄一向也是沉着而冷静的。这种在幼年时就显露出来的性格特点，在关键之时，帮助她和她的丈夫孙中山成功地脱险。同时，在生死攸关的时刻，宋庆龄机智勇敢的抉择，也在危难之时见真情。

1922年6月15日，夜，深邃而静谧。在广州观音山粤秀楼的住所，宋庆龄拖着疲乏的身体早早地入睡了。

这几个月来，宋庆龄真是太累了。而且，29岁的宋庆龄还高兴地发现：她身怀有孕了！

在1922年的元旦过后，宋庆龄就处于高度紧张的忙碌状态。

温文尔雅的宋庆龄，又有遇事冷静机智的一面。

1月2日，她陪同孙中山视察国民党广西支部。4月中旬，孙中山派船送宋庆龄离梧州返回了广州。

4月26日，共产国际远东书记处成员塞尔盖·亚历山大罗维奇·达林由上海经香港抵达广州。从4月27日—6月16日，孙中山同达林每周至少会谈两次，每次的会谈时间都有两个小时左右，都由宋庆龄担任秘书工作。

5月6日，孙中山离开广州赴韶关督师北伐。北伐军分左、中、右三路向江西进发。宋庆龄率领红十字会员多人随行。5月中旬，北伐大军迫近湘赣防线。宋庆龄从韶关致电广东省红十字联合会，要求从速再派会员赴韶。

6月1日，宋庆龄随孙中山自韶关乘火车返抵广州。这半个月来，在她和何香凝等人的共同发动组织下，广东不少妇女觉悟迅速提高，纷纷报名加入红十字会，担任救护伤兵的工作。

6月16日，深夜两点钟，急促的电话铃声骤然响起，孙中山接到秘密报告：陈炯明叛变了。叛军要攻打广州中华民国总统府和孙中山住所。闻报，孙中山立即推醒熟睡中的妻子宋庆龄，并要她跟随他一起撤离。

宋庆龄一边快速地整理行装，一边在脑中冷静地思考，她想：不行，我不能走。如果两人同时撤离，目标太大，很容易被叛军发现，而且，叛军也很快会追上来的，那样，两人就都危险了。

于是，宋庆龄坚持自己留下，使敌军误以为孙中山还在，不会过早冲进府来，这样就能掩护孙中山秘密撤离。孙中山当然坚持要宋庆龄一起走。宋庆龄握着丈夫的手，动情而坚定地说："中国可以没有我，但不可以没有你。为了中国，你必须先走！"

在宋庆龄的再三婉求下，孙中山只得忍痛和爱妻道别。

"卫队长，你们全部留下，保护夫人的安全。"孙中山多次劝说爱妻同行无效，只得含泪下达命令，将总统府仅有的50人小卫队全部留下来，然后，他才身穿长衫，头戴礼帽，肩背药箱，化装成医生，先行离开了。

孙中山离开半个小时以后，大约早晨两点半，忽然枪声四起，子弹如雨点似地向粤秀楼射来。

粤秀楼是龙济光的私人寓所，位于半山腰上。有一条长一里多的桥梁式的过道，蜿蜒着由街道及住屋之上经过，直通观音山总统府。

此时，陈炯明的叛军占据山上，居高临下，左右夹击，向粤秀楼进发，并杂乱地喊着："打死孙文！打死孙文！"

四周漆黑一片，总统府小卫队暂时没有还击，宋庆龄只看见黑夜中小卫队队员们蹲伏的影子。也许因为不明情况，叛军没有贸然进攻。双方只是原地固守地对峙着。

听着外面噼里啪啦如雨点似的枪声和叛军杂乱的喊叫声，宋庆龄没有慌张，心里反而平静极了。因为她知道，敌人已经被她吸引住了，她多一分危险，她的丈夫就多了一分安全。

宋庆龄继续沉着冷静地收拾行装。她将孙中山未来得及带走的文件全部分拣出来，能带走的带走，不能带走的就地销毁。

黎明时分，卫队开始用来福枪及机关枪与叛军对射。叛军使用野炮向粤秀楼射击，有一炮击中了澡房。由于敌方火力太猛，卫队伤亡很大，已经有三分之一的士兵倒下了，但是，其余的人，仍然英勇作战，没有一人退缩。有一个卫兵竟然爬到高处，挺身而战，一连击毙多名敌人。

到了 8 点钟，敌人没能攻进粤秀楼一步，可是卫队的军火几乎用完了，卫兵停止了射击，留下几盒子弹，等候着最后的决战。

宋庆龄看看时间，丈夫离开已经六个多小时，应该安全脱险了，在此逗留也没有意义了。“夫人，撤吧！我们来掩护您。”卫队长和卫兵们纷纷劝说道。

孙中山的侍卫副官长姚观顺和黄惠龙、马湘二位卫兵，保护着宋庆龄撤出粤秀楼，退向观音山总统府。此时，唯一的桥梁式通道已经被敌人的火力封锁了。宋庆龄等四人，手里只带着一点零碎物件，借着过道两旁夹板的掩护，在地上循着那桥梁式的过道爬行，只听见流弹在空中飞鸣，有一两回子弹就从宋庆龄的鬓边擦过。匍匐前进到了夹板已被击毁之处，没有了掩护，宋庆龄等只能挺身飞奔过去，紧紧跟随的就是一阵哔剥的枪声。

似乎经过漫长的过程，才走完平时几分钟就能过去的那条过道，而进入总统府的后院。待进入院子暂时避开子弹，稍歇，宋庆龄才感觉小腹一阵阵剧痛袭来。她强忍着没有言语，暗想：肯定是刚刚一阵爬行加奔跑的缘故。她手抚着小腹，暗暗地祈祷着她的孩子一定要平安啊！

自上午 8 时至下午 4 时，宋庆龄感觉无异于置身炮火连天的地狱里。流弹不停地四射。有一次，她刚刚离开一个房间几分钟后，房顶中弹，整个房间陷下。此时，宋庆龄已经做好了随时中弹毙命的准备。

似乎天公也为宋庆龄的处境而动容。下午 4 时左右，电闪雷鸣，大雨倾盆而下。枪声、炮声、雷雨声，混成一片。此时，敌兵蜂拥进入总统府，乱哄哄地四处寻找地方躲避暴雨的袭击。宋庆龄头戴姚副官的草帽，身披孙中山的雨衣，由那混乱的人群里脱险而出。

宋庆龄脱险后，当晚住在长洲要塞司令马伯麟在广州同福里的家中。

6月17日，宋庆龄无法通过被封锁的水陆交通到黄埔与孙中山会合，于是冒险到沙面自来水厂工头李国斌处暂避。当晚就住在沙面自来水厂内。

6月18日，上午，岭南大学校长钟荣光接到宋庆龄求援的电话，派悬挂美国国旗的岭南大学电船“域多利号”，将宋庆龄接到了岭南大学。中午，宋庆龄又乘电船前往黄埔要塞与孙中山见面。经过商量，宋庆龄又乘电船返回岭南大学，住进了钟荣光别名为“黑石屋”的家。

到钟荣光的家后宋庆龄就流产了……这是她一生中唯有的一次妊娠。

07. 定制，孙逸仙夫人名片

作为孙中山的夫人兼秘书，宋庆龄结婚以来，大多的时候做的是幕后的辅助工作，令宋庆龄自己也没想到的是，她在国内公开发表的第一篇文章，竟然是刊登在上海《民国日报》上的《广州脱险》一文。

1922年6月，陈炯明叛变革命、炮轰总统府的第二天，何香凝带好口令急切地到处寻找宋庆龄，最后才打听到宋庆龄的下落。在岭南大学一所小房子里，何香凝找到了在脱险的途中已经小产的宋庆龄。谈及这次历险，特别是失去了腹中的孩子，两位

宋庆龄

夫人都很伤心。

带着身心的双重伤害，宋庆龄由孙中山的美籍顾问那文护送，从岭南大学钟荣光家出发经香港赴上海。一回到上海的家里，宋庆龄就拿起了手中的笔。她不能再沉默了，她要用自己的亲身经历，揭露陈炯明奸险狡诈的叛徒嘴脸和发动叛乱的反动与残酷。

在广州，宋庆龄身心所受的这一场可怕的经历，让她不得不在一段时间里保持着完全的安静和休息状态。然而，令她感到一丝安慰的是，虽然宋庆龄失去了很多，但是，她和她的丈夫孙中山取得了道义上的胜利，公众的舆论从来没有像当时这样强烈地支持他们的事业。

从这一场经历中，宋庆龄也发现了自己作为孙中山的夫人，对于革命所具有的巨大作用和价值。于是，一个新的想法产生了——她要印制名片。

因此，1922 年 9 月 15 日，宋庆龄再一次致函在美国求学时期的朋友阿莉，叙谈近况的同时，主要委托阿莉帮忙定制她所急需的名片。

信中说：

> 我需要一些新式名片，你能否立即向蒂法尼的商店或其他好的雕版印刷店为我定制二百张名片。请你选择简单朴素而又美观的式样。名片只印名字：孙逸仙夫人。

1923 年，宋庆龄整 30 岁。她在此后，更多地以孙逸仙夫人的身份出席公开活动。

1 月 4 日，宋庆龄出席了上海女子法政讲习所开幕礼。5 日，上海《时报》专门对此事作了专题报道。

1 月 18 日，宋庆龄陪同孙中山与苏俄代表越飞在上海莫里哀路 29 号寓所进行会谈；26 日，孙中山与越飞联名发表《孙文越飞宣言》。对这两件事，《民国日报》都进行了及时报道。

此外，年初的时候，宋庆龄还以夫人加秘书的身份，陪同孙中山接见了北京大学学生黄日葵、王昆仑等人，听取了他们关于北京爱国学生反对北洋军阀政府的爪牙彭允彝出任“教育总长”的斗争情况的汇报。

5月2日，宋庆龄从上海再抵广州，住进了位于河南士敏土厂的非常大总统府。得知孙夫人抵省，妇女界欢呼雀跃，拟定召开欢迎会，并且筹备商讨慰劳伤兵的诸多事宜。

宋庆龄到达广州后，便立即投入到工作中。她连日亲自到广州各伤兵医院，慰问在战斗中受伤的士兵。

5月6日，宋庆龄又以夫人的身份陪同孙中山赴三水、河口劳军。

清晨，他们由帅府出发，经海珠白鹅潭直达石围塘登岸。

他们首先来到石围塘滇军临时医院，抚慰伤兵。此时，医院中共有伤兵39人，孙中山逐一加以慰问，并且赏给每名伤兵10元钱。宋庆龄陪同慰问，并且赏给1元钱。大元帅及夫人如此关心，使得每名伤兵都非常感激。在伤兵们感激的目光中，孙中山及宋庆龄等步行出医院，然后乘广三铁路花车直赴三水。

下车后，孙中山一行又步行至河口的大本营野战医院，对住院的55名伤兵挨个加以抚慰。闻听在三水县城内尚有18名伤兵，于是转往慰问，送上了慰问金及饼干、牛奶等物品。

不知不觉，已是黄昏时分，结束了对伤兵的慰问之后，宋庆龄又陪同孙中山来到三水县河口，向滇军官兵数百人发表了演说，并表彰了滇军在讨沈战斗中的英勇行为，嘉勉各军要努力杀贼，以竟全功。

5月8日，在滇粤联军攻克英德后，当天上午10时，宋庆龄又陪同孙中山驰赴英德慰劳前线将士。

接下来的大半年时间，宋庆龄陪同孙中山到各地视察军事设施。孙中山不知疲倦地奔走于山岭间，宋庆龄寸步不离地跟随左右。

此外，11月25日，宋庆龄同孙中山一起会见了安德森女士。

戴姆·阿德雷德·M.安德森夫人，是英国人道主义者和研究工厂劳动条件的专家。尽管孙中山的英文会话能力是相当不错的，但是他认为会见女士有夫人陪同是一种尊重和礼貌，同时，也更容易沟通和交流。

会见中，孙中山直言不讳地阐述了自己的立场和观点。

孙中山申明："我站在进步的、优良的政府立场，在任何意义上，我既不是布尔什维克，也不是过激派。"

孙中山还向安德森女士解释了要求分享关税余款的原因。

除了慰问伤兵外，宋庆龄还陪同孙中山给予青年学生以极大的关怀。

12月中旬，百忙之中的孙中山，抽出时间视察了广州岭南大学。21日，宋庆龄陪同孙中山走进了岭南大学。孙中山在岭南大学的怀士堂发表了一次令学生们深受鼓舞的演说。

孙中山说："……我们要立志把中华民国重新建设起来，让将来的民国文明能和其他各国并驾齐驱。无论什么事，只要能为大家谋幸福的，能够彻底做成功的，便算是大事。你们青年学生一定要做大事，不可要做大官……"

08. 陪同，视察诸军事要塞

1923年，一次次地陪同孙中山视察各个军事要塞，是宋庆龄在30岁这一年最难忘的经历。为此，她累并快乐着。

5月26日，上午8时，宋庆龄陪同孙中山及程潜、杨仙逸等部将，乘江固舰前往长洲炮台巡视。

当孙中山一行到达时，长洲要塞司令苏从山列队欢迎，然后引导孙中山一行登上了长洲山顶炮台。在试放了几门巨炮后，又由航空局的温亚弼施放了一枚新式的电炮，爆炸威力相当大。

这是一个酷热的艳阳天，孙中山顶着炎炎烈日，神采奕奕地连登长洲的各个炮台及扯旗的山顶，不仅亲身巡视火炮、电炮的威力，而且对炮台的位置和周边的地理环境逐个进行了巡视。之后，孙中山又亲自演练了兵工厂造的机关枪等。午后，孙中山一行到陆步司波罗庙，再步行至鱼珠山诸炮台试炮。直到入夜9时半，才回到大本营。

孙中山早年在海外宣传革命时就极力提倡航空救国。他认为：建设海军花钱多、时间长，而建立空军则相对容易一些。因此，他常常鼓励华侨子弟一定要学习海外先进的航空技术。同时，孙中山认为要发展航空，必须先要发展飞机制造事业，因为从外国购买飞机是十分昂贵的，甚至一个县的工农业总产值还不够购买一架飞机的。

1923 年 2 月，孙中山与夫人在广州大元帅府。

于是，1923 年 2 月，当孙中山击败了陈炯明军队回广州复大元帅职之后，他就在广州大沙头创办了广东飞机制造厂，任命美国留学生杨仙逸为航空局局长兼广东飞机制造厂厂长。这是继冯如之后，中国第二次自行制造飞机。

7 月间，有一专文曾记述道：宋庆龄陪同孙中山到广州大沙头飞机场观看由航空局局长杨仙逸装配的第一架国产飞机的试飞。飞机有两个座位，除飞行员外还可坐一人。试飞开始，当孙中山问谁愿意登机试飞时，宋庆龄勇敢地表示愿意参加试飞。得到孙中山的同意后，宋庆龄登上没有舱盖的飞机。飞机在做了飞行表演之后安全降落。

当飞机降落时，热烈的掌声经久不息。应在场观众的一致请求，孙中山用宋庆龄的英文名字——乐士文，命名这架宋庆龄参与试飞的飞机。

8 月 9 日，宋庆龄陪同孙中山视察了航空局。

是日下午，4 时，宋庆龄陪同孙中山由元帅府乘船至广州大沙头航空局视察。随行人员还有顾问宋子文，秘书那文、陈友仁，副官马湘、霍恒，特别委员马伯麟和化学师黄骚等，廖仲恺、伍朝枢、孙科、罗翼群也先后莅临。

有自制及新购的十余架飞机陈列于机场，航空局局长杨仙逸引领孙中山等绕机视察。孙中山和宋庆龄高兴地站在用宋庆龄的英文名字命名的飞机——“乐士文”前合影留念。

1923年7月，孙中山和宋庆龄赴广州大沙头机场，在我国第一架组装的“乐士文”号飞机前合影。

之后由宋庆龄行开驶礼。能由宋庆龄来行开驶礼，这是给予她这位大元帅夫人极高的殊荣。

然后由飞行员杨官宇、黄光锐、胡锦雅、林伟成、黄乘衡等分乘各机进行飞行表演。孙中山等来宾，手搭凉棚，眼望直飞蓝天的雄鹰，赞赏不止。

两个小时后，宋庆龄登上了航空局自制的一号飞机察看并摄影留念。

孙中山面谕航空局及各飞行员，要利用飞机的空中优势，做好出发到惠州轰炸及撒放“投降免死”传单的准备，给予敌人以沉重打击。

下午7时，历时三个小时，孙中山和宋庆龄一行才结束视察，回到元帅府。此后，在10月12日，宋庆龄又陪同孙中山视察了广州飞机制造厂。

8月14日，宋庆龄陪同孙中山慰问永丰舰。

永丰舰是一艘钢木结构的军舰，由日本三菱长崎造船所制造。舰长65.837米，宽8.8米，其排水量不足千吨。

1894年，在中日甲午战争中李鸿章的北洋水师全军覆没，因此，清朝政府再筹巨款重建海军。1910年，海军大臣戴洵和北洋水师统制萨镇冰，从日本三菱长崎造船所和川崎造船所，订购了两艘同样款式的钢木结构军舰。每艘造价为68万日元。直至清朝灭亡后的1912年，两艘军舰才竣工下水。1913年1月，两艘军舰开抵上海吴淞，编入海军第一舰队，并分别命名为“永丰”和“永翔”。

1917年7月，孙中山在广州发起“护法”运动，海军总长程璧光率领永丰舰及所在的第一舰队九艘战舰在上海起义，开赴广州，此后，成为孙中山所掌握的军队之一。

特别值得一提的是，在1922年陈炯明叛军围攻总统府时，孙中山和宋庆龄先后在舰长冯肇宪的护卫下，登上永丰舰。从6月16日至8月9日，孙中山在永丰舰上饮食起居，发出指令，之后退居上海。

此次孙中山偕夫人宋庆龄再度登上永丰舰，表达了他们对全舰官兵的感激之情。

8月14日，晨，永丰舰由厦门抵达广州。当天上午10时30分，宋庆龄陪同孙中山赴该舰慰问。在舰上，他们与全舰官兵合影留念，孙中山还发表了热情而真挚的慰问讲话：

“永丰舰前由广州赴汕，再由汕赴厦，始终为‘护法’起见。今复坚持正义，由厦回广州，历多次险阻，曾不改其初志。”

1923年8月14日，孙中山、宋庆龄接见永丰舰官兵，欢迎该舰自厦门南归广州军政府。

10月21—23日，宋庆龄陪同孙中山先到虎门巡视威远炮台，亲阅各炮台操演炮术，又至沙角炮台的焦门、大虎、小虎、蒲州等要隘巡视。要塞司令廖湘芸陪同并说明各炮使用及威力。

连日里，孙中山毫无倦容地奔走于山岭间，查看、巡视炮台操演炮术，同时，借此机会，孙中山还接见了虎门的国民党党员。

此后，宋庆龄就协助孙中山联络各方人士，开始着手为改组国民党和召开国民党第一次全国代表大会做准备……

宋庆龄全传

Biography of Song Qingling

第六章

真情永久，不离不弃的最后追随

孙中山和宋庆龄

有一种情，叫不离不弃。

公元1924年1月1日，这是西方国家的元旦，也是新的一年的起点，然而，对于中国人来说，这也是具有划时代意义的一天，因为，这是中华民国十三周年的纪念日。

在这一天，宋庆龄陪同孙中山，出席了在广州大元帅府举行的中华民国十三周年庆祝活动暨授勋典礼，享受到了最高的尊荣和礼仪。

接过丈夫递过来的《国民政府建国大纲》，抚摸着上面遒劲有力的一个个大字，墨迹似乎还未干，隐约可闻到淡淡的墨香。

继而，当宋庆龄的目光随着手指的翻动，滑到了最后的落款上时，她的心简直要醉了！只见该书的落款为："民国十三年四月二日写于广州大本营　为贤妻庆龄玩索　孙文"。

在黄埔军校，在韶关，在北上的进程中，宋庆龄不离孙中山左右地追随和照顾着。

当即将生离死别的悲痛袭来之时，她含泪托住了他的手腕，并且记住了他的嘱托——和平、奋斗、救中国！

01．尊荣，享受最高的礼仪

元旦这天，宋庆龄陪同孙中山，出席了在广州大元帅府举行的中华民国十三周年庆祝活动暨授勋典礼，享受到了最高的尊荣和礼仪。

此时，坐在主席台上的宋庆龄，心情非常激动。

13年前的今日，宋庆龄还只是一位满怀着爱国情的留美青年。虽然，她曾为当年不能目睹中华民国的开国盛典而遗憾，但是，如今她为能有幸参加中华民国十三周年庆而无比自豪！

上午10时整，庆祝典礼正式开始。出席典礼的有大本营和政府机关高级职员及工商学各界显要人物百余人。大元帅府原本宽敞的会堂内，此时被黑压压的人群给挤满了。

整个庆典，按照事先拟定的程序进行。

首先由参谋长李烈钧带领张开儒、林森、程潜、徐绍桢及各厅厅长们，向孙中山致贺，并行礼如仪。

接着，谭延闿、杨希闵、刘震寰、樊钟秀分别率领湘、滇、桂、豫各军军、师、旅长等向孙中山三鞠躬。

孙中山及夫人宋庆龄一一还礼。此刻，庆祝典礼会场场面庄严而肃穆，这样的场面实在是民国以来空前之盛典。

“接下来，孙大元帅要为1922年6月16日陈炯明部叛变时杀贼有功将士授勋记功，发给功牌以资奖励。”充当庆典主持人的李烈钧宣布道。

闻听此言，一下子将宋庆龄拉回到了一年半以前……

1922年6月，对于宋庆龄是一次生与死的离别及考验。

1922年宋庆龄曾以“粤变纪实”“广州脱险”等题目撰文在上海《民国日报》发表。该报在发表此文时，加有国闻通讯社按语曰：

“孙总统夫人于日前抵沪之后，本社代表前往访问，夫人因撰一文，述粤变实情，嘱为发表。”

1923年8月，宋庆龄亲笔将此文的英文版题名为《广州蒙难记》。

那一次蒙难，使宋庆龄失去了腹中的孩儿，这让她十分痛心。同时，令她更加痛心和感激的是那些誓死护卫着她的卫士们。而今天，她要亲自为这些英勇的卫士佩戴勋章。也许，这是她唯一能够为他们做的，也是唯一能够表达她的崇敬之心的一种方式吧！

“下面，请大元帅发表训词！”李烈钧又主持道，之后就是全场爆发的热烈掌声。掌声中孙中山站起身，待他一挥手，掌声立即戛然而止。

“……革命军应实行改革刷新，努力奋斗！”

又是一阵热烈的掌声，将宋庆龄的思绪拉回到庆祝典礼现场。

此时，她才发现，就在她回忆往事时，丈夫孙中山已经结束了演说，马上就要开始进行授勋章颁功牌仪式了。

有工作人员将勋章呈上来。勋章系圆形，约半寸大小的牌子，牌面为金色。牌带也是特制的，两边是红色，中间为蓝色。金色勋章牌子的正中，铸有大元帅像，像的顶上镶嵌有青天白日国徽，并伴以嘉禾。上端刻字为：中华民国海陆军大元帅，下端刻字为：十一年讨贼有功奖章。

“现在开始授勋。第一位，黄惠龙——”李烈钧高喊着名字，开始逐个上前，举行授勋。

大元帅孙中山将勋章一个一个递交给夫人宋庆龄，孙夫人宋庆龄亲自把勋章佩戴在有功将士的脖子上，并悬挂在他们的胸前。

“马湘、姚观顺、谭森……”二十余人直接接受了勋章。

本来粤秀楼拒敌有功卫士应为 62 人，其中队长 1 人、侍卫副官 3 人、侦缉员 1 人、卫士 57 人。然而此时，当孙中山重组卫队，并在中华民国十三周年庆祝活动现场进行颁奖之时，当年有功人员有的转战各地，有的因行踪不定没有收到通知，因此，出席授勋大会的仅二十余人。

授勋仪式结束了，整个庆祝活动也就接近了尾声。

望着逐渐散去的人们的背影，再环视大元帅府内为庆祝活动而布置的一切，宋庆龄再一次陷入了深思——

“王师北定中原日，家祭无忘告乃翁。”这句古诗词映入了宋庆龄的脑海，挥之不去。她想起了父母，特别是想起了已经故世的父亲宋嘉树，她在心里默默地对父亲说着话：

“哦——父亲，您在天堂可好吗？您可否看到了今天的这一切？曾几何时，您倾其所有，并用您的真诚支持了中华民国的革命事业啊！

“13 年前的今日，您是何等高兴地将中华民国成立的喜讯告诉了我啊！还有那面您邮寄给我的中华民国的旗帜，它一直被我珍藏在上海的家中。可是如今，旗帜依旧，可您却不在了——

“亲爱的父亲，当年您急召唤我回国，就是为了让我替您帮助和支持中山先生的工作。虽然此后的发展，我让您伤心了，也让您因我的行为而受到外界的责备，但是，我知道，您最后还是原谅了我们。因为，您不仅爱您的女儿、爱您的朋友，而且您更是支持中国的革命事业的！

“亲爱的父亲，请您放心吧！女儿一定不会让您失望的。”

想到父亲，想起了家，上海的家中还有慈母在堂呢！自去年追随帅驾到粤，已越数月，真是久违慈母了。1924 年 1 月 10 日，宋庆龄思母情切，待广州之事逐步走上正轨，她即刻离穗由港乘轮赴沪，去多病的慈母床前尽孝了。

02. 留墨，手书题跋夫妻情

大家都知道：宋庆龄不仅是孙中山先生的爱侣，而且还担任着机要秘书工作，为孙中山先生整理文件、函电，提供资料。

一方面她深受中山先生革命精神的影响，另一方面又帮助中山先生发展革命思想，对改组国民党，制定“三大政策”，实行三民主义，都起到了积极的辅助作用，是一位得力的助手。

1924 年 1 月的一天，关于国共合作问题的讨论正在进行，私下里，宋庆龄与孙中山曾有过这样的对话。

宋庆龄问：“为什么需要共产党人加入国民党呢？”

孙中山回答说：“国民党正在堕落中死亡，因此要救活它就需要新鲜血液，而共产党人就是救活国民党的新鲜血液。”

思考孙中山的话，再加上自己在协助孙中山工作时，对一些事、一些人的观察了解与细致分析，因此，在国共合作的问题上，宋庆龄是完全同意孙中山的立场和观点的。

国民党内一些反对孙中山联俄联共主张的人，认为宋庆龄可以帮助他们劝说一下孙中山，就找上门来，让她帮助他们反对孙中山的主张，被宋庆龄断然拒绝了。

自古忠孝不能两全。

待一切开始走上正轨以后，协助担任机要秘书的工作稍缓，宋庆龄在孙中山的支持下启程回沪奉母。

也正因为如此，宋庆龄缺席了此间发生的两件大事。

其一：

1924 年 1 月 20 日，中国国民党第一次全国代表大会在广州广东国立高等师范学校礼堂开幕了。这一中国国民党最重要的会议，共历时 10 天，至 30 日才胜利闭幕。

孙中山以总理身份担任主席，指定汪精卫、胡汉民、李大钊、林森、谢持五人为大会主席团成员。共产党人李大钊、毛泽东、林伯渠等出席并参加了大会的领导工作。

大会通过了共产党人起草的以反帝反封建为主要内容的《中国国民党第一次代表大会宣言》，重新解释了三民主义，确立了“联俄、联共、扶助农工”的三大政策。大会通过的《中国国民党章程》，同意共产党员及社会主义青年团员以个人资格参加国民党。

这次大会的召开标志着第一次国共合作的正式建立。

其二：

就在中国国民党第一次全国代表大会开幕的第二天，即 1 月 21 日，列宁不幸逝世。2 月 24 日，国民党召开追悼列宁大会。

是日正午 12 时，中国国民党在广州第一公园举行追悼列宁大会。出席大会的有廖仲恺、李烈钧、杨希闵、孙科等，以及广州各界民众。追悼会由廖仲恺主持，孙中山主祭。祭台上高悬着孙中山亲手所书的“国友人师”祭幛。

1924 年 4 月 11 日，宋庆龄偕同广州革命政府外交部正副部长伍朝权、郭泰祺由沪返穗，并引领伍、郭两人立即谒见了孙中山。

待结束了公务，已经是入夜时分，分别了三个月的夫妻两人才得以互述别情。看着丈夫孙中山因劳累而显得疲乏的倦容，宋庆龄心痛了。

宋庆龄柔声地说道："先生，您可一定要注意身体啊！"

宋庆龄回穗的第二天，孙中山就将手书的《国民政府建国大纲》赠送给她。

接过丈夫递过来的《国民政府建国大纲》，抚摸着上面遒劲有力的一个个大字，墨迹似乎还未干，隐约可闻得到淡淡的墨香。

"啊——好香哟！"宋庆龄情不自禁地深吸了一口气，露出小女子的娇羞之态，看得孙中山的心也温暖起来。

继而，当宋庆龄的目光随着手指的翻动，滑到了最后的落款上时，她的心简直是醉了！只见该书的落款为："民国十三年四月二日写于广州大本营 为贤妻庆龄玩索孙文。"

虽没亲眼得见，但宋庆龄可以想象得出，在那一个夜晚，她的丈夫必定是满怀深情于笔端，将他倾力制定的建国纲领写了下来的。

宋庆龄捧读着这本《国民政府建国大纲》，犹如捧着一颗巨大的珍宝，爱不释手。然而，她也深深地懂得，她的丈夫不只是她一个人的，他还是属于国家、属于人民的。她不能自私地将他据为己有。

因此，旋即，当着孙中山的面，宋庆龄将《国民政府建国大纲》精心地放置在书案上，然后研墨提起了笔，神情郑重而专注。

宋庆龄这是要做什么呢?

随着宋庆龄手腕的舞动，一行娟秀而隽永的字，展现在孙中山的眼前：

"先生'建国大纲'二十五条，实为施行三民主义、五权宪法之基础，而图国家长治久安之至道也。兹特将先生亲笔稿付石印，以供先睹为快，并作民国开创之宝典焉。妻宋庆龄谨跋并书。"

有了宋庆龄这样一位爱侣、秘书加助手，实是孙中山之幸，更是国民之幸啊！

接下来的日子，宋庆龄更加无微不至地关心、照顾、陪同着孙中山。

4 月 15 日，宋庆龄陪同孙中山到广州石井兵工厂视察，并参加了与工人互动的茶话会。5 月 1 日，陪同孙中山出席岭南大学纪念黄花岗七十二烈士公祭，亲自感受到了青年学生对中华民国的拥护，对孙中山的爱戴。

她在广州白云山的刘探花庙、能仁寺，聆听孙中山讲历史；在石门，陪同孙中山泛舟游览；在南堤小憩亭，陪同孙中山录音演说，演讲三民主义……

于是，山水寺庙印下了孙中山的足迹，留声机录下了孙中山的声音……

03. 首创，黄埔军校的典礼

高瞻远瞩的孙中山，有着"教育为神圣事业，人才为立国大本"的治国理念，在国共两党首度携手合作、国民革命风起云涌之际，1924 年，他在广州亲手创办了一文一武两所学堂—— 国立广东大学和黄埔军校。

文学堂——国立广东大学，即后来的中山大学，久已有之，因此，它的创办并没有产生太大的轰动。而武学堂——黄埔军校的建立，作为中国现代历史上第一所培养革命干部的新型军事政治学校，其影响之深远、作用之巨大，名声之显赫，都是人们始料所不及的。

早在 1921 年 12 月，共产国际代表马林在广西桂林会见孙中山时，马林就向孙中山提出了"创办军官学校，建立革命军"的建议。长期的革命实践，也让孙中山认识到了创办军官学校的重要性和必要性。因此，经孙中山提议，在 1924 年 1 月召开的中国国民党第一次全国代表会议上，正式通过了建立军官学校的决议，并将军校正式命名为"中国国民党陆军军官学校"。

1924 年孙中山和宋庆龄在黄埔军校合影

在军校选址时，孙中山也是颇费了一番思考的。

在广州东南的珠江中央有一座岛屿。岛长约 4.2 公里，宽约 2.1 公里，陆地面积 7.23 平方公里，略呈东北至西南走向、哑铃形状。因形状狭长，故名长洲岛；因地处黄埔，又称黄埔岛。

黄埔岛四面环水，环境幽静。岛内筑有多处炮台，与鱼珠炮台、沙路炮台形成三足鼎立之势。

孙中山决定将军校选址于黄埔岛，基于三种考虑：首先，此岛能把守控制江面，易守难攻，便于学习与练武；其次，滇、桂军阀盘踞广州，为避开军阀的控制和干扰，需选择交通不便、远离市区的地方；最后，岛上有原清陆军小学堂的校舍，略加修葺，即可使用，可以节省人力和资金。

因选址于广州黄埔岛，故军校简称为黄埔军校。

1924 年 3 月 27 日军校举行第一期新生入学考试，4 月 28 日放榜，从 1200 名考生中正式取录学生 350 名，备取 120 名，录取学生共编成四个队。

5 月 5 日新生开始入学。6 月 16 日，举行陆军军官学校正式开学典礼，孙中山到会并做了热情洋溢的讲话，宋庆龄陪同前往。

6 月 16 日早晨 6 时，宋庆龄随同孙中山乘江固舰由大本营出发赴黄埔军校。7 时 40 分抵达黄埔军校。军校校长蒋介石、党代表廖仲恺率该校员生在校前码头列队奉迎。

黄埔军校校本部是一座日字形的二层砖木结构、三路四进、回廊相通的楼房。军校创办后，在原陆军小学堂祠堂式大门前面增建了欧式大门。

黄埔军校大门坐南向北，面临珠江，大门风格非常朴实，在牌坊门额中央上方书有白底黑字的“陆军军官学校”横匾，是国民党元老谭延闿的手笔。黄埔军校大门彩楼两旁还有一副对联曰：升官发财请往他处，贪生畏死勿入斯门。横批：革命者来。门前有两个哨岗，后面的两间房子是卫兵室。

大门内正面有一幢走马楼，称为校本部。校本部是一座岭南祠堂式四合院建筑，两层砖木结构，三路四进，即三条主要通道，四排房舍。在南北走向的中轴线东、西两侧，房舍排列的形式一致，相互对称。四排房子之间以走廊连通，四周有围墙，建筑面积 1060 平方米。全校自总理、校长、党代表之下，设政治、教授、教练、管理、军需、军医六部，机构总数约 40 个，还设有学员宿舍、饭堂、展览室等。

进入军校后，孙中山、宋庆龄首先在校长室浏览了学校教职员及教学计划各图表，又接见了由教授部主任王柏龄和教练部主任李济深分别带来的教官、特别官佐、学生队长等人。8 时 50 分，孙中山等又巡视了讲堂及寝室。

9 时 20 分，孙中山赴礼堂作了一个小时的演说：

“……我们开办这个学校，要用里面的学生做根本，成立革命军，诸位就是将来革命军的骨干。创立了革命军，我们的革命才能成功。……要从今天起，立一个志愿，一生一世，都不存在升官发财的心理，只知道做救国救民的事业……”

11 时 30 分，全体师生在操场集合举行开学典礼。

首先，全体依次向悬挂在主席台背景上的党旗和校旗，以及站在主席台正中的孙中山行三鞠躬礼。特别值得一提的是，军校校旗是在 1924 年的校务会议中，指派总教官何应钦将军设计的。

其次，由胡汉民代表孙中山宣布训词：

“三民主义，吾党所宗， 以建民国，以进大同， 咨尔多士，为民前锋，夙夜匪懈，主义是从， 矢勤矢勇，必信必忠， 一心一德，贯彻始终。”

此训词其后成为国民党党歌及官校校歌的主要内容，并由陈祖康谱曲，该校歌从黄埔五期开始传唱。

再次，由汪精卫代表中央执行委员会宣读祝词。

最后，首批学员面对着党旗、校旗朗声郑重宣誓：

“尽忠革命职务。服从本党命令。实行三民主义。无间始终死生。遵守五权宪法。只知奋斗牺牲。努力人类平等。不计成败利钝。”

这样，直到下午 1 时，典礼仪式才完毕。当回到校长室稍作休息时，孙中山兴致勃勃提笔手书了黄埔军校学员入学宣誓词。

3 时，继续在操场上举行军校学员阅兵式和分列式。

宋庆龄除参加开学典礼外，并与孙中山、廖仲恺、蒋介石登上主席台，检阅了部队。宋庆龄慈祥的态度和端庄的仪表给在场的人留下了深刻的印象，令人肃然起敬。

1924年秋，黄埔军校在平定商团叛乱时，打响了建校以来的第一战。

1925年1月25日，黄埔军校成立“青年军人社”，廖仲恺任社长。2月1日该社刊物《青年军人》第一期出版。

从此，正式举行开学典礼的6月16日，就被黄埔军校定为校庆日。

从此，孙中山在开学典礼时宣布的“亲爱精诚”的理念，就被确定为黄埔军校的校训。

黄埔军校自1924年6月在广州创办到1949年底迁往台湾地区高雄凤山，在大陆共办了23期。在大陆时期其毕业生包括各分校、训练班在内，计有41386人。

黄埔军校名将辈出，战功显赫，扬威中外，影响深远，在中国近现代史上占有显赫地位。而昔日的黄埔军校旧址于1988年被列为第三批全国重点文物保护单位。

如今，在旧址二门门口挂着一副对联：“杀尽敌人方罢手，完成革命始回头”，二门右侧墙壁上，挂着第一任校长蒋介石手书的“亲爱精诚”校训。而军校大门的对联，自孙中山逝世后就改为孙中山遗嘱中的“革命尚未成功，同志仍须努力”，从此，再没有改变。

04. 陪伴，移大本营于韶关

“这是革命成功的起点。”看到许多衣衫褴褛的赤脚农民，走了好些里路来广州参加农民党员联欢会，孙中山深为感动地对宋庆龄说。

时值1924年7月28日，国民党中央农民部借广东大学礼堂召开农民党员联欢会，广州近郊农民党员一千余人到会，孙中山出席并演讲。演讲中，看着农民党员那一双双渴望而坚毅的眼神，孙中山对革命的成功充满了信心。

1924年9月13日，由于革命形势发展的需要，宋庆龄随同孙中山离开广州，移大本营于韶关。

端庄娴静的宋庆龄

13日上午9时，宋庆龄随同孙中山离开广州大本营至黄沙车站，10时乘粤汉路花车北上，其他随行人员有邓彦华、黄惠龙、马湘等30余人。孙中山一行沿途一边观察地形一边欣赏风景，至下午4时抵达韶关车站。

此时，韶关车站已经有各方人员及代表在翘首等待了。孙中山人还在车上，就向欢迎者脱帽敬礼。及至下车后，孙中山与宋庆龄等步行至粤汉铁路公司韶关养路处，就以养路处为大本营开始接待各方人员及代表等。

9月21日，宋庆龄陪同孙中山巡视西河坝、芙蓉山等要隘。苏联顾问鲍罗廷及韶关行营各部官长等随行。

孙中山登高逾岭，欣然眺望，没有丝毫的倦容。宋庆龄随行左右，也没有丝毫的矫揉造作之感。然后，孙中山又偕宋庆龄等人至东河坝农工团军驻所，接见了农工团官兵，并即席演说了革命主义及北伐的目的。

因为革命形势的发展，有更多的部队正在陆续前来参加北伐，因此，9月26日，孙中山让宋庆龄至函苏联顾问鲍罗廷，告知他们不能如先前决定的那样，于当月28日返回广州了。

于是，孙中山继续留在了韶关，宋庆龄当然继续陪同左右。

10月2日，宋庆龄随同孙中山一起，陪同段祺瑞的代表许世英游览了南华禅寺。

南华禅寺始建于南北朝梁武帝天监元年，即公元502年。天监三年，寺庙建成，梁武帝赐名“宝林寺”。后来又先后更名为“中兴寺”和“法泉寺”。至宋开宝元年，即公元968年，宋太宗敕赐“南华禅寺”。因禅宗六祖在此弘法，也称六祖道场。

2 日上午 10 时，宋庆龄与孙中山陪同许世英，乘专列抵达马坝下车，又转换马车，历程 15 里抵达南华禅寺。随行人员还有廖仲恺及卫士警卫百余人。

当孙中山一行抵达时，南华禅寺住持率众僧双手合十迎接，并引导孙中山等一行参加降龙塔、伏虎亭、飞锡桥、招隐岩、卓锡泉、拜石、坐石、腰石、避难石、花果院、雪涛泉诸名胜与六祖真身等，并摄影留念。游至太阳偏西时才尽兴返马坝乘车回韶关。

下午 6 时许抵达韶关车站后，孙中山仍在车内与许世英谈话，直至 7 时 50 分才准备开车。孙中山等下到月台欢送许世英，又到 8 时才发出开车信号。车启动了，孙中山等在月台上扬帽致意，直至火车消失在视线以外，孙中山和宋庆龄等才返回大本营。

虽然没有人知道孙中山与许世英究竟谈了什么，但是，从孙中山对待许世英的态度上，足见他对此事的重视。

10 月 12 日、13 日，宋庆龄连续两天，从韶关给苏联顾问鲍罗廷发了两封信，转述孙中山所述之事。

12 日的信中写道：

> 孙博士要我写信告诉你两件事：
>
> (1)唯一能拯救广州的办法是对那里上演的一切视而不见、听而不闻。因为商团占据着上风而且控制着局面。……目前我们将受到损害，我们必须忍受，尽管这是痛苦的。但如果在限定时间之后罢市仍继续下去，那就必须对他们采取惩罚措施。
>
> (2)关于海关问题，孙博士决定将事态推向极端，如果不引起危机，那么我们肯定可以把广州牢牢掌握在我们手中。

13 日的信中写道：

> 孙博士要我写信给你，因为昨天廖仲恺先生送来一些报告使他想到即

宋庆龄和孙中山

使他对广州上演的一切采取视而不见、听而不闻的办法，也不能挽救广州。只有采取恐怖统治，使他们害怕才能挽救广州。由此，孙博士决定立即采取行动。……这次战斗的目的是打垮叛军和造反的商团。

这样，黄埔军校的学员就派上了用场，不仅有了建校以来的第一战，而且取得了胜利。

随着黄埔军校第一次战斗的胜利，10 月 30 日，宋庆龄陪同孙中山自韶关返抵广州。当日下午孙中山一行到达黄沙车站时，受到了军队及民众代表数百人的热烈欢迎。之后，孙中山与宋庆龄乘坐“大南洋号”电轮返士敏土厂大本营。

至此，宋庆龄陪同孙中山移大本营于韶关之行圆满结束。

在孙中山移大本营于韶关的同时，在北方，9 月 17 日，第二次直奉战争爆发了。

10 月 23 日，直系冯玉祥发动北京政变，电请孙中山北上共商国是。

因此，待广东方面形势稍稳，孙中山即偕宋庆龄开启“北上模式”。

而宋庆龄在 1924 年的最后两个月，也将追随孙中山，完成彼此相携相伴的最后旅程……

05. 追随，北上模式的旅程

1924 年，宋庆龄 31 岁。在这一年的最后两个月，孙中山应冯玉祥之邀开启了“北上模式”，宋庆龄也相携相伴着丈夫，踏上了风尘仆仆的旅程。

北上第一站——黄埔军校。

1924年11月13日，宋庆龄陪同孙中山乘永丰舰离粤。上午10时，永丰舰鸣炮三响起锚，各军政人员及各机关团体代表数百人分立东堤、天字码头，为孙中山等送行，鼓乐齐鸣。胡汉民、谭延闿等人乘江固舰护送孙中山前往黄埔。由于两舰行至中流砥柱时因退潮而搁浅，因此耽误了一些时间，直至下午3时多才抵达黄埔，受到了时任黄埔军校校长蒋介石及全校师生的热烈欢迎。孙中山视察军校一周，并检阅第一期毕业生演习战术实施等。5时50分，永丰舰在苏联巡洋舰波罗夫斯基号护卫下，离开黄埔驶往香港。黄埔师生一千余人列队热烈欢送孙中山座舰启航。

北上第二站——香港。

13日午夜12时，永丰舰抵香港港口外泊定。14日晨7时，孙中山、宋庆龄等一行转乘东洋轮船公司小轮赴日本邮轮春洋丸号。当孙中山登上春洋丸号之后，登轮欢送者便络绎不绝。如：民新画片公司黎民伟给孙中山与夫人拍照留影，又让孙中山及夫人与全体欢送者合影纪念。12时，春洋丸鸣笛三声启碇，立时，鞭炮、锣鼓、欢送声响成一片。看着这样的场面，孙中山与宋庆龄很是激动，他们立于船头，向300余名欢送者脱帽扬巾为礼。更有那些欢送的小轮紧随春洋丸之后，直送至太古货仓后才欢呼而返。当日下午，永丰舰和波罗夫斯基号舰完成了护送孙中山的任务，分别启碇返回广州和黄埔，而春洋丸号出港后即遇大风，孙中山与宋庆龄终日在卧室休息和看书。承受着海上的颠簸，孙中山一行向上海进发。

北上第三站——上海。

经过几日的航行，11月17日，孙中山和宋庆龄安抵上海。17日晨3时，春洋丸号轮抵达吴淞口泊定。上午9时25分，孙中山一行转乘褒尔登号火轮，至黄浦滩法租界码头靠岸。此时，码头上已经聚集了4000余名前来欢迎的民众。在民众的夹道欢迎之中，孙中山和宋庆龄又乘汽车赴上海莫里哀路第29号的寓所。自1923年5月赴广州，孙中山离开上海的寓所不觉已一年多了。因此，再回到这座寓所，孙中山和宋庆龄不约而同地忆起那些在此共同度过的岁月。知道孙中山夫妇不会在上海停留太久，因此，上海大陆、孔雀两家影片公司不失时机地派男女演员为孙中山及宋庆龄唱英语祝福歌，并为他们拍摄了在寓所前的花园内活动的片子数百尺，留下了珍贵的影像资料。

11月22日，孙中山偕宋庆龄准备离开上海前往日本。晨6时30分，宋庆龄随同孙中山乘租来的7127号汽车赴汇山码头。7时，他们等上了准备前往日本的上海丸。在船上，孙中山接见了中外记者，重申废除治外法权，收回租界，主张召开国民会议，并希望中日两国提携亲善。谈话后，孙中山登上三楼与送行者一一握手道别。最后，孙中山夫妇亲送大家至船口，特别是与孔祥熙的子女们抚肩笑语再会。直至8时30分，轮上鸣钟，各位送行者才告辞离船。8时45分，上海丸起航，孙中山夫妇站立在甲板上脱帽高挥与送行者告别。除了李烈钧等几位随行者外，其余人员则直接由沪赴津，先期做准备去了。

北上第四站——日本。

11月23日，正午，上海丸抵达日本长崎，孙中山夫妇受到中日人士200余人的欢迎。晚上，上海丸继续前进。24日下午2时30分左右，抵达神户码头，又受到了中日各界人士500余人的热烈欢迎。在船上，孙中山与前来采访的记者谈话，强调中日共同提携以维护东亚大局和中国必须实行和平统一。之后，孙中山一行由神户国民党支部杨寿彭等人迎接登岸，寓于东方旅馆。与此同时，在北京，段祺瑞组织了临时执政府，冯玉祥被迫通电解除兵权下野了。

1924年11月24日，宋庆龄和孙中山于北上途中抵日本神户在东方饭店合影。

11月28日，宋庆龄与孙中山一起赴神户高等女子学校演讲。这是由神户商业会议所、神户新闻社、神户又新日报社等五团体，专门举办的“孙文氏演讲会”。消息一经发出，吸引了到会听讲者达3000余人，而且还不断地有人陆续涌来，人们都想一睹东亚民族解放先觉的容颜。人数之众，出乎了主办单位的预料，以至于礼堂爆满，不得不在操场设立了分会场。原定下午1时的演讲，于下午2时才正式开始。孙中山首先在分会场与听讲者见面，作简短的讲话，然后回到主会场演说。演说以“大亚洲主义”为主题。演说至紧要关节处，掌声雷动。直至5时，演讲完毕散会时，数千听众在广场上向孙中山脱帽欢呼，达30分钟之久。同时，宋庆龄临时受命，不仅接受了神户县立高等女子学校所赠的花篮，而且也用英语，在分会场发表了关于妇女解放问题的演说。

宋庆龄在演说中最后呼吁：东方和西方的妇女，为改造世界而联合起来！联合起来要求普遍裁军，废除歧视政策，废除不平等条约。我们妇女必定会取得成功。宋庆龄的演说，被当时日本一家有影响的报纸认为是“世界妇女日益觉醒的有力证明”。

北上第五站——天津。

11月30日，孙中山与宋庆龄等结束在神户的访问，启程赴津。他们登上北岭丸号启航驶离神户时，照例是热情的欢送人群。12月4日，抵达天津时，更是受到盛大的欢迎。然而，当宋庆龄随同孙中山入住“张园”，这座被宋庆龄称为“君主主义者的私宅”时，她因享受政府高规格的待遇而感到了一丝不安。当应邀同孙中山出席黎元洪招待的午宴，她为黎元洪之流如此的奢侈和浪费感到难过，基至有一些厌恶。此时，宋庆龄深切地体会到，上海那小小的两层楼

1924年12月4日，宋庆龄和孙中山合影于天津日轮北岭丸号甲板。

住宅，是最让她快乐的地方。她期待着，在处理完一些国家大事后，随丈夫到国外去旅行，也许就在春天。

北上第六站——北京，竟成了宋庆龄追随孙中山的最后一站……

06. 照顾，不离左右的陪护

用“积劳成疾”这个词来形容此时的孙中山，是再恰当不过了。

公元 1924 年的最后一天，宋庆龄随同孙中山北上到达最后一站——北京，令所有人都没有想到，孙中山竟然是扶病到达的。

12 月 31 日上午 10 时，宋庆龄协助孙中山扶病自天津老站乘专车进京，汪精卫等随行前往。在天津老站，由汪精卫代为答谢前来送行者。下午 4 时，当专车抵达北京前门车站时，受到北京各界 200 多个团体数万人的热烈欢迎。欢迎的队伍由车站直排至城门侧。欢迎者手持彩旗，高呼口号。面对人声震耳、万头攒动的场面，抱病在身的孙中山只得放弃直接接见民众的方法，而改为在车上发表书面宣言书，说明北上入京旨在救国，一再表示：“此来不是为争地位，不是为争权力，是为特来与诸君救国的。”

宋庆龄护助孙中山下车后，为方便治疗和避免访员终日不绝的烦扰，径直入北京饭店 506 号房下榻，而让随行部分人员住进段执政府为孙中山预备的行辕——铁狮子胡同原顾维钧宅邸。入饭店后，立即请协和医院两名医生与德医石密德一起为孙中山会诊。

入京当晚及次日，中外医生先后有七人为孙中山诊治，均认为是肝病。

肝病，也就是肝癌，这是摧残人身体的最大杀手，也是最令人疼痛的疾病。真是无法想象，此前的日夜，孙中山是靠什么样的意志力来进行革命工作的？

几十年来，为了革命而四处奔走，孙中山真是太累了！到了北京，段祺瑞操纵和准备召开善后会议，与南北各派军阀、官僚政客进行幕后交易，使孙中山感到召开国民会议、实现和平统一的愿望难以实现，心情焦虑，情绪激愤。

1925年1月20日，孙中山的病情急剧恶化，体温升降剧烈，有时高达41摄氏度。不仅进食困难，时常呕吐，而且眼球发黄，睡卧不宁。为此，宋庆龄心急如焚，彻夜守护病榻旁，悉心伺候。

1月26日，宋庆龄含泪劝说孙中山听从医生的建议入院进行手术治疗，望着爱妻那恳求的目光，孙中山同意了。下午3时，宋庆龄陪同孙中山移入协和医院E楼319号病房。下午6时，几位当时国内外最权威的医生联合为孙中山进行手术。然而，当腹腔打开以后，所有人都震惊了。只见整个肝脏坚硬如木，显然已是肝癌晚期症状，无法救治了。只取出部分组织做病理检查，然后原封不动地将伤口重新缝合。27日上午，经切片化验，确诊为肝癌，且已至晚期。

呜呼！这让他的爱妻宋庆龄如何承受？让他的同志们如何承受？让爱戴他的广大民众如何承受啊？

为了照顾方便，在隔壁的320房专为宋庆龄安排了住房。然而，除了必要的会客，宋庆龄寸步不离地守候在319号孙中山的病床前，殷切服侍。

1月27日，宋庆龄代表孙中山会见了前来慰问的日本友人代表萱野长知。28日，日本友人梅屋庄吉的女儿梅子代表父母前来慰问。由于医生严禁孙中山会客，于是，在320号房，宋庆龄代表孙中山接待了日本好友的女儿。

28日以后，孙中山患肝癌的消息传播开来。消息传至广州，大本营及省署各要人皆惨然色惊，何香凝竟掩面而泣。廖仲恺得知孙中山病重的消息，即准备北上侍病，宋庆龄代孙中山复电阻止，指示："广东不可一日无仲恺。"因此，廖仲恺的夫人何香凝匆忙整装赴京。何香凝在上海候船时，又带上了孙中山的长孙孙治平同行。

此时，对孙中山的病况也存在许多猜测，出现了各种不同的消息。如上海1月29日《民国日报》报道说："孙先生1月27日晚上睡眠甚安，28日体温脉搏均无变化，且能进滋养品。今晨又由克利医生注射，医生云体温不增，可保无恙，确已渐出险境。"而东方社27日下午2时的北京急电却说："孙先生已在昨日早上逝世了。"为了澄清事实，宋庆龄致电上海环龙路国民党总部，电报云："自总理施术后，经过良好，已无碍。请释念。"

北京学生联合会、中华妇女协会和中俄协进会等各团体也都发来慰问函。

1月31日，宋庆龄复函曰："奉三十日惠书，具悉诸君对于中山先生病况至为关切，并承垂注侍疾之人，盛情厚谊，良深感荷。中山先生病势虽重，然私衷敢信必获痊愈。请纾廑念。"

2月初，宋庆龄又在协和医院，先后接待了前来慰问孙中山病况的执政段祺瑞及代表黎元洪前来看望的黎澍等人。

2月11日，宋庆龄电约中俄社记者面谈孙中山病状。下午2时，记者按约到达。宋庆龄于是对记者说："中山先生病体较昨日渐愈……脉搏如昨。至睡眠时间虽久，但醒后异常明白，精神亦好，绝无神昏状态。予与中山先生左右主张以中医调治，但先生极端反对，故更换中医一层，只好作罢。外间各报所传中山先生病状如何如何，全属子虚云。"

孙中山手术伤口愈合后，即开始施行镭锭放射治疗。此时的医学实验证明，用此种放疗方法治疗肝癌，达50小时如仍未见效即宣告无望。孙中山的镭疗从2月初到16日已达45小时，除稍减痛苦外，毫无功效。尽管所有的人，包括孙中山本人都不愿意看到这个结果，然而，结果就是这样，因此，决定出院，接受中医治疗。

于是，2月18日，中午，宋庆龄和孙科、汪精卫及俄国医生、护士荷芬、侍卫副官马湘等一起乘医院特备的红十字汽车护送孙中山由协和医院迁至铁狮子胡同11号行辕。此后，孙中山改聘中医治疗，著名中医施今墨用黄芪、党参等药补气，用排水消肿之药施治。

孙中山患病以来，宋庆龄不离左右地日夜体贴服侍。虽然她了解真实的病情，但她不相信也不愿意相信丈夫的人生已经开始了倒计时。她对丈夫病状的一点点好转都充满着新的希望。似乎她对好友、对同仁、对记者及对所有关心孙中山病况的人总是报喜不报忧，然而，谁又能忍心打破她的梦呢?

07. 悲痛，含泪托腕签遗嘱

这个可恶的疾病啊！

不管宋庆龄如何的精心服侍，孙中山的病状一直在不断地恶化中。到了1925年2月下旬，孙中山多次进入了危险状态。鉴于这种情况，国民党内的一些人士就不得不考虑总理身后事了。当然，首先得征求宋庆龄的同意。

2月24日，宋庆龄同意暂离病房，让汪精卫、张继、李烈钧、何香凝、孙科、宋子文等国民党领导人到病榻前，恳求孙中山预立遗嘱。

此时，孙中山虽然面目呈现出重度的黄疸，身体疲乏无力，但神志是清醒的。待他看到爱妻宋庆龄含泪低头离开病房之后，党内的一干人一起进来，他就什么都明白了。于是，他不待多言，主动同意由他口授，让汪精卫笔录《国事遗嘱》和《家事遗嘱》，还有一份《致苏联遗书》则直接用英文口授，交由陈友仁、鲍罗廷记录。

孙中山以缓慢、低沉的语调，时断时续地开始口授遗嘱。病房中除了孙中山的话语声，所有人都凝神屏息着不发一言。随着一份份遗嘱口授完成，在场的人，不论是倾听者还是记录者，无不泪流满面。

孙中山开始口授，汪精卫神情悲戚而庄重地拿起笔准备记录。首先汪精卫在纸上写下《国事遗嘱》四个字：

"余致力革命凡四十年，其目的在求中国之自由平等。积四十年之经验，深知欲达到此目的，必须唤起民众，及联合世界上被压迫之民族，共同奋斗。开国民会议及废除不平等条约，尤须于最短期间，促其发展。"

孙中山口授完《国事遗嘱》后，脸色更加蜡黄，豆大的汗珠一颗颗地滴落，身体更加虚弱无力。口授遗嘱的工作不得不暂停下来。

在孙中山闭目休息的时候，段祺瑞的代表许世英附耳对担任记录的汪精卫劝说道："'联合世界上被压迫之民族'这句应改为'联合世界上以平等待我之民族'为妥，你认为呢？"

汪精卫看了看许世英，又细致端详着草录的《国事遗嘱》，没有说什么，但是，他将《国事遗嘱》重新抄写了一遍，而这一次，对遗嘱的内容做了微调。

不知过了多久，孙中山复又开口说话了，但，这次他说的是英文。

本来已经做好准备继续记录的汪精卫停下笔，改由陈友仁、鲍罗廷近前来记录了。因为听到孙中山说英文，大家知道，他这是要留下与苏联方面的嘱托了。

在《致苏联遗书》中，孙中山称颂苏联：

“是自由的共和国大联合之首领。此自由的共和国大联合，是不朽的列宁遗与被压迫民族的世界之真遗产。……希望国民党在完成其由帝国主义制度解放中国，及其他被侵略国之历史的工作中，与你们合力共作。深信你们的政府亦必继续前此予我国之援助。……希望不久即将破晓，斯时苏联以良友及盟国而欢迎强盛独立之中国，两国在争世界被压迫民族自由之战中，携手并进以取得胜利。”

这是一番长篇大论的口授，如不亲眼所见，令人无法想象，这是出自已经病入膏肓的孙中山之口。然而，这是真的。因为所有在场的人都是见证人，负责笔录的两个人，翻译成中文的文字也是相同的。

这是孙中山念念不忘的大事，他为不能亲自实现它而遗憾，所以，他在生命的最后关头，拼尽全力说出了他的希望，他希望他的同志们能够继续完成它。

接下来的那一刻，孙中山原本蜡黄的脸上有了一丝血色。也许是因为刚才的口授太过于激动的缘故，也许是他接下来要说的话，让他感到有一股暖流涌遍了全身吧？见状，汪精卫复又提起笔准备记录了，他刚刚落笔写下《家事遗嘱》几个字，孙中山轻声开了口，说：

“余因尽瘁国事，不治家产，其所遗之书籍、衣物、住宅等，一切均付吾妻宋庆龄，以为纪念。”

他，孙中山，是一位中华民国的开拓者、一位非常大总统、一位大元帅、一位政党的总理、一位被外国人称为“中国革命的风云儿”的人。他，孙中山，把自己的一切都献给了祖国。他，孙中山，奔波一生，两袖清风，身后一文不名。

他，孙中山留给爱妻宋庆龄的“一切”，只有2000多册书，一所有五个房间的住宅和简单的衣服、一些未用完的日用品。而且，就是这所住宅，也是海外华侨集资捐助的。同时，为了革命的需要，这所房子还曾先后被典当过三次，最后才赎回来的。

孙中山与宋庆龄共度十年，最后留给爱妻的，只有2000多册书，有五个房间的住宅和一些未用完的日用品。

从物质上说，宋庆龄接受的革命思想，这种精神的遗产，是不可以用数字计算的。没有人比宋庆龄更了解孙中山，即使是没在现场，她也能猜得出丈夫留给她的是什么，孙中山留给她的“一切”足够她一生享用了。

遗嘱完稿后，孙中山原拟即在遗嘱上签字，但这时，他听到了爱妻宋庆龄在室外的哭泣，于是对汪精卫说道：“你且暂时收起来吧！我总还有几天的生命的。”汪精卫等闻谕，不敢再请签字，立将遗嘱稿折好收于衣袋中，退出了病房。

3月11日，孙中山全身浮肿，虽经中医诊治，又请德医治疗，还由留学日本的山东医生王纶用日本最新发明的治肺痈药水注射7次，腹水仍有增无减。百药罔效，群医束手无策。上午8时，在病榻旁守护的何香凝，看到孙中山瞳孔开始放大，眼神异常，急忙出来对汪精卫等提出孙中山病情危急，需要赶快在遗嘱上签字。大家担心宋庆龄再度悲戚，使孙中山再次不忍签字，便由何香凝和宋子文把情况向宋庆龄作了说明。宋庆龄听后非常理智，深知立遗嘱是关系国家的大事，坚定地说：“已经到了这个时候了，我不但不会阻挠，还要帮助你们。”

于是，宋庆龄和大家一同走到病榻旁。汪精卫手持遗嘱呈请签字，然而，孙中山手力甚弱，不停颤抖，握笔不能自持。此时，只见宋庆龄含泪托着孙中山的手腕，助其签字。这样，孙中山在爱妻的协助下，在《国事遗嘱》和《家事遗嘱》上签了“孙文 3 月 11 日补签”的字样。随后，笔录者及证明者均一一签名。

孙中山反复嘱咐着：“吾死后即行公布之。”宋庆龄等含泪点头……

08. 嘱托，和平奋斗救中国

“精诚无间同忧乐，笃爱有缘共死生。”这是孙中山赠送给贤妻宋庆龄的题词，也是夫妇两人十年相爱、相知、相守的最好写照。

躺在病榻上的孙中山昏睡着，不知睡了多久，此时，他睁开了眼。望着爱妻庆龄就趴在他的病床边睡着，他的一只手一直被她的手握着。孙中山眼睁开了，手却没有动，他心痛地想：这些日子，因为自己的病，可把庆龄累坏了。

孙中山看得出爱妻庆龄对他的病体深深的担忧，他也知道背着他，她已经哭过不知道多少回了。

感觉到丈夫已经醒来，宋庆龄立即也醒了，因为她的手时刻搭在他的脉搏上，时刻感受着他的脉动和体温。一贯温文尔雅却又理智坚强的她，第一次没了主意，因为，长期以来，他是她的主心骨啊！

孙中山用眼神告知因刚刚睡着了而略感不安的宋庆龄，此时他很好，然后以轻松的口气问道：“今天是几号？”

“公元 1925 年 1 月 30 日。”宋庆龄郑重地回答。

“庆龄，时间过得可真快啊！一晃儿，我们两人结婚已经快有十个年头了吧？”孙中山又问。

听到孙中山说话的语气，宋庆龄稍安，她没有回答，只是冲他点点头，只是用爱恋的眼神凝视着他。

“对于我的病，你不用太过于担心。就连医生也不完全了解我的病情啊！但我自己是知道的。我的病不能完全仰仗医治，而是需要凭借自身的勇气。今天，我确信我的勇气必能战胜此病，决无危险。放心吧！啊——”孙中山拍拍爱妻庆龄的手，宽慰着她。

丈夫曾是医学院的高才生，宋庆龄相信他。此时，她也宁愿相信这是真的！她为自己曾经的不自信而脸红了，于是，她说："好，我不担心，我相信你，让我们一起来面对，让我们一起来增强信心和勇气！"

那一刻，两双手紧紧地握在一起，两颗心紧紧地连在一起，两双眼紧紧地对视在一起……

2月末的一天，已经口授完遗嘱，孙中山似乎还有一个重大的事情没有讲，待只有爱妻庆龄一个人守在他的床前时，他说："我始终有一个最珍贵的愿望——亲自到莫斯科与中国的坚强的革命友人们会谈。"

"我知道。"宋庆龄简单而明确地回答道。

"看来我没有可能亲自达成此心愿了，庆龄，你，能否替我——访问——莫斯科，以实现我未竟之志吗？"孙中山说。

"我能！我可以！我一定完成！"宋庆龄郑重地接受了嘱托。

在签署遗嘱前后，孙中山清醒时就环视左右，并断断续续地与守护在身边的宋庆龄、汪精卫、何香凝等谈话。

一次，孙中山说："我这次放弃两广来北京，是谋和平统一的。我所主张统一的方法是开国民会议，实行三民主义和五权宪法，建设一个新国家。现在为病所累，不能痊愈。死生本不足惜，但数十年为国民革命所抱定的主义，不能完全实现，这是最令人遗憾的。我很希望各位同志努力奋斗，使国民会议早日开成，达到实行三民主义和五权宪法的目的，那么，即便我死了，也会瞑目的。"

进入3月，孙中山讲话已经很困难，但他仍忧虑国事。他不时地对随侍床边的诸党人说着——

"我其他的都无所惧，唯恐同志们受内外势力的压迫，而屈服与投降啊！"

"我死了，四面都是敌人，你们是危险的！希望你们不要为敌人软化。"

3月11日，孙中山对爱妻宋庆龄开始交代自己最后的归属地了。他说：

“庆龄，不要悲伤，死亡，这是每个人都必须要面对的。待我死后，愿照好友列宁的办法，以防腐药品保存骸骨，纳诸棺内，并葬于南京紫金山麓，因为南京为临时政府成立之地，所以不可忘辛亥革命啊！”

孙中山向爱妻交代自己的后事，对于爱妻，他更是放心不下。

11 日下午，他先把儿子孙科、女婿戴恩赛叫到病榻前，叮咛道：“我死后，你们一定要如我在世一样，顺事继母宋夫人。”看到儿子、女婿都一一点头，他又呼唤何香凝至眼前，郑重地称呼道：“廖仲恺夫人——”

孙中山这样一开口，何香凝立即感受到了总理对她有要事相托了。因为过去总理一向是用日语亲切地喊她“奥巴桑”的。

孙中山用手指着宋庆龄对何香凝说：“她也是我们同志中的一分子，我死后，希望善待她，不可以因她是基督教徒而歧视她啊！”说完此语，随即孙中山便哽咽舌僵，张口不能作声。

何香凝掩泪回答道：“请您放心吧！您不宜多说话，我已完全明白您的意思了！我一定忠实执行先生的主张和三大政策及爱护先生的后人，即海枯石烂，也不会改移的！”

“廖仲恺夫人，我感谢你！……”孙中山听后，潸然含泪，握住何香凝的手说着。

晚上 8 时以后，孙中山呼吸更加困难，气喘痰涌。他又断断续续地讲了一些话，或中文，或英文，但已不能连贯成句，只以极其微弱的声音频频反复说：

“和平”“奋斗”“救中国”！——“和平”“奋斗”“救中国”！——

3 月 12 日，上午 9 时 25 分，孙中山在北京铁狮子胡同 11 号行辕停止了呼吸。终年 59 岁。

孙中山离世的那一刻，宋庆龄与宋子文、孙科等人围绕榻前号啕大哭……

副官马湘请来理发师林耀先替孙中山理发，宋庆龄抽泣着将剪下的头发，精心地装在玻璃盒中，然后，放在自己的胸口上，紧紧地，久久地，久久地……

第七章

继承遗志，失去孙中山的日子

有一种失去，叫继承遗志。

目视着灵前丈夫的遗像，宋庆龄感觉丈夫似乎在对她说："庆龄，记住我说的话了吗？"

"记住了，当然记住了……革命尚未成功，同志仍须努力！"宋庆龄在心里默默地回答着。

失去先生的日子是悲痛的，然而，宋庆龄知道，遵照嘱托，完成遗愿才是最好的纪念。于是，她代替他访问了苏联。

为了维护和继承孙中山的遗志，宋庆龄成为客居柏林的一位普通的中国女人。

亲自参加国葬，隔着玻璃，宋庆龄哀谓："总理！三年多了，我在此地，你往哪里去了？"她抚棺大哭，泪珠滴于玻璃棺盖上。

为了支援十九路军作战的军需，筹建伤兵医院，援助罢工工人，宋庆龄几乎把钱都花光了。一位美国记者不禁感叹——她是一位敢死之救国女杰。

为营救牛兰夫妇而奔走、致电，宋庆龄多方努力，不遗余力。

为了更好地开展斗争，宋庆龄组建了中国民权保障同盟。

1933 年 12 月 29 日，上海女声社发起选举中国现代伟人的民意测验，测验结果，宋庆龄被推选为现代女伟人的第一名。

01. 哀痛，失去先生的日子

宋庆龄头上罩着黑纱，穿着白珠镶边的旗袍，黑鞋、黑袜、黑手套，全身丧服，由两人搀扶着慢步朝中央公园的社稷坛走去。

当宋庆龄走过时，人们透过黑纱，看到她面色苍白，紧闭着嘴唇，微低着头。此时，偌大的公园里，只听得到风声和隐隐的啜泣声，成百上千双泪眼直送孙夫人走进了灵堂。

这是公元 1925 年 3 月 19 日，宋庆龄护送孙中山灵柩移奉中央公园，供各界人士吊唁。

从丈夫孙中山与世长辞的那一刻开始，巨大的哀伤就将宋庆龄笼罩了。特别是在15日和孙科、宋子文等至协和医院，亲视孙中山遗体入殓的那一刻，她才真正地意识到——他真的永远地离开她了。悲伤甚盛，气血上涌，她晕了过去。当她悠悠醒来时，她已经躺在了铁狮子胡同的行辕中。这个仅入住不到一个月的临时居所，因孙中山的离去显得更加的空旷。

家，这里是家吗？想到“家”这个字眼，宋庆龄立即清醒了很多，她翻身坐起，理理云鬓，伏案致电上海寓所，电文内容如下：千万勿移动先生在世时书案、座椅等之原位，保持先生在世时之原状。

致电上海寓所，嘱其保持原状，这是这几天里，宋庆龄唯一自主做的一件事。而此时，她走进灵堂为孙中山守灵。透过泪眼，她看到丈夫的遗体安详地躺在棺椁内，面容慈祥，神态栩栩。她想：他只是睡着了，他真是太累了，让他休息吧！

目视着灵前丈夫的遗像，她感觉丈夫似乎在对她说：“庆龄，记住我说的话了吗？”

“记住了，当然记住了……”宋庆龄在心里默默地回答。

“革命尚未成功，同志仍须努力！”遗像两侧赫然写着的这两行大字，让成千上万的人都看到了，记住了。它必将激励着人们奋勇前进。

4月2日，宋庆龄护送孙中山灵柩由中央公园移奉西山碧云寺。移灵前的行礼，又令宋庆龄悲痛欲绝。灵车行进的沿途，民众的伫立志哀及各种形式的祭奠，让她感到了丝丝欣慰。至碧云寺，还未等下车，她就看到二重门的牌坊上的文字：“赤手创共和，生死不渝三主义；大名垂宇宙，英灵常耀两香山。”

这一刻，宋庆龄突然醒悟了，中山先生是不希望看到她长久地悲戚的。她也突然明白了，中山先生希望看到她做什么。因此，宋庆龄下车后，带头走在送殡人群的前列，虽然脸上流露出无限悲痛，但是没有哭泣，没有眼泪，而是更加坚强，更加刚毅。

看到这样的宋庆龄，人们有理由相信：“孙先生虽然死了，但还有孙夫人在，还有忠实于中山遗教的革命党人在，中山先生的旗帜不会倒下，中国革命不会中断。有志者，事竟成。革命尚未成功，同志仍须努力！”

4月中旬，国民党中央执行委员会决定成立“孙中山永久纪念会”，宋庆龄为纪念会永久委员，并可以随时出席国民党中央执行委员会和监察委员会。这一决定，是对宋庆龄在孙中山革命事业中的作用的充分肯定，对宋庆龄在此后漫长岁月中维护和继承孙中山的革命思想和未竟事业也是一个巨大的鼓舞。

4月11日，宋庆龄抵达南京，亲自往紫金山勘察孙中山墓址。归葬紫金山，是先生对她最后的交代，她必须要亲自办好。

接下来的一个月左右时间里，她往返于各地，抱病参加各地各界各团体及民众组织的追悼孙中山大会。

孙中山逝世带来的悲痛还没散去，5月30日，上海发生了震惊中外的五卅惨案。6月9日，宋庆龄发起组织“五卅事件失业工人救济会”，号召各界捐助款项衣物救济失业工人。并且就五卅惨案，对上海《民国日报》记者发表谈话。这次谈话，是孙中山逝世后宋庆龄独立发表革命运动意见的开端，表明她已从哀伤中振奋起来，鲜明地宣告她在孙中山逝世之后，对一切重大事件都要毫不妥协地按照孙中山的思想去对待、去行动。6月10日，应上海大同大学学生会的邀请，宋庆龄赴该校作了题为《近代外交史》的演讲。6月30日，由上海赴北京，参加北京各界对英日帝国主义雪耻大会。同时，又撰写了《为力争两广关余向英帝国主义斗争的孙先生》一文。

1925年，是一个多事之秋，一波未平一波又起。一连串的事件，让宋庆龄必须化悲痛为力量，必须要行动起来。

8月20日，孙中山的忠实追随者廖仲恺在广州被刺身亡。

8月下旬，宋庆龄发出《为廖仲恺遇刺逝世给廖夫人的唁电》，唁电曰：

惊闻仲恺先生哀耗，元良遽丧，吾党损失甚巨，实深痛切。家母亦甚哀悼。但先生为党牺牲，精神尚在，吾辈宜勉承先志，竭力进行。本拟赴粤亲致祭奠，惟因事所羁，不克如愿。务希各同志扶助本党，积极进行，万勿因此挫折……

11月下旬，通电遣责“西山会议”派搞分裂反对孙中山三大政策的活动，通电中愤慨地说：“总理泉下有知，亦当痛哭。”

就这样，在悲伤与振作中宋庆龄迎来了公元1926年，即中华民国十五年——农历丙寅年。此时，宋庆龄33岁。然而，等待着她的又会是什么呢?

孙中山逝世后，国民党中的右派没了顾忌，猖狂地公开反对三大政策。继杀害廖仲恺之后，又召开所谓的“西山会议”。宋庆龄对此一系列背叛和分裂活动深恶痛绝，因此决定亲自赴广州参加元旦开幕的国民党第二次全国代表大会。

1926年1月8日，宋庆龄正式出席“二大” 会议并发言，言辞温和地从正面引导大家要团结合作，共同为实现孙中山的遗愿而努力。

由于宋庆龄坚持孙中山的三大政策的原则立场，赢得了“二大”与会代表的拥护和尊敬，继和何香凝、邓颖超一起被选为“二大”妇女运动报告审查委员会委员之后，又以获得选票数最多者之一当选为国民党中央执行委员。这样，当国民党“二大”闭幕时，宋庆龄和国民党左派将动摇了的国民党基础稳固住，挽救了国民党的倾颓。

02. 遵嘱，完成访苏的遗愿

3月12日，是宋庆龄最悲伤的日子，因为，在这一天，她失去了最亲密、最崇拜的丈夫孙中山。一年来，这一巨大的悲痛，非但没有一刻减弱，而且有增无减。但是，宋庆龄并未被悲痛压倒，而是决心把悲痛化作革命的动力，去完成孙中山未竟的事业。

1926年3月12日，在孙中山逝世一周年之际，宋庆龄参加了在南京紫金山举行的孙中山陵墓奠基典礼。各界群众3000余人参加了典礼。葬于南京这一辛亥革命后中华民国临时政府所在地，是孙中山生前的愿望之一。而孙中山最大的未了心愿，就是嘱托宋庆龄代他访问苏联。对此，宋庆龄从未敢忘。

在国民党“二大”闭幕以后，宋庆龄受聘担任黄埔军校特别讲演员，协助鲍罗廷的工作，并同鲍罗廷一起开展对外宣传，接待来华工作或访问的苏联顾问、国际友人和记者。

鲍罗廷是第三国际派遣来华的代表，也是被孙中山委任的国民党组织教练员，他曾参加了国民党的改组工作。因此，在多年的交往和接触中，宋庆龄和鲍罗廷及夫人建立了深厚的友谊。

经鲍罗廷推荐，宋庆龄在上海会见了美国著名进步作家和新闻记者安娜·路易斯·斯特朗。在上海两个人初次见面，就一见如故。宋庆龄留给安娜的印象极好，她认为宋庆龄是个文静、温和但果断的女性。安娜赞誉宋庆龄说："孙中山夫人宋庆龄是我在世界任何地方认识的最温柔最高雅的人。她身体纤细，穿着洁净的旗袍，善良而且端庄，似乎与猛烈的革命斗争不太相称……然而革命需要她。她献身于革命，不仅因为她相信革命，也因为亿万百姓很崇拜她这个孙中山先生的遗孀。"

正如安娜赞誉的那样，宋庆龄用她纤细的身体，在孙中山去世之后，挑起了继承孙中山遗志的重担。

继被选为国民党中央执行委员之后，宋庆龄又当选为国民党中央妇女部部长。因她在红十字会工作中的威望和突出表现，又接受国民党红十字会的聘任，担任征募部部长职务。此后，又被任命为卫生部部长。并且，作为国民党中央执委，她出席了在广州举行的国民党第二届中央执委及各省市党部代表联席会议。

随着北伐战争的胜利，国民党中央政治会议作出把国民政府及中央党部迁至武汉的决定。于是，宋庆龄与孙科、宋子文、陈友仁、鲍罗廷等60余人作为先遣人员，离开广州取道广东韶关、江西南昌等地前往武汉。

经过千辛万苦的辗转，终于，在1926年12月中旬宋庆龄到达武汉三镇。12月13日，她出席了武汉临时中央党政联席会议成立会，并担任该会组成人员。

从此，宋庆龄进入国民党党政最高领导层。她每日都到临时联席会议所在地——汉口南洋大楼去办公，为革命兢兢业业地工作着。

1927年1月1日，国民政府在武汉正式办公，并明令以武汉为首都。宋庆龄参加了元旦团拜仪式。大家向孙中山遗像三鞠躬，并互相三鞠躬，共祝元旦快乐和北伐、迁都的胜利。同时，宋庆龄还积极为收回汉口、九江英租界而奔走，作出了突出贡献。

宋庆龄在武汉

然而，革命的道路从来都不是一帆风顺的。在革命与反革命激烈搏斗的时刻，宋庆龄坚决地捍卫着孙中山的三大政策。她这个外表与性格似乎很温和的人，却表现得比国民党中央委员会任何一个人都更坚决、更顽强。死不能吓倒她；贫困和流亡、自家亲属对她的愤怒不能动摇她；世界各地对她的诬蔑也不能使她的意志屈从于她认为错误的道路。

“中国的圣女贞德”——这是“北美报联”记者、作家文森特·希恩对宋庆龄的中肯评价。

为了寻求中国革命胜利的道路，并实现孙中山要她代为访问莫斯科的遗愿，宋庆龄坚定不移地准备着赴苏之行。

1927 年 8 月中旬，宋庆龄接到苏联领事馆通知，即将有艘苏联轮船从上海开往海参崴。于是宋庆龄踏上了赴苏的航行，行前，她发表了《赴莫斯科前的声明》。8 月 23 日，宋庆龄由上海秘密启程赴苏。为了避开监视，她装扮成贫穷妇女，于凌晨 3 点钟，悄悄离开上海莫里哀路寓所，乘汽车直驶黄浦江码头，立即搭上一条小舢板，穿过外国军舰林立的黄浦江，经过三个小时的紧张航行，抵达吴淞口，再登上一艘斑驳破旧的苏联轮船，在黎明的浪潮中驶向海参崴。

9 月 3 日，宋庆龄在海参崴发表《向苏联妇女致敬》一文和《写给共产主义青年团的机关刊物（年青一代）》一文。

9月6日，宋庆龄抵达莫斯科，并受到热烈欢迎。

此后，宋庆龄发表了《在莫斯科发表的声明》一文，同时接连发表了对塔斯社、对《真理报》的声明，以及发表《中国目前的形势》《妇女与革命》《青年与革命》等文章，并在莫斯科中山大学发表演讲，热情宣传孙中山的三民主义和三大政策。

11月1日，宋庆龄与追随而来的邓演达、陈友仁一起，以国民党临时委员会的名义，发表《对中国及世界革命民众宣言》。

11月7日，宋庆龄应邀到莫斯科红场观礼台上观看了庆祝十月革命胜利10周年的盛大阅兵和游行活动。

这一刻，宋庆龄眼含着热泪，在心里默默地说："先生，您看到了吗？这里就是莫斯科，这里就是红场啊！"

此后，在陈友仁的陪同下，宋庆龄到克里姆林宫与斯大林会见。会见时，宋庆龄代表孙中山和中国民众对苏联给予中国革命的援助表示衷心感谢。而斯大林则表示，希望宋庆龄等能早日回国，继续领导中国革命。至于如何支持中国革命的问题，却没有明确态度。一个半小时的谈话，斯大林说了太多搪塞的话，使宋庆龄感到迷惘和失望。因此，宋庆龄决定离苏赴德……

03. 客居，柏林的中国女人

宋庆龄早就有赴德访问的计划。在1927年离开武汉时她就已持有武汉国民政府于1927年8月1日签发的护照。

1927年12月19日，宋庆龄通过必要途径向德国外交部探询对她赴德访问的态度，在得知德国政府没有拒绝她访问德国的意向后，她委托苏联外交部向德国正式提出申请赴德访问的签证。因此，1928年4月28日，德国驻莫斯科大使馆向宋庆龄签发了同意她赴德访问的入境、出境签证，为期三个月。

同时，德国驻莫斯科大使馆向国家公安监察委员会主席填写的表格如下：

中国公民孙宋庆龄持有中国的无号护照，由中国汉口外交部于1927年8月1日签发。

上述该人系孙中山的遗孀，是为了医治眼疾赴德国柏林。

这样，1928年5月4日，宋庆龄由苏联莫斯科移居德国柏林。

由于宋庆龄有着中国第一任大总统孙逸仙博士的遗孀，是国际上享有盛誉的知名人士这一特殊身份，德国方面虽然同意她来访，但对她的来访深感不安。为此，德国外交部作了周密的安排，对她的来访进行小心谨慎、不引人注目的监视。由此可以看出，宋庆龄在德国的处境与在苏联作为国宾是大为不同的。

到柏林后，宋庆龄住进了邓演达等为她预先租好的里城堡大街7号寓所。这座寓所位于里城堡大街尽头，离拐角不远。这里绿草如茵，林木葱郁，环境清幽，视野开阔，而且离繁华的商业区不远，生活方便。

宋庆龄在德国的身份是保密的。她化名林泰，就连房东沃尔夫也只知道她是林太太。亲朋好友给她写信不是直接寄到寓所，而是寄到临时租用的一个邮政邮箱，收件人也写林泰或林太太、林女士。

为了使宋庆龄能够安适地在德国生活，邓演达和陈友仁等安排章克负责照料她的生活。章克原是武汉国民政府时期陈友仁的私人秘书，后从武汉逃到莫斯科。他英语好，年富力强，政治可靠。章克非常敬重宋庆龄，因此，欣然接受这一任务，并且为了工作和生活的方便，章克在宋庆龄的寓所附近租下了一间房子。

这样，宋庆龄在德国开始了一个普通中国侨民的生活。

宋庆龄的生活过得十分节俭，一份牛排“盖烧饭”就是她的午餐，到风景如画的外面散步就是她的休闲。

宋庆龄在德国的一个重要任务是读书、学习，研究和筹划重振中国革命的纲领和方案。此时，邓演达是她志同道合的亲密战友。他们深入学习孙中山的革命思想，特别是有关“耕者有其田”、解决农民土地问题的论述。他们希望能拟出一个土地革命的纲领，作为正式成立“中国国民党临时行动委员会”的思想基础。

同时，宋庆龄的另一项任务是提高自己的汉语水平。她 15 岁远涉重洋到美国留学，英文学的比中文多，她深感提高汉语水平的迫切性。同时，客居柏林的她，既无公务缠身，又少交际活动，因此，时间充裕，正是提高汉语水平的大好时机，而此时，邓演达则是最好的老师了。留德学生手中的《新青年》《向导》等杂志成了她学习的教材。邓演达每隔一天给她上一次汉语写作课，给她讲解文章中引证的典故和一些成语的用法。功夫不负有心人。通过邓演达的热情帮助和宋庆龄本人的刻苦努力，她的汉语水平有了显著的进步。后来，她写出许多颇有文采的汉语文章，为国人所公认，并受到了周恩来的称赞！

5 月下旬，在柏林临时寓所接待了美国记者文森特 · 希恩。希恩钦佩宋庆龄深邃的洞察力和坚定的立场，却对宋庆龄拒绝哥伦比亚广播公司的邀请大感意外。因为在希恩看来，无论出于当时困难的处境，还是到美国故地重游、访问友人，以及筹措日后的活动经费……她都应该会乐于接受的。

然而，宋庆龄考虑的不是她自己的享乐，而是站在中国工农的立场上。不仅如此，她还拒绝会见燕京大学校长司徒雷登。虽然他个人对中国人民比较友好，但从政治的角度考虑，如果与他会见，事后可能会被人利用制造谣言，混淆视听。所以，宋庆龄拒绝了会见。但是，她让章克代她送了一张亲笔签名的与孙中山结婚时的大照片给司徒雷登作为纪念。

此后，宋庆龄接见了到德国讲学的同济大学教授郑太朴，向他详细了解国内的情况；接待了从美国哈佛大学毕业归国途中的幼弟宋子安，姐弟相见甚欢，结伴游览柏林的蒂尔公园、波茨坦皇宫等名胜古迹；致函杨杏佛，告之在德的生活和心情；接见叶挺和黄琪翔，探讨如何把仍然忠于孙中山三大政策的成员集合和组织起来的问题，此后，黄琪翔开始担任她的秘书。

9 月 3 日，宋庆龄改住夏洛藤区维兰德大街 18 号科恩赖希博士家中。因签证期满，她以到柏林求学读书为由重新进行申请。11 月 18 日，又以到海德堡大学学习为名，向柏林警察局申请去海德堡。年底，由德国赴莫斯科，在那里欢度圣诞节。在莫斯科零下四十摄氏度冷得令人可怕的低温环境下，宋庆龄接到了杨杏佛来电，告知孙中山的葬礼延期至6月举行的消息。因此，宋庆龄得以避免在极寒的天气经历西伯利亚的旅行。

1928年3月，宋庆龄出席了柏林反法西斯大会。4月底，她在秘书黄琪翔陪同下，从德国启程经苏联回国，准备参加将在南京举行的孙中山国葬仪式。

5月初，回国前，宋庆龄发表了《关于不参与国民党任何工作的声明》。

宋庆龄在《声明》中庄严宣布：

“我正在回国准备参加孙逸仙博士安葬紫金山的典礼。紫金山是他希望的埋骨之处。为了避免任何可能的误解，我必须表明，我仍然坚持我于1927年7月14日在汉口发表的声明，即鉴于国民党中央执行委员会的反革命政策和行动，我宣布不再积极参加国民党的工作。因此，必须明白无误地说清楚，我的参加葬礼……在任何意义上……都不意味着，只要国民党领导继续违背孙逸仙博士的基本政策，我就不直接或间接地参与该党的任何工作……”

1928年5月6日，宋庆龄离开莫斯科乘火车经西伯利亚归国。

04. 悲伤，亲自参加的国葬

经过近十天的颠簸，1928年5月16日下午，宋庆龄抵达哈尔滨，受到各界代表的热烈欢迎。17日下午抵达沈阳。张学良派夫人于凤至到车站迎接，两个弟弟宋子良、宋子安也恭候在站台上。来到张邸会见了张学良之后，当晚即乘车离开沈阳赴北平。

5月18日下午2时30分专车抵达天津站，站台上鼓乐齐鸣，警卫部队持枪致敬。2时45分，专车离津赴北平，6时零8分抵达北平前门车站，受到国民党党政领导人及各界人士的热烈欢迎。

身穿黑色长旗袍的宋庆龄不发一言地走下车，虽然看上去面容清瘦，但只觉她的秀慧之气、刚强之志溢于言表，完全一派巾帼英豪的风范。

宋庆龄谢绝各方来客谒见，立即和孙科夫人陈淑英、戴恩赛夫人从月台乘868号汽车奔赴西山碧云寺。孙科、宋子良、宋子安等乘车随行。

宋庆龄在北京西山碧云寺孙中山灵堂守灵

7时20分，车抵西山碧云寺。下车后，左右搀扶着宋庆龄登上碧云寺最高处的金刚宝座塔。在孙中山灵前敬献花圈，行三鞠躬礼。

行礼之后，宋庆龄抬起悲戚的面孔，用手指着灵柩，示意瞻仰遗容。有卫士拿去覆盖在棺上的国旗，扶她登上石台。

隔着玻璃，宋庆龄哀谓："总理！三年多了，我在此地，你往哪里去了？"她抚棺大哭，泪珠滴于玻璃棺盖上。

5月22日上午，宋庆龄参加在西山碧云寺举行的孙中山遗体改殓铜棺仪式。孙中山遗体先由八名卫士从金刚宝塔移至下面的灵堂，并进一步施行防腐手术。随后，宋庆龄和孙科、陈淑英等在孙中山的灵前行礼。

礼毕，宋庆龄亲自参与将孙中山的遗体从原来的楠木棺中抬起，更换殓衣。先将孙中山周身裹上白绸，外穿蓝色缎袍、黑马褂，戴白手套，脚穿丝袜、云头朝日鞋，头戴大礼帽。然后将遗体奉移至在美国订购、铸造精致的铜棺中。其时，宋庆龄得见丈夫孙中山的"面目如生前静睡一般"。有那么片刻，她神情恍惚，真以为他是睡着了……

孙中山去世后，搂着孙科子女的宋庆龄。

5月23—25日，各界群众代表在碧云寺灵堂举行公祭。25 日下午 5 时举行家祭时，张学良从东北派来参加移灵典礼的两架飞机，绕着碧云寺上空盘旋，使家祭更增添了隆重气氛。

5 月 26 日凌晨，在碧云寺灵堂举行隆重的移灵仪式之后，由 32 名杠夫抬着孙中山的铜棺缓缓下山。宋庆龄在弟弟子良、子安搀扶下紧跟在灵柩后面。下山后，铜棺移入灵车，宋庆龄全身黑色丧服乘马车紧随灵车前行。

从香山到西直门几十里大道两侧插满旗帜，大树间隔扎着朵朵白花，西直门城楼和城门附近，每五十米装一个“水月电灯”，清光如泻，使西直门城楼——移灵途经的重要一站，显得格外庄严、肃穆。沿途 30 万群众默哀致敬。

下午 2 时 30 分，迎榇队伍到达前门车站。随即将灵柩移奉至运灵的列车上。下午 5 时整，前面由铁甲车开道，后面有铁甲车护卫的灵车驶离北平车站。一时军乐齐奏，汽笛长鸣，车站上所有火车头都拉响了汽笛，天安门广场鸣炮 101 响，士兵持枪致敬，文武官员、群众代表立正默哀，向一代伟人送别。

5 月 28 日凌晨 3 时，灵车抵达安徽的蚌埠。蒋介石、宋美龄和宋子文等从南京到蚌埠迎榇。灵车停稳，早已恭候在站台上的蒋介石等人立即登车，在宋庆龄、孙科等陪同下，到孙中山灵前行礼致敬。

上午 11 时，灵车抵达浦口。南京狮子山炮台鸣礼炮 101 响，一时炮声隆隆，山岳震撼。迎榇祭奠在江边举行，素车白马，文武百官，云集江岸，向孙中山灵榇行礼。礼毕，灵柩由 32 个杠夫奉移至停在江边的威胜号军舰，于是该舰劈波斩浪向下关中山码头急驶而去。江上中外各舰均鸣笛致敬。

12 时，威胜号军舰抵达中山码头，又移柩到灵车上。下午 1 时起灵，沿途 50 万群众默哀、行礼致敬。

下午 3 时，灵榇抵达丁家桥国民党中央党部。大门外地上覆以长长的蓝布，为迎榇甬道。大门口用青松翠柏扎起一座高大的牌坊。中央党部礼堂铺上绿色的地毯，正面上悬“精神不死”的巨额横幅，两旁搭成两座花塔，孙中山灵柩安放在鲜花丛中，哀乐声声。宋庆龄及其他亲属、国民党中央执委及特任官等敬献花圈，行礼默哀。

宋庆龄不顾疲劳，急于一睹新建成的中山陵。由大姐宋蔼龄与小妹宋美龄陪同前往。她仔细察看了中山陵墓室的布局、装饰和雕刻，特别是祭堂里孙中山的坐像、四周孙中山革命事迹的浮雕和刻在四壁的光辉遗著《建国大纲》。浮雕计六幅，系波兰著名雕刻家保罗·朗特斯基的作品，而《建国大纲》则是按孙中山的真迹雕刻的。

5 月 29—31 日举行公祭之后，31 日下午是最后的家祭。下午 4 时 40 分，宋庆龄参加孙中山灵柩封棺仪式。行礼如仪后，宋庆龄率领孙科等人先将灵柩上的玻璃棺盖移开，亲手拂拭灵柩周围。此时，她泪如泉涌，泣不成声，深情地凝视孙中山的遗容良久，才将铜棺顶盖上，再将螺丝拧紧，在棺上覆盖上中国国民党党旗、中华民国国旗，然后复就原位，三鞠躬礼成。

在宋庆龄亲手将铜棺顶盖关闭的那一刻，她意识到，此生再无缘得见丈夫之容颜了，他们的相见也只能在梦里。因此，她再次放声恸哭……

6 月 1 日凌晨 5 时，移灵、启灵。宋庆龄乘坐紧跟灵车的第一辆马车，眼神专注地紧盯着前面的灵车，耳畔萦绕着奉安歌：“大道兮填填，哀歌兮极天，肃奉安兮国父，灵輀兮计迁……”

10 时，108 名训练有素的杠夫抬灵柩向上攀登，宋庆龄身着黑色旗袍，罩黑色面纱，面容哀戚，紧随灵椋，以顽强的毅力等上 392 级台阶，恭扶灵柩进入祭堂，并举行奉安典礼。12 时整，灵柩徐徐放入墓穴，狮子山炮台鸣炮 101 响，全体国民就地起立默哀三分钟，之后，隆重的“奉安大典”宣告结束。

05. 勇敢，救国女杰的风采

参加完孙中山的奉安大典之后，宋庆龄为了避开各方面的游说和形形色色的“谒客”，以沪上烦嚣、难以休息为由，与母亲倪桂贞一起到杭州西子湖畔，下榻蒋庄，进行休养。同时，也让宋庆龄获得了一段难忘的承欢母亲膝下的亲情时光。这段时光的珍贵是当时宋庆龄自己也没有想到的。

此时是公元1929年，宋庆龄36岁。

9月21日，为料理委托法国某艺术公司制造孙中山铜像事宜，宋庆龄离开上海乘法轮士劳斯号赴法国。24日，所乘士劳斯号抵达香港。10月在法国马赛登岸，然后乘车返回柏林。

宋庆龄再出国门，正如埃德加·斯诺所说："她对中国民众的支持，绝不仅仅是一种姿态，她牺牲了舒适的生活、社会名望和财富带来的各种权力。"

宋庆龄1929年在上海与家人合影

宋庆龄在接受斯诺采访

时光不知不觉进入到了1930年。

在4月初的时候，宋庆龄有了一次搬迁，她从柏林的里城湖畔9号寓所迁至卡尔斯普厄街2号新居。在迁居过程中，她丢失了装着重要文件、密码、贵重首饰等家族纪念品和现金的手提箱。直到一年多以后，才找回。

在5月的时候，宋庆龄与邓演达话别。邓演达为了推进中国革命，实现自己的政治主张，决定回国。

在6月的时候，接待挚友何香凝，畅叙共游，备感欢欣。何香凝在柏林留住三个月，两人互相关照，无话不谈，并相约为进一步贯彻孙中山的三大政策和革命主张奋斗到底。

一天，何香凝兴致所至，挥毫泼墨，作了一幅《菊石图》，并题诗一首：

唯菊与石，品质高洁；

唯石与菊，天生硬骨。

悠悠清泉，娟娟皓月；

唯菊与石，品质高洁。

这幅画和诗，是对宋庆龄高洁品质和坚毅精神的赞颂，同时也讴歌了她们两人牢不可破的革命友谊。

此间，宋庆龄成为“国际保卫革命者委员会”中央机构成员，同时也结交了许多朋友，后来在保卫世界和平、促进社会进步的共同斗争中，发挥了作用。

宋庆龄在德、法等国停留，潜心读书，探索革命真理之中，迎来了1931年。

7月23日，宋庆龄接到孔祥熙由上海发往柏林的电报，谓：“母亲今日下午在青岛平静去世，望节哀保重。”

7月27日，接宋子文、宋子良自青岛发往柏林的唁电，曰：“我们今日正把母亲的灵柩运往上海，望速归。”

丧母噩耗传来，宋庆龄想到多年奔忙国事，流亡海外，未能恪尽孝道，备感悲伤，失声痛哭，她决定立刻启程回国奔丧。

回国途中，在火车抵达莫斯科时，宋庆龄与苏联领导人举行了秘密会谈。而在乘坐大连丸号轮船抵达青岛港时，她又利用短暂的停靠时间，专程到母亲倪桂贞居住和辞世的别墅凭吊。到处空空荡荡，一片沉寂，她睹物生情，缅怀亲人，哀伤之情倍增，不禁痛哭失声。

8月18日清晨6时，举行基督教的宗教仪式，宋氏家人亲友齐集宋氏花园草坪上，听牧师诵《圣经》和讲述太夫人生平，然后出殡。送殡行列长达数里，走了几个钟头才到达万国公墓。在公墓礼堂举行了葬礼。行祭礼时，宋庆龄泪流满面，泣不成声。宋子文的一句：我们没有妈妈了，惹得大家又悲伤地哭起来。覆盖着国民党党旗的灵柩徐徐落下墓穴，子女们为母亲倪桂贞与父亲宋嘉树完成了夫妇合葬。

就在宋庆龄为丧母而悲痛的时候，9月18日，日本发动了侵略中国的

“九一八”事变。几个月之后的1932年1月28日，日军又在上海制造了“一·二八”事变，驻守上海的以蒋光鼐为总指挥、蔡廷锴为副总指挥兼军长的国民党第十九路军，奋起还击，淞沪抗战爆发。

1月30日，宋庆龄和何香凝一道奔赴闸北抗日前线，慰问英勇抗敌的十九路军。是日晨8时半，宋庆龄与何香凝带领两辆满载慰问品的卡车，奔赴闸北。途中，卡车时常被沿途农民拦住，送上整只去皮的猪、羊和鸡、鸭，还有人送上了热气腾腾的馒头、大饼，恳切地嘱托代献给前方抗日战士。

她们先到十九路军前线指挥部，然后亲临前线慰问抗日战士。宋庆龄还发表演说：“你们抗战的枪一打响，海内海外，男女老幼，都觉得出了一口气！亿万同胞支援你们，支持你们。”

2月6日，又与弟媳、财政部长宋子文夫人张乐怡一起，携带慰问品再次到真茹前线劳军，慰问官兵。在巡视阵地时，宋庆龄欣然邀请蔡廷锴合影，还手捧战士缴获的战利品——一枚炮弹，站在断壁残垣前留影。以此表达了她对十九路军抗战的坚决支持和抗战必胜的坚定信念。

2月12日，宋庆龄第三次冒着炮火到前线慰问十九路军官兵。她来到吴淞前线，在旅长翁照垣的陪同下，巡视前沿阵地。当时，炮声隆隆，低空飞行的敌机不时向地面扫射，她全然不顾，镇定自若。她向在场的新闻记者发表谈话，高度赞扬十九路军抗战的重大意义，并鼓励翁照垣说：“你们守吴淞立功奇伟，而尤望继续奋斗，不使我中国有寸土入于敌人之手。”

2月，宋庆龄为十九路军募捐和发起缝制棉衣运动。五天之内，制成了数万件绣有红色“胜”字的丝绵背心和全新棉衣裤三万多套，运送给全体官兵穿用。

宋庆龄组织救护队和建立伤兵医院，积极救治抗日伤员。3月5日，国民伤兵医院正式开办，她担任理事并主持医院事务。

为了支援十九路军作战的军需，筹建伤兵医院，援助罢工工人，宋庆龄几乎把钱都花光了。一位美国记者不禁感叹——她是一位敢死之救国女杰。

06. 营救，牛兰夫妇的救星

早在宋庆龄从欧洲回国的两个月前，即 1931 年 6 月 15 日，上海公共租界巡捕房以所谓共产党嫌疑的罪名，逮捕了国际共产主义战士牛兰夫妇。

牛兰原名雅科 · 然德尼科，又名保罗 · 鲁埃格。原籍为波兰。曾在共产国际南洋局工作。1930 年 3 月奉调来华，任共产国际远东局秘书，负责管理秘密电台、交通及经费等事项。其公开的职务是“泛太平洋产业同盟办事处”（系红色工会国际分支机构）的秘书，机关设在上海，担负着帮助中国和东亚各国革命的任务，主要工作是组织和资助中国的工人运动。牛兰是这个机构的负责人，而他的夫人汪得利昂是他的主要助手。

牛兰夫妇是由于原中共中央政治局候补委员顾顺章叛变，供出了他们夫妇的真实身份而被捕的，并很快引渡给了国民党政府。1931 年 8 月 9 日，牛兰夫妇在上海高等法院第二法院受审。14 日，由上海警务司令部移解南京。

国民党当局把牛兰夫妇当作了大人物，把牛兰说成是共产国际远东局负责人，认为他不仅指挥中共，而且整个东南亚都归他管辖，每年的活动经费高达 50 亿元之巨。因而，牛兰夫妇在狱中备受折磨。

不约而同地，国际进步人士把营救牛兰夫妇的希望，寄托在了具有崇高威望和特殊身份、地位的宋庆龄身上。

宋庆龄在为母奔丧期间，陆续接到了外国友人的来电，如德国劳动妇女领袖克拉拉 · 蔡特金、德国罗弗莱赫尔教授和卓越的艺术家十余人、德国珂勒惠支教授等十余名妇女界人士、法国著名作家罗曼 · 罗兰等。他们的来电只有一个共同的主题——恳切地请求宋庆龄营救牛兰夫妇。

此间，宋庆龄在南京曾竭尽全力地营救亦师亦友的邓演达，但未果。邓演达惨遭杀害。凡此种种，使宋庆龄对国民党非常失望。于是，她义愤填膺地奋笔疾书，写出著名的《宋庆龄之宣言》。这是一篇战斗檄文，是宋庆龄归国后公开发表的第一篇政治宣言。她在宣布国民党死亡的同时，也表明退出国民党的严正立场，不再以“国民党左派”的身份进行革命活动。这是宋庆龄政治生涯中的重大里程碑。

为了营救牛兰夫妇，宋庆龄和杨杏佛等 32 人组成了牛兰夫妇上海营救委员会，宋庆龄担任主席。该组织与国际援救牛兰委员会合作，展开了营救工作。

1932 年 7 月 11 日，宋庆龄偕牛兰夫妇的两位律师及一位亲属，从上海赴南京地方法院看守所探视牛兰夫妇。由于牛兰夫妇在狱中备受折磨，曾进行过三次绝食。7 月 2 日开始第四次绝食，以抗议 7 月 1 日南京国民党政府以“危害民国”罪审讯他们，并不许他们聘请外籍律师出庭辩护。为此，宋庆龄前往探视，并劝说他们进食。同时，上海营救委员会发表宣言说：

> 我侪与欧美各国之著作家、医学家、法学家、科学家、艺术家、教育家及政治家，凡关心牛兰夫妇者，共同联络，为人道主义及不可侵犯之政治自由权，而请求应准牛兰夫妇之请求，将案移沪，或将其全部释放。此种请求须立时应允。今日为牛兰夫妇在南京绝食之第十日，世界最高思想所系之二人之生命，国民政府视之如儿戏，牛兰夫妇果因绝食而死，任何歉意，任何理解，皆不能涤此污点。我侪欣然与世界营救总会合作，以达成功。

7 月 12 日，为了营救牛兰夫妇，宋庆龄亲自找汪精卫及国民党司法行政部长罗文干等进行交涉。经过争取，国民党法院同意由宋庆龄、蔡元培二人具保，允许牛兰夫妇移上海就医，并定于 13 日离开看守所。但是，由于罗文干认为这种处理“违背法治精神”而坚决反对，没有成功。

7 月 17 日，宋庆龄和杨杏佛一起再次赴南京探望牛兰夫妇，并请求保外就医。因为此时，牛兰夫妇已生命垂危，宋庆龄再次劝他们进食，指出在中国法西斯监狱中，绝食不仅无济于事，而且会陷入反动当局慢性虐杀的圈套。经宋庆龄与国民党司法部门交涉，同意由她等具保，准予牛兰夫妇到南京鼓楼医院就医。牛兰夫妇随即停止绝食。

8月19日，江苏法院判处牛兰夫妇“死刑”，援照大赦条例，各处以“无期徒刑”。为了推倒此项判决，8月25日，宋庆龄与蔡元培、杨杏佛等致电国民政府，请求特赦牛兰夫妇。国民党中央交司法院审核。司法院长蒋中正与汪精卫等就此事商谈甚久，也没有明确答复，只交由司法当局慎重考虑。

8月27—29日，世界反对帝国主义战争大会在荷兰首都阿姆斯特丹举行。出席代表2200余名，代表世界各地三万余个群众组织。因为正在全力营救牛兰夫妇，宋庆龄缺席了此次大会。大会宣布正式成立世界反对帝国主义战争委员会。罗曼·罗兰被推选为主席，未莅会的宋庆龄被推选为名誉主席。

与此同时，宋氏兄弟姐妹六人，又齐聚上海，在上海万国公墓的宋氏墓地，为父宋嘉树、母倪桂贞建合葬墓，并立墓碑。宋氏墓地共占地22穴，计约145平方米。东西两侧石栏上各有石屏风一座，围墙后植有龙柏，墓盖为大理石。

如此庞大的墓地，此时，也许在每个宋氏子女的心中，都存有等自己百年之后，也归来相伴在父母身旁的想法，到那时，一家人就可以生生世世永远在一起了。

9月7日，宋庆龄在莫里哀路寓所接待了由武汉抵沪的小妹宋美龄。细想想，这么多年来，虽然姐妹俩偶尔也会碰面，但是，每次都是处于家事、国事的繁忙而悲伤状态，真的是好久没有畅谈了。此番宋庆龄虽然也是带有目的而来，但是借此机会，姐妹俩也就阔别之情、姐妹之意，乃至政治见解等，进行了长谈。

两天之后，9月9日下午，二姐庆龄拒绝了小妹美龄让她到南京居住的恳请，但是却同小妹美龄同机赴南京，为牛兰夫妇特赦事而作进一步努力。

此后，宋庆龄多方努力，为营救牛兰夫妇而奔走、致电，不遗余力，但国民党当局坚决不予释放。直到1937年12月，日本侵略军占领南京，牛兰夫妇才得以趁乱越狱。

07. 组建，民权保障同盟会

1931年8月17日，下午，由于叛徒陈敬斋出卖，邓演达在上海愚园路愚园坊20号被国民党军警逮捕，旋即关押在南京中央军人监狱。

邓演达是孙中山的积极追随者，曾任黄埔军校教育长，是国民党左派的领袖人物。

蒋介石曾亲自与邓演达见面，许以党部秘书长和总参谋长等高官，劝他放弃自己的政治主张，但遭到拒绝。蒋介石无计可施，遂令其卫队长王世和，于1931年11月29日，将邓演达秘密杀害于南京麒麟门外的沙子岗。

为了营救邓演达，宋庆龄曾经三次面见蒋介石。

1931年12月14日，宋庆龄第三次去找蒋介石。她提出愿在蒋介石和邓演达之间进行调解，并一再要求见一见邓演达。此时，蒋介石自知无法再掩盖已秘密杀害邓演达的事实，说："这个人见不到了。"宋庆龄听后，怒不可遏，连茶几都给掀翻了。蒋介石吓得急忙躲到楼上去了。

回上海之后，宋庆龄就起草了一份英文《宋庆龄之宣言》，揭露蒋介石暗杀邓演达的真相。这份宣言由杨杏佛译成中文，交给史量才发表在《申报》上。

从营救邓演达、牛兰夫妇这一系列斗争中，宋庆龄认识到对反动派残害革命者和爱国进步人士的罪行，不能仅停留在事后的谴责上，还应该积极地多方营救，制止屠杀——特别是不经公开审理的秘密屠杀。同时，宋庆龄也深深感到目前的中国是一个缺少民权的国家。国民党当局大肆逮捕、杀害民主人士，却没有一个组织能管束、制止，这才使得他们更加猖狂。但是仅凭私人关系营救或是几个人的奔走呐喊是没有多大意义的。政府对此感到头痛，社会上一些人也认为多事。因此，只有团结起来才有力量，因此，需要建立营救组织。

宋庆龄的这一想法，得到了蔡元培、鲁迅、沈钧儒、史量才、郁达夫等知名人士的大力支持，他们决定联合发起一个新的组织——中国民权保障同盟。

1932年12月17日，宋庆龄、蔡元培、杨杏佛以"中国民权保障同盟筹备委员会"的名义，致电蒋介石等，要求释放在北平被非法逮捕的许德珩等人。在同盟的强烈呼吁下，社会各界人士也纷纷伸出援助之手，向国民党当局施加压力，使得蒋介石不得不下令释放许德珩等人。这也更使宋庆龄等人看到了民主人士团结一致的重要性。

1932 年 12 月 29 日，中国民权保障同盟在上海成立，并发表了宣言，公开树起了人权的大旗，与国民党法西斯统治作斗争。中国民权保障同盟总会设在上海。不久，在北平、上海等地设分会。最高执行机构是临时全国执行委员会，以宋庆龄为总会主席，蔡元培为副主席，杨杏佛为执行委员兼总干事，负责同盟的日常主要工作，鲁迅为上海分会执行委员。

中国民权保障同盟的任务是反对独裁，援救一切爱国的革命的政治犯，争取人民的出版、言论、集会和结社自由。领导人都是当时社会知名人士，他们公开反对国民党的统治，并营救许多被国民党关押的共产党人和革命者。

1933 年 1 月，镇江《江声报》经理兼主编刘煜生因在该报副刊上刊载爱国文章，被国民党当局以“鼓动红色恐怖”的罪名逮捕，江苏省主席顾祝同下令封闭《江声报》，并将刘煜生枪毙。

中国民权保障同盟获悉后立即开会并发表宣言，指出：“此种蹂躏人权、破坏法纪、黑暗暴行，已明白证明顾祝同在实质上与北洋军阀毫无二致，也即为我全国人民之公敌。”并动员舆论界在报刊上发表大量文章，揭露国民党政府的法西斯统治，呼吁民主、自由，号召全国人民为人权而奋斗。

1933 年 3 月，同盟联合上海其他进步团体，组织“国民御侮自救会”，反对国民党妥协投降的外交政策，要求派军队抗日，保障民权，停止向革命根据地进攻。

1933 年 3 月，共产党人陈赓、罗登贤、余文化、廖承志等人被捕，为了营救他们，中国民权保障同盟组成“营救政治犯委员会”。宋庆龄、杨杏佛不顾个人安危，带着许多新闻记者到狱中探视罗登贤、廖承志和陈赓等人。

4 月 1 日，宋庆龄发表声明《告中国人民书》，称罗登贤、廖承志、陈赓等人“不是罪犯，而是中国人民最高尚的代表人物”，并且“号召全国人民起来要求释放他们，要求不使他们遭受酷刑与死亡”。

1933 年 5 月，进步作家丁玲和史学家潘梓年被国民党当局秘密绑架，中国民权保障同盟又组织了“丁、潘保障委员会”，进行营救。

5 月 15 日，中共中央委员、中国革命互济会党团书记邓中夏，化名施义，在上海法租界被国民党逮捕。宋庆龄专请史良律师营救，并叮嘱："做律师的要多注意为被捕的革命者和进步人士进行辩护，使正义得到伸张，使革命力量得到保护。"史良的辩护，使邓中夏在第一审中获得胜利。

早在1933年的春天，为胡兰畦被捕一事，宋庆龄与鲁迅一起向德国驻上海领事馆提出抗议。胡兰畦1931年陪同宋庆龄回国奔母丧。后来在宋庆龄的资助下，又返回德国，在德共中央做秘密交通工作。在法西斯逮捕德共领袖台尔曼并大肆屠杀共产党人，制造白色恐怖中，胡兰畦也被捕关进女牢。国民党政府驻德使馆置之不理。宋庆龄与鲁迅等人以民权保障同盟的名义，向德国领事馆提出严正抗议。三个月后，胡兰畦终于获释。

中国民权保障同盟的一系列活动，大大触动了国民党反动派的政治神经，恼恨之余，不仅诬蔑中国人权保障同盟为"非法组织"，要求予以解散，而且多次对同盟领导人进行恐吓，甚至是暗杀。

1933年6月16日，杨杏佛来到宋庆龄寓所拜访。杨杏佛带来了他近几个星期接到的许多恐吓信，并且把他听到的关于阴谋杀害他的一些口头警告告诉了宋庆龄。杨杏佛还特地提醒宋庆龄，在他接到的信中，有几封把她的名字也列在就要受到恐怖狙击的名单中。宋庆龄告诉杨杏佛，她也接到了许多类似的恐吓信——常常是用最下流的话写的。宋庆龄叮嘱杨杏佛一定要提高警惕，多加小心。

然而，两天后，即1933年6月18日晨8时15分，杨杏佛由法租界亚尔培路331号中央研究院与其长子杨小佛乘车出游。车头刚驶出大门，就遭到四名持盒子炮的凶汉围击。杨杏佛爱子心切，俯身保护其子，而自己身中三枪，均中要害，生命危殆。9时20分，杨杏佛因伤重气绝，年仅40岁。

6月19日，宋庆龄在杨杏佛被害后，发表声明，庄严表示："……我们非但没有被吓倒，杨铨（即杨杏佛）为同情自由所付出的代价反而使我们更坚决地斗争下去，再接再厉，直到我们达到我们应达到的目的。杀害杨铨的刽子手们要明白，政治罪行必然会给他们带来应得的惩罚。"

由于当时白色恐怖极端严重，加上杨杏佛被害后中国民权保障同盟失去了一位组织家、实干家，活动无法进行，因此无形中解散了。

中国民权保障同盟虽然停止了活动，但对后来的全国抗日民主运动产生了更广泛的影响和积极作用。

08. 亲赴，红砖洋房的会议

中国民权保障同盟总干事杨杏佛的被害，虽然找不到证据证明是何人指使的，但这是司马昭之心路人皆知的事。

虽然中国民权保障同盟的活动时刻触动着政治神经，但因为同盟的主席宋庆龄不仅是孙中山的遗孀，而且是宋美龄与宋子文的一奶同胞，而副主席蔡元培也是国民党元老，他们在党内的影响力仍然很大，对他们下手不仅容易引起外界批评，恐怕在党内也会引起混乱。因此，对宋庆龄、蔡元培等人的一些社会活动，国民党特务只是严密监视，随时上报。

就在杨杏佛遇害的当天，即 1933 年 6 月 18 日，宋庆龄被推选担任上海各界欢迎巴比塞代表团及远东反战会议筹备委员会主席。

世界反对帝国主义战争委员会，早在 1932 年底专门讨论了日本帝国主义侵略中国问题，决定派出巴比塞领导的代表团，调查日本侵略东北的情况，以正义公道的立场揭露事件真相，同时，还要在中国召开远东反战会议。

为此，中共中央经与宋庆龄商定，对外成立公开的上海各界欢迎巴比塞代表团及远东反战会议筹备委员会，宋庆龄任主席，公开活动由中国民权保障同盟进行，具体工作由中共江苏省委宣传部长冯雪峰主持。

1933 年 6 月，反法西斯世界委员会在法国巴黎成立，罗曼 · 罗兰为名誉总裁，亨利 · 巴比塞为主席。时年 40 周岁的宋庆龄当选为副主席。

已近不惑之年的宋庆龄以坚韧不拔的勇气和意志，积极奔走着。

1933 年 8 月 6 日，宋庆龄以世界反对帝国主义战争委员会远东会议筹委会主席的名义，发表《反对帝国主义战争——世界反对帝国主义战争委员会中国代表的声明》。声明指出：

……把人类投向战争、死亡和毁灭的活动，正是当前时局的特点……9月将在上海举行的反战大会，因为，日本帝国主义已经伸出它血腥的魔爪，企图攫取整个中国……其目的，就是联合一切愿意积极参加反战的人们……它欢迎一切愿意协助阻止新的世界大屠杀、新的帝国主义战争的人们出席。

8月18日，宋庆龄蔑视国民党不许外国代表登陆的禁令，亲自上船迎接世界反战委员会代表一行四人到上海，并发表了热情洋溢的欢迎演说。在群众的护送下，代表团住进华懋饭店。

8月28日，宋庆龄以世界反对帝国主义战争委员会远东会议上海筹备委员会名义，致函洛德·马莱。函曰：

基督教青年会的洛克伍德先生发表了一项声明，否认他的组织曾就即将召开的会议的住宿问题与我们有过接触……

事实上，我们已与该基督教青年会的中国秘书达成了协议，双方规定并同意会议用房的租金是每天五十美元，我们还得到了一份关于房子何时有空的清单，剩下的事只是根据具体的会期分配房间了。

可能是基督教青年会的外国工作人员不经常同他们的中国同事联系，也有可能是这一声明表明了这个位于Montigny大街的所谓中国基督教青年会，没有一个中国人有权就谁能或谁不能使用青年会的房子并支付租金作出决定。然而，最大的可能是警方或其他势力的威吓，迫使基督教青年会拒绝执行原来已达成的协议。

从宋庆龄这封函件中，可以看出当局对世界反对帝国主义战争委员会远东会议的迫害、恐吓、阻挠和诽谤无所不用其极。当局派警探特务包围、跟踪国际代表，逮捕筹备会干部和参加欢迎大会的群众，下令华界和租界都不准借给会场，包围宋庆龄的住宅严加监视。

许多人都被吓走了，没有人敢把会场租给他们……难道让长途跋涉而来的这些朋友就这样一无所获，空手而回吗？——怎么办？

既然被迫放弃公开会议，那么，就准备举行秘密会议吧！

筹备会的中共核心小组被破坏了，筹备工作由上海中央局直接负责。几经周折，终于在沪东一条僻静的马路旁，租到一幢四层红砖洋房。

由“左翼作家联盟”的郑育之等五人，临时组成一个包括有祖孙三代成员的“家庭”，住进这套住宅。并借口学校开运动会，购买了大量的面包、汽水、罐头和水果等。

宋庆龄和鲁迅

1933 年 9 月 29 日晚上，分散隐蔽在各处的代表，一个一个地进入会场，至 30 日清晨代表到齐。原定中外代表 800 人，由于反动当局的阻挠，最后只到会 65 人。宋庆龄在向导的带领下，转了几个圈，甩掉特务的跟踪，来到会场。

会议在红砖洋楼的四楼开始召开，代表们席地而坐。大会推选马莱、古久里、马尔度、宋庆龄及东北义勇军代表、苏区代表等九人为主席团，并推举毛泽东、高尔基等为大会名誉主席。

会议由宋庆龄主持并致开幕词。然后马莱报告了各国反对帝国主义战争的情形，痛斥帝国主义侵略、法西斯猖獗和国民党反动派镇压革命的罪行。

宋庆龄在演说中阐述世界上有两种战争及应采取的态度，同时，对于国民党反动派予以无情的揭露，最后，她呼吁："让我们团结起来，向那些背叛国家、把我们的国土一省一省地出卖给帝国主义者的人们做斗争！"

大会进行中，宋庆龄不时用流利的英语、法语或华语为中外代表翻译。

这次会议通过了有关提案、决议和宣言，正式成立反对帝国主义战争委员会中国分会，宋庆龄被选为主席。短短一天的会议，取得了圆满成功，而国民党反动派还被蒙在鼓里。

1933 年 12 月 29 日，上海女声社发起选举中国现代伟人的民意测验，测验结果，宋庆龄被推选为现代女伟人的第一名。

可以说，宋庆龄的四十不惑之年在满意度极高的民意测验中，圆满收官。

宋庆龄全传

Biography of Song Qingling

第八章

坚定信念，人间正道是沧桑

有一种信念，叫人间正道是沧桑。

宋庆龄就是一位即温文尔雅又执着坚定的人。她为一切人间正义而喝彩！她始终坚信，人间正道是沧桑。

宋庆龄密切注视着“西安事变”的进程，进行着冷静的思考和分析。她认为，大敌当前，应以民族大义为重，撇开个人和家族的恩怨，搁置政见和政派的争议。

于是，她很快作出了一个理智的抉择：赞成和平解决“西安事变”，不杀蒋介石，条件是——共同抗日。

为了中国的百姓，她夜不能寐、食之无味；为了中国的百姓，她不吝拿出自己最珍贵的纪念品；为了中国的百姓，她放下尊贵的身份，四处去寻求一切可能的援助。

当中国人民处于患难时，宋庆龄不仅以自己的端庄形象和社会影响力，为中国人民代言，同时，她也对中国的未来充满着信心。

在宋庆龄的积极奔走下，一所所国际和平医院建立了，为抗战中的中国人民提供了最大可能的国际医疗救助。

为了抗战，宋氏三姐妹重新走到了一起。

1934 年 2 月，蒋介石宣布“新生活运动”开始。这是三姐妹在街头举办的一场时装秀。自左至右分别为宋蔼龄、宋美龄、宋庆龄。

为了抗战，宋庆龄发起开展了“一碗饭运动”。

为了抗战赈灾，宋庆龄发起了国际足球义赛。

为了使各国朋友们给中国人民的道义、物资和技术方面的援助能够持续，使中国的需要者和全世界朋友中间联系的桥梁继续畅通，在宋庆龄的主持下，由保卫中国同盟改组而来的中国福利基金会应运而生了。

01. 喝彩，为一切人间正义

1934 年 11 月的一天，在上海霞飞路的一间私人寓所里，正在举行着一场小型聚会。这是寓所的主人史沫特莱为庆祝苏俄十月革命而举办的。

到会的客人中，有一位美丽动人、风度不凡的中年妇女，十分引人注目。她用一口流利的英语和在座的朋友畅谈。其中一位年轻的医生马海德不认识她，只听人说她的英文名字叫“Suzie”。

大家边谈边唱。几位美国朋友唱了美国工人歌曲，还高唱《国际歌》，大家都非常高兴。马海德注意到“Suzie”也融入了年轻人的互动中，让人感觉到她是那么的平易近人。事后，马海德才知道，那位“Suzie”就是他所尊敬的世界知名人士宋庆龄，这令他深受感动。

宋庆龄就是这样一位既温文尔雅又执着坚定的人。她为一切人间正义而喝彩！

可以说，在失去孙中山的岁月里，宋庆龄继承孙中山的遗志，在坚持孙中山的三民主义和坚决捍卫孙中山的三大政策上，不遗余力，坚韧不拔——而且，过去是，现在是，将来更是，绝不动摇。

可以说，在孙中山去世后，没有人比宋庆龄对国民党和国民政府更有感情了。然而，当蒋介石和汪精卫先后发动反革命政变后，宋庆龄对国民政府感到心灰意冷。因此，1927 年 7 月，宋庆龄发表通电声明“不参加国民党内任何工作”，并于是年 9 月愤然出国，以示与蒋介石政权势不两立的决心。

同时，宋庆龄还在莫斯科发表声明：

“目前有人背叛了革命，有人开小差，还有人完全歪曲了国民革命运动的真义……我今天访苏的一个主要目的，就是要让全世界知道，那些盘踞在长江流域的人，虽然自命为中国国民党的发言人，但他们并不能代表革命的国民党，也不能代表中国的革命群众……”

宋庆龄与加里宁夫人的合影

对于宋庆龄的表现，蒋介石又气又恨，但碍于她是众所敬仰的孙夫人和自己妻姐的双重地位和身份，他也无可奈何。蒋介石企图利用孙中山奉安大典的机会，达到拉拢宋庆龄的目的。因此，蒋介石电邀宋庆龄回国，参加孙中山遗体安葬仪式，并特意为她在南京建造了一幢住宅，任命她担任国民革命军遗族学校校长。

当然，1929 年 5 月，宋庆龄回国参加了孙中山奉安大典，但是，她在参加大典仪式的当晚即不顾劳累回到上海的寓所居住。她拒绝对政治发表任何意见；对小妹和家人的挽留、相劝一概谢绝；对蒋介石委以的各种高官厚俸更是置之不理；对蒋介石先后派到上海拜见宋庆龄的说客何应钦、吴铁城和戴季陶等人，均给予回绝或驳斥。

一切为了人间正义，这是宋庆龄为人处世总的出发点和原则。不论任何人、任何团体，只要是正义的、革命的她就支持，反之，她会毫不留情面地坚决予以反对。

接待和帮助胡志明恢复与党的关系，就是这样的。

胡志明，化名李瑞，1931 年 6 月在香港被英殖民当局逮捕入狱，1933 年初获释。他化装成商人，经厦门抵沪来找党的关系。因为从宋庆龄的《反对帝国主义战争——世界反对帝国主义战争委员会中国代表的声明》中获悉将在上海举行远东反战大会，所以就赴宋庆龄的寓所拜访，请宋庆龄帮他把一封信转交给来上海参加会议的共产国际代表。宋庆龄接受了胡志明的请求，把此信交给了法共机关报《人道报》的主编、共产国际的工作人员伐杨 · 古久里，由伐杨 · 古久里与胡志明联系，从而恢复了胡志明与党组织的关系。

26 年后的 1959 年，胡志明来参加中华人民共和国成立 10 周年庆祝活动时，怀着感激的心情对宋庆龄说：“1933 年，我带来的钱已经用得差不多了，要不是您的帮助，我就会陷入窘境了。”

1934 年，中华全国总工会、中国反帝反法西斯同盟、上海工团联合会等团体在上海发起成立中华民族武装自卫委员会，简称武卫会，推选宋庆龄为主席。

武卫会总会曾召开过三次会议，宋庆龄均亲自出席主持。筹备会第一次会议在宋庆龄的主持下，一致通过了《中华人民对日作战基本纲领》，宋庆龄并领衔发表了《中国民族武装自卫筹备委员会宣言》，在这份宣言上签名的有 3000 多人，在上海以至海内外产生了很大的影响。

武卫会正式成立后，又发表了《为“九一八”三周年纪念宣言》和《募捐启事》，再次号召全国人民和陆海空军动员起来，进行抗日民族革命战争，纪念“九一八”；要求全国举行罢工、募捐、群众大会和游行示威，没收日货及卖国贼的财产，组织一切民众武装队伍；同时联合日本帝国主义的一切敌人，推翻日本帝国主义。

但是，武卫会刚一宣告成立，即成为国民党“围剿”的对象。宋庆龄的住所被监视，武卫会与宋庆龄联系只能通过间接的关系。10 月以后，联系逐渐中断。

1934 年，帮助上海的国际友人路易·艾黎、马海德、史沫特莱、西普、罗森堡、威努斯等组织学习马克思列宁主义小组。

1935 年 1 月 30 日，撰写《向美国朋友的呼吁》一文。

宋庆龄在香港和路易·艾黎等的合影

1935 年夏季的一天，一位穿着时髦西服的外国人，开着一辆天蓝色的福特轿车向码头驶去，车后座上坐着两位中国人。

这位外国人就是年轻的医生马海德。他是接到他所敬重的宋庆龄的电话，开车来送两位客人去一艘即将开往苏联的轮船的。此时，他这个外国人就是畅通无阻的护照，因而顺利地完成了送人任务。回到诊所不久，马海德又接到宋庆龄打来的电话，一再表扬他做了一件很好的事情，并对他表示感谢。之后，马海德又收到宋庆龄派专人送来的信，这才知道他送走的是两位重要的中国共产党人。

1935 年秋季的一天，宋庆龄一反往常的文静仪态，只见她左手拿着一瓶香槟，右手拿着一瓶白兰地，端庄的脸上泛着红晕，来到路易·艾黎的家。

“艾黎，告诉你一个好消息，中国工农红军经过长途跋涉，终于胜利到达陕北了。他们是一支坚定的抗日队伍，星星之火就要燎原了，让我们共同为红军的胜利干杯吧！”宋庆龄兴奋地将她获得的好消息与艾黎分享。

艾黎也十分兴奋，喊来几位朋友，大家一起为红军长征的胜利而举杯庆贺。

此时，宋庆龄深知，这不仅仅是红军长征的胜利，而且意味着中国革命已走出低谷，将再次卷起狂澜，并走向新的胜利。

1935 年 11 月，宋庆龄应邀出席苏联驻沪领事馆举行的纪念十月革命胜利 18 周年酒会；12 月，帮助中共北方局与党中央联系；年底，请美国友人格兰尼奇夫妇创办《中国呼声》……总之，为一切正义喝彩、欢呼！

02. 大义，促“西安事变”解决

1936 年 12 月 12 日，以张学良和杨虎城统率的东北军和十七路军将士，出于爱国和民族义愤，在西安发动“兵谏”，将蒋介石扣留在华清池，因为“兵谏”地点在西安，所以称为“西安事变”。

事变发生后，张学良和杨虎城通电全国，提出停止内战，改组国民党政府等八项主张。消息传出，震惊中外，形势复杂。

南京国民党方面，连夜召开紧急会议，商讨对策，主要出现了截然不同的两派和两种意见：

以何应钦为代表的亲日派，主张派兵进攻西安。虽然名义是“救蒋”，其实是阴谋乘机扩大内战。而以宋子文、宋美龄为代表的亲美派，出于对蒋介石安全的考虑，自然反对用兵。

延安共产党方面，在得悉蒋介石被扣留的消息后，既感到振奋，又感到必须谨慎对待。

15日，一些红军将领致电国民党政府，希望接受张、杨二氏主张，停止内战，罢免蒋氏，联合组织抗日统一战线政府。

17日，中共代表周恩来、叶剑英、秦邦宪应邀抵达西安，与张学良、杨虎城等磋商解决事变的方案。

宋美龄

18日，中共中央改变了红军将领联名通电中提出的对蒋介石的处理意见。

19日，中共中央提出了力争和平解决“西安事变”的基本方针。

“西安事变”的消息一出，国内外各界人士、各种报刊一片哗然，焦点是如何对待蒋介石。人们奔走相告，主张“杀蒋”，以平民愤。“亲日派”想借刀杀人，更是火上浇油。因此，到处都充斥着“西安事变”的新闻和“内幕”消息，一时间，政治谣言满天飞。

“西安事变”发生时，宋庆龄正在上海寓所忙着营救不久前被南京政府逮捕入狱的著名的爱国人士“七君子”。

1936年5月31日—6月1日，在宋庆龄的关心和支持下，经过两个月的筹备，全国各界救国联合会，简称救国会，在上海圆明园路青年会全国协会秘密举行成立大会。

蒋介石统治集团对救国会的活动十分恐慌，惧怕救国会发动的抗日救亡运动危及其统治基础，于11月23日凌晨，将七人秘密逮捕，制造了震惊中外的救国会“七君子”事件。“七君子”是指救国会常务委员沈钧儒、章乃器、王造时、邹韬奋、李公朴、沙千里和史良七人。

得悉蒋介石被扣，宋庆龄的第一反应是兴奋。

此时，大姐夫孔祥熙首先找到宋庆龄，要她签署一项声明，谴责张学良和杨虎城，释放蒋介石。

“张学良做得对。”宋庆龄对孔祥熙说，“要是我处在他的地位，我也会这样做的，甚至还会走得更远！”

此时，国民党的特务部门和一些极端分子，迁怒于中国共产党和爱国民主人士，宋庆龄也在他们的暗杀名单之列。她接到了蓝衣社的恐吓信，信里还附有两颗子弹。

弟弟宋子文，得知蓝衣社施展诡计的消息后，特意打来电话说：“希望二姐在此特殊时期，谨言慎行，一定要从自身安全考虑，多多保重。”

宋庆龄说：“该怎么做，不该怎么做，我自己会考虑的。”

宋庆龄密切注视着事变进程，进行着冷静的思考和分析：当前最主要的敌人是谁？什么是解决“西安事变”的最好结局？

大敌当前，应以民族大义为重，撇开个人和家族的恩怨，搁置政见和政派的争议。于是，她很快作出了一个理智的抉择：赞成和平解决“西安事变”，不杀蒋介石，条件是——共同抗日。

宋庆龄用英文撰写了一份声明——《宋庆龄关于“西安事变”的声明》，内容摘要如下：

是什么促成“西安事变”的发生？目前还不太清楚。有一种说法认为，是由于张学良个人对蒋介石的不满而引起的。然而，在一份电文中，张学良称，他唯一的目的是劝谏蒋介石同意建立一个统一战线，抵御日本的入侵。

无论张学良的动机是什么，所有爱国的中国人都会认为这是一次不幸的事件，因为它又将国家引入内战的危险之中，而内战将导致更深重的民族灾难，同时也给日本的入侵提供了便利。

中国目前正处在这样一个危急关头，她已不能在另一场法西斯内战中损失她的工人、农民、战士、市民和元帅。因为在反对日本帝国主义的战争中，更需要他们。

内战必须停止,这是我一贯的立场。面临日本入侵我国国门的危急时刻,个人的不同政见都必须放弃!

现在，另外一场南京和西安间的内战正在有逼近的危险。我热切地呼吁每一个中国公民尽自己最大的努力阻止这样一场灾难的发生。让我们所有的中国人联合起来，抵抗日本侵略、保卫自己的祖国。

这份声明文稿的左上角写有“立即发”的字样，是由宋庆龄亲笔签署的。但是不知道什么原因，这份声明文稿却未见报。人们是在事隔多年之后的1993年，才在整理宋庆龄的遗稿时发现了它。

事实上，宋庆龄为促成三方谈判出了一份力。

宋美龄出于对丈夫蒋介石命运的担心，求助于二姐宋庆龄，希望帮助她与中共中央取得联系。

宋庆龄立即约见中共代表潘汉年。潘汉年向宋庆龄转达了中共中央和张学良、杨虎城两方面，都欢迎南京方面派代表到西安面商和平解决办法的意愿。

于是，12月22日，宋子文、宋美龄一行飞抵西安。

23日，张学良、杨虎城与宋子文、宋美龄进行谈判，周恩来作为中共中央全权代表也参加谈判。

在两天的三方会谈中，周恩来做了大量卓有成效的工作，终于在24日达成和平解决“西安事变”的六点协议——双方停战；改组南京政府；释放政治范；停止“剿共”，联合红军抗日，共产党公开活动；召开各党派各界各军的救国会议；与同情抗日的国家合作。

“西安事变”得以和平解决。在改组政府的问题上，宋子文提议先组织过渡政府，三个月后再改造成抗日政府。

“西安事变”的和平解决，成为时局转换的枢纽，意味着中国的政治生活走入了一个新的阶段的开端。宋庆龄虽然没有亲自参加三方会谈，但是她在促成三方会谈，而使“西安事变”得以和平解决，作出了不可磨灭的巨大贡献。

03. 形象，为中国人民代言

1937 年 7 月 7 日，日本军国主义悍然发动卢沟桥事变，全国性抗战开始。各海外华侨组织及国际友好人士纷纷以捐款、捐物的形式支援中国抗战。宋庆龄领导的“保卫中国同盟”（简称“保盟”）便是其中的重要桥梁。

1937 年底上海沦陷后，宋庆龄迁居香港，她同周恩来商议后，决定把香港变成一条同外界联系的渠道，而宋庆龄也身体力行地成为中国人民的代言人。

1938 年 3 月 16 日，宋庆龄与何香凝联名发表《致海外同胞书》，号召海外侨胞继续给予祖国抗战军队以“鼓励援助”。

1938 年 6 月 14 日，在香港九龙干德道 11 号 2A 宋庆龄的寓所小客厅里，“保卫中国同盟”宣告正式成立。这是一个具有国际反法西斯统一战线性质的救济组织。由宋子文出任会长，宋庆龄担任主席，国际友人克拉克女士任名誉书记，诺曼—法朗士教授担任名誉司库，爱泼斯坦先生担任宣传工作。同时，宋庆龄领衔发表了《保卫中国同盟成立宣言》，强调：

宋庆龄和保盟成员

保盟的目标：一是在现阶段抗日战争中，鼓励全世界所有爱好和平民主的人士进一步努力以医药、救济物资供应中国；二是集中精力，密切配合，以加强此种努力所获得的效果。

保盟的主要任务：成为需要者和资金、物资捐赠者之间的桥梁。积极从事在国际范围内筹募款项，进行医药工作、儿童保育工作与成立工业合作社等活动。

宋庆龄深知，欲争取国际援助，必先开展国际宣传，使全世界人民了解中国抗战的真实情况，以及遇到的困难和需要的帮助。为此，1938 年初夏，在宋庆龄的主持下，保盟中央委员会决定出版一份英文双周刊，定名为《保卫中国同盟新闻通讯》，简称《保盟通讯》，主要面向英语国家和地区发行。宋庆龄定下基调——坚持真实报道的原则，强调团结抗日和民主进步。

《保盟通讯》初创时为一份油印刊物，经宋庆龄多方奔走，在香港《南华早报》的支持下，从 1939 年 4 月 1 日起改为铅印，称为“新版”。到 1941 年 11 月止，新版《保盟通讯》共出版 36 期。从 1941 年开始，《保盟通讯》增出中文版，主要面向香港当地人士和海外华侨社团。

此外，保盟还出版了 20 多种宣传品，向国际友人和海外侨胞介绍抗战实况，呼吁并指导他们进行有针对性的援助工作。

同时，宋庆龄创建了“香港中国战争孤儿救济协会”，亲任名誉顾问，并邀请当时在港的宋蔼龄、宋子文任该会顾问。为救济战灾儿童，开展了卓有成效的工作。

1938 年 7 月 7 日，宋庆龄发表了《抗战的一周年》一文。

文中指出：伟大的一年来的奋斗与牺牲，不过是争取我中华民族解放、独立的开始，最后胜利的获取，还需要同志们踏着先烈的血迹继续努力前进！

7 月 28 日，宋庆龄致函美国“中国人民之友社”，呼吁美国人民援助水深火热之中的中国灾民。

函中详述中国各战区的难民，因日军的疯狂侵略处于水深火热之中，需要食粮、药品的救济至急，吁请努力唤起全美人民对华同情心，积极援助中国的难民。

8 月中旬，为推动广州和华南的抗日救亡运动，宋庆龄由香港乘佛山号轮船抵达广州。广东是宋庆龄追随孙中山三次建立革命政权的地方，阔别十余载的宋庆龄再次回到广州，受到了广州各界群众的热烈欢迎。

在空袭警报中，宋庆龄视察了广州被炸灾区；到岭南大学、中山大学、黄埔港等处参观；赴广州观音山麓、瞻仰中山纪念堂；前往广州黄花岗七十二烈士墓敬献花圈……

特别是，宋庆龄来到广州市政府播音台，用英语向在美国召开的第二次世界青年和平代表大会发表广播演讲：

> 在这样残暴野蛮的敌人之前，中国只有一条路可走：绝不退让一步，拼死的斗争，坚持抗战，直到最后的胜利……日本帝国主义正是目前最凶的一种传染病。它不会单在中国蔓延而不传染到其他自由的国土。日本希望征服中国，用作征服一切太平洋国家，随后征服全世界的根据地。今日你们帮助我们向这种威胁作战，也就是帮助你们自己，免得你们自己的青年，以后在别的战场上牺牲。
>
> ……

9 月 18 日晚，在这个“九一八”事变七周年纪念日，宋庆龄不顾敌机轰炸，和十四五万广州民众一起，举行了火炬示威游行。

9 月 23 日，宋庆龄出席华侨抗日动员总会第二届代表大会，并发表题为《华侨总动员——庆祝华侨第二届会员代表大会》的讲演。她在此次讲演中高度赞扬华侨的爱国传统和热忱，并对实行华侨总动员提出中肯的意见和建议。

10 月 10 日，宋庆龄发表《双十节告全国妇女界》一文。文中强调：

> 占全国人口半数的二万万妇女，对于进一步巩固国内的团结，是有着一半的决定作用的……参加战地服务工作，参加后方生产，参加地方自卫军工作，参加救护慰劳工作，参加儿童保育工作，参加百万件棉背心运动……希望二万万妇女团结得像铁一般的坚固……今日纪念双十节，最好的方法

是以推进抗战的工作来纪念她。

宋庆龄

1938年10月上旬，秋风送爽。

宋庆龄想：天气一天比一天凉了。于是，她开始考虑前方将士及后方难民如何过冬的问题了。

宋庆龄亲自主持召开广州市各妇女团体会议，讨论征募寒衣的办法。

宋庆龄提出了一个口号：“一个广东妇女捐制一件寒衣。”不仅如此，她以身作则捐出5000元作为制作寒衣的费用。这样，在宋庆龄号召和带动下，当寒流来袭之前，一件件寒衣送到了前线浴血奋战的抗敌战士的手里，穿在了在冰天雪地里战斗的战士身上，温暖了战士的心和鼓舞了战士的斗志。

保卫中国同盟成立后，宋庆龄即倡议在国外举行义卖，以筹募资金。香港的五个妇女团体——全国妇女救援会、中国妇女士兵救济会、中国妇女俱乐部、中国基督教女青年会、广东妇女新生活运动委员会等积极响应她的倡议。到1939年4月中旬，共募集中国艺术珍品4500余件，先后在伦敦、巴黎、纽约三地举行义卖，为支援中国人民的抗日战争筹得了大量的款项。

但是，这些还远远不够，因为，伤兵、战争孤儿、难民……他们的总数已超过六千万，需要救援的人数每天都在增加。

于是，宋庆龄致函、发函、复函……

为了中国的百姓，她夜不能寐、食之无味；为了中国的百姓，她不吝拿出自己最珍贵的纪念品；为了中国的百姓，她放下尊贵的身份，四处去寻求一切可能的援助。

当中国人民处于患难之中时，宋庆龄不仅以自己的端庄形象和社会影响力，为中国人民代言，同时，她也对中国的未来充满着信心。

04. 救护，建国际和平医院

1938年7月间，国际和平委员会先后在伦敦和巴黎，召开了世界代表大会。大会倡议并决定：支援中国建立一个中国伤员医疗中心，并定名为——国际和平医院。

9月17日，宋庆龄以“保盟”主席的身份，亲自来到了广州码头。宋庆龄是来欢迎由印度国民大会党特派的印度援华医疗队爱德华大夫等一行五人的。轮船靠岸停稳，宋庆龄等立即上前鼓掌迎接，并对医疗队来华服务的热情和侠义精神，表示敬佩和感谢。而走下船的爱德华大夫一行，看到德高望重、文雅端庄的孙夫人亲自前来迎接他们，也深受感动和鼓舞。

此后，印度爱德华大夫率领的这支医疗队，先到武汉，再经重庆到达了延安，为中国人民的抗日战争提供了国际主义医疗援助。

9月20日，下午2时，宋庆龄与邓颖超及广东省和广州市政府，文化、青年、妇女团体的代表等，来到了濠口的省港轮船码头。这样大的欢迎阵式，只为欢迎一个人——何登夫人。

何登夫人是何许人也呢？答案是——英国工党著名的领袖、英国援华委员会代表兼伦敦《每日新闻》特约通讯员。

何登夫人一贯反对向法西斯妥协的绥靖政策，力主反对法西斯侵略，支持中国反对日本帝国主义侵略的正义战争。她来华的目的是亲赴中国各战区收集日寇暴行材料，编成报告书，昭示全球，呼吁各国对日本侵略予以有效制裁。同时，何登夫人还带来了援助中国抗战的物品。

何登夫人此行，还有一个重要任务，就是协助在中国筹办国际和平医院。

何登夫人所乘泰山轮靠岸后，宋庆龄率领欢迎代表登轮向何登夫人表示欢迎和感谢。然后，宋庆龄又陪同何登夫人驱车前往宾馆，参加广东妇女抗日工作协会的欢迎会。在欢迎会上，宋庆龄致欢迎词。游击队之母——赵老太太，向何登夫人赠送了绣有中英文的锦旗，上书：“欢迎中国之友何登夫人，为世界和平正义而奋斗！”之后，举行了招待茶会。

有一天，宋庆龄诚邀何登夫人来到了她在广州的临时寓所。于是，两位伟大的女人，就建立国际和平医院事宜进行了商谈。

何登夫人说：“国际和平委员会7月份在巴黎召开世界代表大会，会上作出了一项帮助中国建立国际和平医院的决定。同时，英、美、加拿大的援华团体为国际和平医院的建立纷纷进行了捐款。”

宋庆龄以自己的影响力，为患难的人们奔忙。

宋庆龄紧握着何登夫人的手，诚挚地说：“感谢夫人，感谢国际和平委员会为中国人民所做的一切。我代表中国人民，深表感谢！”

“孙夫人，对中国的情况，你最了解，你看如何进行具体的操作？比如：国际和平医院建在哪里？由谁出任院长？”何登夫人也是爽快人，她用力地回握着宋庆龄的手，话语直奔主题。

“我看有一个人是最佳人选，他就是——诺尔曼·白求恩。”宋庆龄对此早已经成竹在胸，见何登夫人发问，马上回答道。

亨利·诺尔曼·白求恩，医学博士，加拿大医师、医疗创新者、人道主义者。他的胸外科医术在加拿大、英国和美国医学界享有很高的声誉。

1938年3月31日，为了支援中国人民的抗日战争，白求恩率领一个由加拿大人和美国人组成的医疗队来到中国，并去到延安。目前，他正在率领医疗队深入山西雁北和冀中前线进行战地救治。

宋庆龄和何登夫人在愉快的交谈中，研究决定，把“国际和平医院”这个名称，给予晋察冀边区五台山医院，并请正在那里工作的白求恩出任院长。

1938年冬季的一天，宋庆龄在香港的住所会见了新四军军医处处长沈其震。

沈其震代表新四军军长叶挺将军，向宋庆龄报告了新四军缺医少药的情况，并谈了军医工作对鼓舞士气和取得胜利的重要性。

宋庆龄听后完全同意叶挺将军的看法，并说："我从史沫特莱发表在《密勒士评论报》的文章中，已得知新四军缺医少药的情况，保盟已募捐了不少医药器材和其他物质。请转告叶挺将军，所需要的医药物资，不久可从香港和上海分别运送给新四军。"

果然，当沈其震回到皖南新四军军部不久，就收到了由香港和上海运来的手术器械、紧缺药品、营养品、被服和文化用品等。这为新四军坚持抗日战争给予了强有力的支持。据不完全统计，1939 年前后，新四军从纽约、费城等地的美国援华会得到颇多的援助，仅美元就 5000 多万。

宋庆龄通过呼吁、致函等多种方式，争取各国对华的援助。

1939 年 8 月 1 日，在《保卫中国同盟新闻通讯》第 7 期刊出的报告封面，印有宋庆龄发出的呼吁。报告中详细介绍了国际和平医院、中国红十字会急救培训学校、中国工业合作协会、保盟的战争孤儿工作、新四军的医疗机构和抗日大学，以及保盟的目的和同其他组织合作的方式。

1939 年 10 月，宋庆龄致函印度国民大会党领袖贾 · 尼赫鲁，对他决定派遣印度医疗队到中国解放区，表示很欢欣。

同时，又致函美籍华人，呼吁对中国抗战继续给予援助。函中说："中国军队中的军医和护士只有 15% 是完全合格的，肯定地说，是在中国这样急需挽救生命（而不是为士兵提供舒适的条件）的地方，你们的捐助才能发挥最大的效果。"

1939 年 12 月 16 日，宋庆龄又致函印度国民大会党领袖贾 · 尼赫鲁，函中写道：

……我很高兴地了解到你们已做出决定，你们医疗队的工作将继续在西北地区进行下去。这个地区严重缺乏合格的医务人员和医疗用品，所以比以往任何时候都更需要这个医疗队的非常良好的服务。我十分遗憾地告诉你，由保卫中国同盟扶持的五台山国际和平医院院长诺尔曼 · 白求恩大

> 夫已经与世长辞了。五台山这个地区没有医生，没有护士，而白求恩大夫却在这样一个地方工作得非常出色。他在几乎没有任何医疗用品的条件下，独自一人负责三百个病号的治疗任务……

25 日，宋庆龄就接到印度国民大会党领袖贾·尼赫鲁的复信，告知对白求恩大夫去世表示哀悼，并说："我们的国民大会党医疗队的医生已去了五台山。"

这样，印度国民大会党领袖贾·尼赫鲁派来的援华医疗队，在 1939 年进入了华北游击区。医疗队队长柯棣华大夫成为已故的白求恩大夫的继承者，担任国际和平医院院长。

从 1939 年到 1940 年，国际和平医院已扩展为四个抗日根据地的四所医院，第一所在五台山，第二所在延安，第三所在晋东南，第四所在皖南。

抗日战争胜利之后，保盟提出了把这些国际和平医院建设成为当地的"一个大规模的公共卫生中心"的设想，呼吁外国朋友继续给予援助。随着抗日根据地的扩大、后来解放区区划的调整，到 1948 年，国际和平医院已建立起 8 所中心医院、42 所分院，共 11800 张床位。

05. 抗日，宋氏三姐妹合作

宋氏兄弟姐妹之间，特别是宋蔼龄、宋庆龄、宋美龄三姐妹，因政治观点不同，走上了不同的人生道路。但在国难当头、民族危亡之际，宋氏三姐妹之所以能走到一起，可以说，与在"西安事变"中，宋美龄与宋庆龄的沟通，宋庆龄为和平解决"西安事变"释放蒋介石所做的努力是密切相关的。

宋庆龄和姐姐宋蔼龄

抗战时期的三姐妹

宋美龄回到南京以后，在她所写的《“西安事变”回忆录》中说：“当余心精神肉体忧劳交迫之时，孔部长及余两姊孔夫人、孙夫人与其他戚友，掬诚慰藉，爱护之情，至足铭感。”“……因此，余竭全力求赴西安，孔部长与余诸姊弟皆愿伴余同往，尤足感人。然主张讨伐者仍竭力阻我成行。”文中对宋庆龄充满着感激之情。由此，宋氏三姐妹摒弃前嫌，开始携手走上抗日救国的道路。

1937 年 8 月 1 日，继宋庆龄等在上海成立中国妇女抗敌后援会之后，宋美龄以蒋介石夫人的身份，在南京成立了中国妇女慰劳自卫抗战将士总会。宋美龄说：“我们要保全国家的完整，保护民族的生命，应该尽人人的力量，来抵抗敌人的侵略。”宋庆龄和宋蔼龄是这个团体的上海分会理事，她们姐妹三人结成了同盟。

8 月 13 日，日军开始对上海大举进攻。8 月 14 日，国民政府发布了自卫抗战声明，宣布“实行自卫，抵抗暴力”。

宋庆龄为盼望了多年的抗战局面终于实现而激动不已。战争改变了一切，也改变了人际关系与人的个性。

大姐宋蔼龄第一次知道了这个世界上还有比炒股票和做投机生意更具有意义的事情。她组织人把粮食运进难民区，让没有吃喝的苦命的穷人维持生命。为了抢救伤员和医治伤兵，她买了三辆救护车和 37 辆军用卡车送给医院和红十字会。

宋庆龄在南洋女子中学的演讲感动了许多人。那天，她穿着朴素的衣衫，脸上荡漾着慈祥的笑容，面对礼堂里密密麻麻的师生，她用亲切甜美的上海方言向大家介绍抗日形势。她号召妇女们要爱祖国、爱人民，为中国的抗战贡献自己的力量。她的激情感染了大家，一个多小时的演说结束后，师生们开展了自发的募捐活动，南洋女中附近的居民赶做了1000件丝棉背心送到前线。

10月20日，中国军队在蕴藻浜前线与刚登陆的日军进行激烈的决战。隆隆的炮声中，宋庆龄来到美商RCA广播电台用英语发表演说，她的声音传到了美利坚的千家万户。

宋美龄决心到美国去寻求支持，她相信美利坚总统会伸出援助之手。在美国宋美龄到处作中国抗战形势的报告和演讲。在白宫椭圆形的办公室内，风姿绰约的宋美龄受到了坐在轮椅上的仪表堂堂的罗斯福总统的接见。

宋美龄用流利的英语简要介绍了中国的形势，特别介绍了“九一八”以来日军在中国扩张挑衅的事实。最后她说：“……要保持我们这个世界的平衡，双方力量的消长也必须保持平衡。我倾向于向中国提供有限的帮助。”

富有外交才能的宋美龄从罗斯福总统那里得到了120架飞机的援助和派遣美国空军志愿队的承诺。而这批飞机和美国空军“飞虎队”在中国的抗战史上，留下了光荣的记录。

到了1939年，宋庆龄和宋美龄姐妹俩一起参加的社会活动和担任的职务越来越多。此时，二姐庆龄46周岁，而小妹美龄42周岁。

7月20日，延安中国女子大学举行开学典礼。在开学典礼上，宋庆龄和宋美龄与毛泽东、斯大林、蒋介石等同被选为大会名誉主席团成员。

8月21日，宋庆龄和宋美龄姐妹与大姐夫孔祥熙、大弟宋子文等同被聘为欢迎印度国民大会党领袖贾·尼赫鲁筹备会的顾问。

1939年，宋氏三姐妹与蒋介石的合影。

1940年1月17日，延

抗战期间，宋氏三姐妹携手抗日的活动，成为当时各大报刊的头条新闻。

安妇女宪政促进会举行成立大会，宋庆龄与宋美龄、何香凝等被大会聘请为名誉理事。

3月8日，宋氏三姐妹一道参加“三八”妇女节茶话会。

3月21日，国民党中央委员会决定：尊称孙中山为国父。

3月28日，宋蔼龄和宋庆龄，一起参加香港各爱国团体联席会议。该联席会议由宋美龄召集，讨论如何在香港开展伤兵之友运动。在会上，宋美龄对宋庆龄通过保卫中国同盟和中国工业合作社，为中国的战争灾胞所做的工作，给予了充分的赞扬。

3月31日，应宋美龄之邀，姐妹三人一起由香港飞抵重庆，开启了宋氏三姐妹抗日合作的新篇章。三姐妹此行受到了公开而热烈的欢迎。宋庆龄住到了大姐宋蔼龄家中。

宋氏三姐妹

宋庆龄，为了开展统一抗战，为了妇女工作，为了与亲属团聚，按着姐姐和妹妹的愿望到重庆来了。于是，似乎1940年4月间，重庆的空气都被宋氏三姐妹给引燃了。此刻，宋氏三姐妹被尊称为孔夫人、孙夫人、蒋夫人。

从4月2日开始，连

日来，三位夫人视察各种合作事业暨救济机关和妇女儿童工作，巡视重庆被敌机轰炸的残迹，关怀无数受难的人们……她们在重庆的活动成了《新华日报》《新民报》《大公报》《新蜀报》等争相报道的头条新闻。

4月2日《大公报》发表短评《欢迎孙夫人》：

> 孙夫人此次到重庆，无论任务有无或大小，都是团结的有力象征。孙夫人的精神是反侵略的，不妥协的……孙夫人来了，她的心里也一定是高兴的。新兴的中国，是孙中山先生所手创，也正在孙先生精神领导之下而抗战而建国。

《新民报》在特写《访谒孙夫人》一文中描绘：

> 她庄严幽静，穿着黑色旗袍，外罩黑色呢短外套，手提黑提包，灰蓝色的一双平底皮鞋，更衬托出全身雅丽的色泽，身材比蒋夫人矮些，但同样有着一双明媚深炯的目光。她是中年以上的人了，但那潇洒飘逸的态度和装束显得很年轻。她是蕴含着无限活泼的生命力，将为着贯彻抗战，而来此共同努力！……千万的妇女都热望着瞻仰孙夫人的风采，聆听孙夫人的言论。她不断地逊谢着……

5月9日晚，结束在重庆、成都等地近40天的访问、视察，宋庆龄和大姐宋蔼龄一起离重庆飞返香港。因为，到重庆，宋庆龄是为抗战宣传而来，而在香港，有更有益的工作在等着她……

06. 支持，开展“一碗饭运动”

1941年7月—9月间的香港，上街购买饭券，吃上一碗炒饭，是香港民众最热衷的事，人们称之为“爱国饭”“救国饭”。

是的，这就是宋庆龄在香港倡议开展的“一碗饭运动”。

首倡“一碗饭运动”的，是美国医药援华会等团体。从1939年开始，美国医药援华团体每年举行一次“一碗饭运动”，目的是在美国人民和华侨中募集捐款，以购买医药和医疗设备，支援中国抗战。不久，“一碗饭运动”扩展到英国、加拿大和南美的许多国家。

为募集资金，救济伤兵难民，激发150余万香港同胞的爱国救亡热情，1941年，时任“保盟”主席和中国工会国际委员会名誉主席的宋庆龄，在香港，发起和领导了轰动全港的“一碗饭运动”。

5月初，根据宋庆龄的倡议，“保盟”在香港成立了“一碗饭运动”委员会。宋庆龄为名誉主席，香港立法局华人首席议员罗文锦律师为主席，香港医务总监司徒永觉的夫人克拉克为副主席。

“一碗饭运动”的具体操作步骤是这样的。

委员会经过研究决定：首先发售餐券一万张，每张二港元。认购一张餐券的价值是本可以购买几道菜肴的，但认购者只能持券到提供赞助的餐馆吃炒饭一碗，差额的盈余部分，将交给中国工业合作社作为救济西北难民的基金。

“一碗饭运动”立即得到香港各界的积极响应。

第一位捐助者是威灵顿街丽山餐室的老板温梓明，他表示愿捐饭500碗。在他的带动下，香港各酒楼、餐室纷纷响应，几天之中，就有13家餐饮店加入“一碗饭运动”，共捐饭5000余碗。

7月1日晚，在香港湾仔著名的英京酒家，由宋庆龄主持了规模盛大的“一碗饭运动”开幕典礼。150多人出席了这一盛典。

香港各界人士为一睹宋庆龄的风采，纷纷涌来，一时间，万头攒动，使得港英政府不得不临时加派警力维持秩序。

晚8时许，委员会主席罗文锦首先宣读了港督罗富国致“一碗饭运动”委员会名誉主席宋庆龄和副主席克拉克的信，内称：

现值“一碗饭运动”在此推行，固知香港之华人，将能利用机缘，以援助其祖国在苦难之同胞也。

然后，宋庆龄用抑扬顿挫的语调说道："一碗饭运动不但是募了捐去救济受难的人们，并且是要节饮节食，来表示牺牲的意思，这是我们做人的美德，无论中外，无论古今，都是值得赞扬的。……一碗饭运动是同情于我们抗战建国，而发扬民主精神的表示。……更含有一种深长的意义，因为这次捐款是要帮助工业合作社去组织及救济难民、伤兵，这是巩固生产阵线，是生产救国，是帮助人们去帮助自己，是最妥当的一种救济事业。因此，是值得提倡的……"

在大厅主席台上，陈列着一些宋庆龄捐赠的孙中山生前珍贵的墨宝及其他文物和纪念品。宋庆龄当场进行义卖，作为向"一碗饭运动"的捐款。不多时，这些珍品便被争购一空。

宋庆龄的义卖行动感召了大家，香港各大酒家争相认捐"一碗饭"，开幕式当晚共认捐炒饭 13500 碗。

成立大会后，"一碗饭运动"委员会通过新闻界、文艺界进步人士，进一步展开了广泛的宣传和动员活动。香港餐饮界对"一碗饭运动"的反响非常热烈。截至 8 月 1 日，捐助数就已达 14700 碗。与此同时，香港工、商、妇、学等社会团体也纷纷响应"保盟"的号召，协助"一碗饭运动"委员会推销饭券。

8 月 1 日，计划进行三天的香港"一碗饭运动"正式拉开帷幕。

清晨，"保盟"工作人员就分赴各酒家、餐室，巡回检查各店的准备情况，对他们的精心布置、有序准备表示满意与感谢。

英京、乐仙等 13 家酒家、餐室都将自己的厅堂门面布置得新颖别致。有的在门上挂出了"欢迎来吃救国饭""爱国之门""光荣之门"的横幅；有的在店堂内张贴爱国宣传画；还有的展出了抗日战士英勇杀敌、工合社员努力生产的图片等。英京酒家在二楼专设一厅为接待"一碗饭运动"顾客，并免茶资费。乐仙酒家更是别出心裁，对捐款达 100 元以上者，则用该店珍藏多年的大红古碗盛饭款待。总之，一切准备工作井然有序。

公共汽车、电车上也张贴着标语和宣传画，写着："为祖国无家可归的难民请命”“大家来吃爱国饭”“全部收入拨交中国工业合作社扩大救济工作”等口号。

特别值得一提的是，上午，一只特制的大碗模型出现在街头，把活动引向了高潮。一大群人簇拥着这只“大碗”喊着：“多买一碗饭，多救济一个难民。”这群人穿过中环、西环、湾仔等闹市区，为本来就已家喻户晓的“一碗饭运动”更增添了气势。

这一天，香港民众纷纷上街购买饭券，大家都以能够为资助抗战、救济祖国同胞为荣，称誉炒饭为“爱国饭”“救国饭”，是为救亡尽力。各餐室的老板、店员都视参加“一碗饭运动”为一生中最有意义的事。

8月2日和3日，正值星期六和星期天，市民把参加“一碗饭运动”视为最光荣又最具永恒纪念意义的一个重要的活动。他们或携幼扶老举家共食，或和朋友同去餐室。家境贫寒的，买一碗回去，一家老小围坐，你一筷，我一匙分享；病老不能出门的，托人捎带。香港地无分南北，人无分中外，个个都知“一碗饭运动”。他们阶层不同，然同情伤难、支持工合、援助抗战的热情是一致的！

在8月2日的《华商报》上，头条刊登宋庆龄的题词：“日寇所之，骨肉流离，凡我同胞，其速互助。”

原定进行三天的“一碗饭运动”很快就结束了，可仍有许多人为没能吃上“一碗饭”而遗憾。各界人士纷纷呼吁，希望能延长时间，以便让更多的人吃到一碗“爱国饭”“救国饭”，以表达他们的一片爱国救难之情。结果多数餐室延长了日期。比如：中龙泉茶室延至8月10日，天燕餐室延至15日，而乐仙、小祇园两家一直持续到了8月30日。售出的餐券，远远超过了原计划两万张的指标。由此可见，“一碗饭运动”取得了圆满的成功。

直到9月1日，“一碗饭运动”胜利落幕，于是，在英京酒家，举行了结束典礼。宋庆龄再一次到会主持。

闭幕会上公布了“一碗饭运动”的收入：扣除各项开支，净余港币25000元，法币615元。在胜利进行曲中，宋庆龄把由她题写的“爱国模范”的锦旗，授予认捐炒饭的13家优胜餐室。又向英京、小祇园、乐仙三家业主高福中、欧阳藻裳、庞永棠赠送了孙中山先生的遗墨——“努力向前”。

“一碗饭运动”所得收入全部捐赠给中国工业合作运动，有力地支援了中国的抗战。由此，宋庆龄和香港同胞一起感受着成功的喜悦。

07. 赈灾，举办国际足球义赛

1941年12月8日晨，香港突然遭到日机轰炸。

9日，愤怒的宋庆龄在香港英文《南华早报》上发表声明，描述这场来自空中的大屠杀，并呼吁：让我们共同战斗到底，直到把日本强盗赶过大海，回到他们原来的岛屿上去。

10日，在日本侵略军占领启德机场前六小时，宋庆龄才乘最后一架班机飞往重庆。宋庆龄在离港之前表示：不管发生什么情况，“保盟”的工作，一定要继续下去。

宋庆龄到重庆后，重建“保盟”。为了募集更多的款项以支援多灾多难的同胞，宋庆龄在重庆发起和举办了多次义卖、义演、义赛活动。她以其特殊的地位、崇高的威望和人格魅力，得到了驻外使节、政府要员、富商巨贾、社会名流的纷纷响应和支持。

屋漏偏遇连阴雨，1943年5月，战火燃烧的河南又发生特大水灾，人民流离失所，处于水深火热之中。宋庆龄得知消息后，马上组织“保盟”开始筹备募捐活动。

协助“保盟”工作的许乃波先生是一位体育爱好者。他认为足球是一项既有群众基础又有观赏性的体育运动，可以争取到更多的人参与赈灾活动。于是，他向宋庆龄提出了组织足球义赛的建议。

宋庆龄不仅立即同意了，并且发出了举行国际足球赛的倡议。倡议一经提出，立即得到了山城重庆各界人士的热烈响应。

经过协调，中国方面很快组织了两支球队：一是由上海赴渝的足球队员与全国一些足球名流组成的“沪星队”；二是由当地社会人士出面组织的“东平队”。而外国方面，则一是由英国驻华使馆、英国军事代表团工作人员组成的“英联队”；二是由韩国在华青年组织的“韩青队”。四支足球队为了使球赛更精彩，开展了一系列训练。

1943年5月3日下午，一场别开生面的国际足球赛，在重庆两路口川东师范学校球场开幕了。

宋庆龄脸带微笑亲临球场并主持开幕式。

举办国际足球比赛，这在重庆还是首次，因此，消息一经发出，吸引了众多的观众。不仅看台上和四周挤满了观众，甚至连附近的房顶上、树上、高地上都站满了人，可谓盛况空前。

首先，宋庆龄致开幕词。宋庆龄在开幕词中向全体嘉宾和观众介绍了河南的灾情，号召各界人士投入赈灾。然后，在军乐队的演奏声中，宋庆龄在英国大使薛穆夫妇的陪同下来到赛场中央，与场中整齐列队的各参赛队队员一一握手，并亲自为球赛开球。

比赛在队员高昂的激情和观众雷鸣般的掌声中开始。两支中国球队“沪星队”与“东平队”举行了首场对决。经过激烈的角逐，“沪星队”以五比三获得了胜利。在观众意犹未尽中，结束了第一天的两场比赛。

第二天，为防备日机轰炸，球赛没有连续进行。

5月15日下午，国际足球义赛重新开赛。宋庆龄不顾连日赈灾的疲劳，又拨冗前来观战。大批观众也兴致勃勃按时进入了观众台。

这天，第一场球赛是“东平队”对“韩青队”，结果是“东平队”以8∶1的大比分获胜。第二场是“沪星队”对“英联队”，结果是“沪星队”以9∶3获胜。

翌日，正值星期天，观众的人数骤增，仅比赛场内的观众就达万人。观众席上，有宋庆龄、邓颖超等妇女界代表，有苏联驻华大使及英国军事代表团要员等。四支球队交换对手，捉对再战。场上的激烈比拼，牵动着每一位观众的心。人们欢呼雀跃着为球队加油助威。最终，“沪星队”以5∶2胜“韩青队”；“东平队”以 6∶3 胜“英联队”。

经过三轮五场的交锋，最终“沪星队”以强大阵容夺取冠军，“东平队”则凭雄厚实力获得亚军。两支中国球队的胜利，让观战的中国人更加群情激动，热血沸腾。而此时，对于中国队队员来说，输赢还在其次，关键是因为他们的拼搏，为灾民募得了捐款。

闭幕式上，宋庆龄与重庆市市长贺耀祖及英国驻华大使等向各参赛队赠送了锦旗，并向每位运动员颁发了特制纪念章。

纪念章为长方形，正面镌刻着“参加赈灾足球义赛纪念，孙宋庆龄赠，中华民国三十二年五月”字样，反面是一名运动员以矫健的身姿带球前进的图案。

同时，在闭幕式上，比赛用球，被一富商高价买走，而此次国际足球义赛的所有开支则由另一位爱国商人当场全部承担，他们爱国济难的热情赢得了全场观众一阵阵热烈的掌声。

这次义赛门票及卖球收入共筹得善款 125530 元，全数拨寄至陕西宝鸡“豫灾赈济委员会”主席卢广绵。

7 月 8 日，《新华日报》登载了“豫灾赈济委员会”致保盟主席宋庆龄的感谢信：“孙夫人惠鉴：承惠捐夫人主办之足球义赛全部所得国币 125530 元，以为赈济河南灾民之用，该款现已照数收妥，至深感谢！”

用以工代赈的办法救济灾民，帮助他们生产自救，对此，宋庆龄深感欣慰。

9 月 2 日，宋庆龄通过重庆《新华日报》摘要公布了宝鸡豫灾赈济委员会主席专门报告赈款用途的来信，并借此机会对曾帮助赈济豫灾足球义赛的工作人士表示感谢。

抗战胜利后，“保盟”发展为“中国福利基金会”。此时，适逢苏北、湘中灾情严重，宋庆龄决定邀请在香港的“亚洲球王”李惠堂带队来沪，再次为赈灾举行足球义赛。虽然李惠堂欣然接受邀请，然而，此事却受到当局阻挠而中途夭折了。

08．创举，中国福利基金会

1945年8月15日，日本天皇以诏书形式，向全世界宣布接受《波茨坦公告》，促令日本无条件投降。消息传来，正在重庆的宋庆龄，满面笑容地与重庆市民一起沉浸在欢乐的海洋中。

抗战八年，宋庆龄率领保卫中国同盟，对中国人民抗日战争给予经济和医药等方面的援助，并收养上千的战灾孤儿，这种支援对保卫中国的作用，不亚于以飞机、坦克和枪支的支援。保卫中国同盟的作用是双重的。一方面，让国际朋友们知道中国战区和敌人占领区人民的真正需要；另一方面，把捐款、医疗物资和其他捐助品运送给真正和迫切需要的人们，使朋友们和同情者的捐赠最有效地得到应用。

保卫中国同盟的作用不言而喻！宋庆龄的作用也不言而喻！

然而，虽然抗战胜利了，但是，百废待兴，战后的中国还困难重重，还需要各国朋友们继续给中国人民以道义、物质和技术方面的援助。因此，在中国的需要者和全世界朋友中间架一座桥梁的工作还得继续下去。

因此，由保卫中国同盟改组的中国福利基金会应运而生了。

为了适应形势发展的需要和更好地开展工作，1945年12月初，《保卫中国同盟声明》在重庆发表，宣告自即日起改名为中国福利基金会。

12月12日，中国福利基金会在上海华懋饭店召开第一次执行委员会会议。于是，中国福利基金会在上海南京路外滩汇中饭店331室开始办公。

1946年的新年伊始，53岁的宋庆龄，以中国福利基金会主席的名义，在中国福利基金会成立大会上发表讲话，吁请国际人士支持中国福利基金会，给中国人民以更多的援助。

从此，宋庆龄以中国福利基金会为平台，继续将大爱洒满人间。

许多时候，宋庆龄就似一个钟摆，一分一秒永不停歇地摆动着，同时，她也似一个高级调度员，用电、函等形式，指挥调度着……

用流水账的形式表述，也许最能体现出宋庆龄忘我的工作精神。

1月14日，宋庆龄以中国福利基金会主席的名义，致函香港汇丰银行行长，呼吁银行归还保卫中国同盟在1940年7月2日存入该行的存款8394.2元港币；16日，致函马海德，嘱告准备国际和平医院的有关情况，供进行求得支援之需。同时，又致函马海德，向他介绍推荐“联总”儿童福利工作者威尼塔·刘易斯小姐；22日，致函普赖斯小姐，商讨如何落实好援助的拨款。同时，又致电普赖斯，云：“请要求中国救济联合委员会拨款为延安购置一千病床的医院。将分配马尼拉医院给别处。”24日，致电普赖斯，请与华盛顿对外清算委员会表凯布，联系关于志愿救济机构购买所有剩余物资可享受40%折扣的事宜等。

普赖斯的全名为米尔德里德·普赖斯，她是美国援华会的执行秘书，也是中国战灾孤儿和儿童福利美国委员会的执行主任。从1940年开始，宋庆龄就与她多次进行电函沟通。

2月16日，宋庆龄致函悉尼响应孙夫人呼吁筹赈会，告知汇款的有效途径和办法。同时，致函时任上海银行行长的贝祖诒，商讨关于收回原保卫中国同盟的存款事宜；25日，致函时任印度巴达维亚（雅加达）中华全国红十字会爪哇分会的医生柯全寿，介绍中国福利基金会的活动情况；28日，以中国福利基金会主席名义，致函马尼拉中国体育协会，感谢捐款汇款并介绍保卫中国同盟情况。

3月6日，致电普赖斯，商讨捐赠物资转运渠道问题；13日，致函时任上海汇丰银行经理的格瑞商讨还款事宜；22日，致函普赖斯，商谈在苏北建立一所新的现代化的和平医院事宜；25日，致函上海中国海关监察长利特尔，要求推迟交付医疗保管费，以便申请免费；27—28日，发起设立作家、艺术家“文化福利基金”，援助贫困作家、艺术家，为此，邀请中国歌舞剧社在上海兰心大戏院义演音乐剧《孟姜女》，并出席观看了首场演出。

4月2日，复函英国驻沪总领事奥格登，对他转交来的信和500美元的支票致谢，并告之查收已签名的正副两份收据；4日，以中国福利基金会主席名

宋庆龄与史迪威

义，致函克劳特，要求清查医疗设备准确数目，以便办理出口结关手续；5—6 日致函、致电普赖斯，说明总预算不能及时造出的原因及一些救济机构互相扯皮之事；13 日，又致函普赖斯通报分配和运输救济物资等事宜；30 日，参加在上海槟榔路玉佛寺召开的上海各界追悼“四八烈士”会。

5 月 5 日，以中国福利基金会主席名义，致函上海市政府卫生局局长张维，要求“行总”协助运送六十箱医疗物资给山东临沂的省医院；10 日，复函泰国华侨各界建国救乡联合总会会长蚁美厚，感谢其对祖国的捐助；13 日，致函马海德，商谈生产疫苗及几所国际和平医院的预算和物资分配等事宜。

毕竟，宋庆龄不是铁打的；毕竟，此时的宋庆龄已年过半百。在为国为民的忘我工作中，她病倒了。然而，她却不给自己充分休息的理由，而是仍然带病坚持着，坚持着……5 月 14 日，她致函中国福利基金会执行委员会，告知自己因卧病在床不能出席会议，所以提出几个亟须解决的问题要委员会讨论决定。

6 月 1 日，宋庆龄在致詹姆斯・贝特兰的函中，告知了自己的近况：“……荨麻疹或风疹给我带来无穷的麻烦，我好像有两个月都没有睡着觉了……”

尽管如此，宋庆龄一刻也没有停止她的工作。她在中国福利基金会讲话，号召募集资金救济难民；为中国福利基金会举办的评剧义演撰写题为《评剧义演的意义》一文；指导中国福利基金会在上海大光明电影院义映电影《从军记》，将收入作为赈灾基金……

与此同时，宋庆龄不断地接到美国各界的邀请函，包括美国前总统罗斯福夫人的邀请。在访美与留在国内工作之间，宋庆龄选择着……

1950 年 7 月 10 日，宋庆龄主持召开中国福利基金会执委会，议定中国福利基金会改名中国福利会。7 月 25 日正式通过，并于 8 月 15 日正式向国内外公布。

宋庆龄全传

Biography of Song Qingling

第九章

母爱无疆，托起明天的太阳

有一种母爱，叫托起明天的太阳。

宋庆龄没有子女。她把满腔的母爱全献给了普天下千千万万的孩子们。半个多世纪以来，她数十年如一日关怀少年儿童的成长，为儿童事业呕心沥血，倾注了大量精力与心血，堪称中国儿童的慈祥祖母。

宋庆龄关切地为战灾儿童服务。她送来了医药和物资，支援了解放区的儿童保育事业。她向同情中国抗日战争的国外友好人士和侨胞发出了“救救战灾儿童”的呼吁。

宋庆龄在劳动人民比较集中的上海穷困地区，先后创办了三所儿童福利站，为邻近的孩子们免费提供文化教育、医疗服务。同时她采用了教育家陶行知先生在识字教育方面所倡导的“即知即传”的“小先生制度”。

宋庆龄创办了儿童剧团，开办了多个儿童图书阅览室，创办了新型托儿所、少年宫，首先提倡举办少年夏令营等。她创办的《儿童时代》杂志是新中国最早的儿童读物之一，一直为少年儿童所喜爱，是他们的良师益友。宋庆龄经常为少年儿童题词和撰写文章，鼓励孩子们健康成长。

她经常说：“儿童是祖国的花朵”，“儿童是我们的未来，因为未来的世界是属于儿童的。”

在宋庆龄一生的光辉业绩中，保卫儿童、关心儿童身心健康，是一个重要的组成部分。正如她自己所说：“我的一生是同少年儿童工作联系在一起的。”

儿童和儿童工作，是宋庆龄时时刻刻挂在心上的事情，而且在她的整个革命生涯中占有突出的地位。

01. 关切，为战灾儿童服务

“救救我们的战灾儿童！”——这是宋庆龄通过保卫中国同盟向全世界人民发出的强烈呼吁。

日本军国主义的铁蹄踏上了中国的土地，使整个中华民族处于水深火热之中，更使数以百万计的孩子成为战灾儿童。宋庆龄牵挂着这约 300 万之众的战灾儿童的命运，考虑着如何加大对他们的救济工作。

为此，宋庆龄向同情中国抗日战争的国外友好人士和侨胞发出了“救救战灾儿童”的呼吁；在国内，她积极促进我国各阶层、各党派妇女的团结合作并通过保盟发起了一个为战灾儿童服务的运动；同时，切实可行地建立了中国战时儿童保育会，以收容难童。

1939年春，在为战灾儿童服务的开幕式上，宋庆龄慷慨激昂地说：

> ……现在中国有数以百万计的战灾儿童。其中有的是为了祖国的独立和自由而牺牲的战士的遗孤；有的是被空袭炸死父母的子女；有的是流离失所并被饥饿和疾病夺去生命的难民的后代。另外，还有成百万的儿童，虽然他们的父母还活着，但有的是战斗在前线的战士，有的是被日本侵略者赶出家园的难民，他们无力照顾这些孩子……这些因战争变得无家可归的无所依靠的儿童——他们代表着我们未来的一代，他们将来要在他们的父母正在战斗受苦受难、流血牺牲的土地上建立一个新的中国……

同时，宋庆龄还向人们介绍了已在陕西三原建立的收养有500个儿童的孤儿院的情况。除为孩子们提供医疗、食物衣服、住所外，还对他们进行常规教育，以便训练他们成为有用的公民，能够在将来担当起国家交给他们的重任。

最后，她以极富感召力的语言，向全世界人民呼吁：“请你们把对中国的同情心表现在帮助保存中国未来的有生力量中。”

随后，宋庆龄这篇打动人心、极具鼓舞力的演说文稿，又被保盟配上插图制成传单，向一切有爱心、有良心、有同情心、有正义感的人们发出呼吁：“救救我们的战灾儿童！”

呼吁发出后，引起了极大的反响和支持，但宋庆龄和“保盟”都清楚地知道且深深地懂得：要有效地救济战灾儿童，必须设立保盟战灾儿童基金，并积极开展募集捐款和物资等各类活动，广泛争取国际救济团体、友好人士和爱国侨胞的支援。宋庆龄认为：“这种支援对保卫中国的作用，不亚于飞机、坦克和枪支的支援。”

于是，一场援助战灾儿童的运动启动了，并得到了广泛的响应。

为了救助战灾儿童，在敌后抗日根据地，因陋就简开办了不少儿童保育院，“保盟”给予的物质与精神的支援，使这些保育机构得以建立、维持和扩展，而筹募保盟战灾儿童基金则是整个运动链条中最重要的一环。在这方面，宋庆龄起到了决定性的作用。

宋庆龄以她自己的社会影响力，高举反法西斯侵略战争的旗帜，大力开展国际宣传，广泛联络和团结各方人士，并采取各种容易被接受的方式，因而募捐活动取得很大成功，募得了数量可观的资金设立保盟战灾儿童基金，从而使不少保育机构得到援助，更多的战灾儿童得到了救济和照护。

据统计，仅在 1939 年至 1940 年 2 月间，保盟资助战灾儿童款就达 5789.47 万元（港币）；1942 年至 1945 年间，保盟资助儿童工作款项共有 55 万多美元和 4700 多万元（港币）。

值得一提的是，宋庆龄不仅自己亲力亲为关爱战灾儿童，还与姐姐宋蔼龄、妹妹宋美龄一起积极参与关爱儿童的活动。宋蔼龄、宋庆龄和宋美龄三姐妹于 1940 年 3 月在香港团聚，并且一起出面活动，引起了人们的注目。

1940 年 4 月 3 日下午，宋氏三姐妹同到歌乐山第一儿童保育院看望难童。宋庆龄对孩子们说：“难童诸生既受此良好的训练，将来必不致产生汪精卫一类人物。”

民国时期的儿童节是 4 月 4 日。因此，宋氏三姐妹同到歌乐山第一儿童保育院看望难童的第二天，也就是儿童节当天，又以宋蔼龄、宋庆龄、宋美龄三位夫人的名义向歌乐山第一儿童保育院赠送 500 份糖果，祝贺儿童节。在这一天，宋氏三姐妹还一起参观中苏文化协会举办的“中苏儿童照片展览”和“儿童科学玩具展览”。

1945 年，中国人民的抗日战争胜利了！宋庆龄救助战灾儿童的努力不仅没有停歇，反而更加频繁了。

1947 年春，宋庆龄积极促成了与设在美国的国际救援机构——“战灾儿童义养会”的合作，并且使由保卫中国同盟发展而来的中国福利基金会成为它的中国代表。

这样，经与“战灾儿童义养会”主席爱弗娜·勃朗夫人达成共识，中国福利基金会在上海设立“战灾儿童义养会中国分会”。

开始时，“战灾儿童义养会中国分会”义养儿童只有140名。至1948年底增至328名。实际受惠儿童为3521名。至新中国成立前夕，全国30多所学校和儿童团体、5000名孩子，得到了“战灾儿童义养会”的资助。

专款专用，以书信的形式一一明确告之捐款的去向，这是宋庆龄一直坚持的原则，即便是最要好的同学和朋友也不例外。

1947年6月2日，宋庆龄致函威斯里安女子学院的同学、当时住在丹佛的刘易斯夫人，向她说明其捐助贫困儿童款项的计划用途。信中说：

> 转来你捐助一名中国儿童的57元港币。这笔钱已存入本会总的儿童福利工作基金，因为目前我们难于指定把它用于一名儿童。我们正在和战灾儿童义养会协作，至少对二百名中国贫困儿童进行援助。我们将把你的姓名告诉这个组织，请他们多向你提供关于他们工作的信息。

就是这样，为了那些战灾儿童，宋庆龄忘我地工作着……

02. 关怀，福利站的小先生

抗战胜利了。1945年12月，宋庆龄怀着喜悦的心情，从重庆返回阔别了整整八年的上海。

一回到上海，宋庆龄喜悦的心情立即被她眼前所见的一切击碎了。到处是流离失所的流浪儿；到处是失去学习机会的少年；到处是因缺医少药而在贫困和死亡线上挣扎的儿童。宋庆龄为此而忧心如焚。

减轻孩子们的苦难吧！给孩子们一些快乐和温暖吧！

于是，宋庆龄和她领导的中国福利基金会，把注意力转向“为广大贫苦儿童服务”上。

1946年到1947年间，宋庆龄在劳动人民比较集中的上海穷困地区，先后创办了三所儿童福利站，为邻近的孩子们免费提供文化教育、医疗服务，并为其中一部分人补充营养。

1946年，在上海胶州路725号设立第一个儿童福利站，站长为马崇儒。

1947年8月，宋庆龄交给到上海参加中国福利基金会工作的陈维博的第一个任务，就是筹办第二个儿童福利站。

宋庆龄以庄重和有些忧虑的语调嘱告陈维博，说：

> 现在上海的儿童们生活实在痛苦，不但过着饥饿的物质生活，而且精神生活贫乏。他们得不到机会读书，生活枯燥，变得愚昧无知。我们应该解救他们，要进行启蒙，从扫盲入手，这是一项拓荒工作。

于是，陈维博受中国福利基金会和宋庆龄的嘱托，着手在上海许昌路设立了第二个儿童福利站。

1947年11月，中国福利基金会在虹口昆山花园内建立了第三个儿童福利站。

这三所儿童福利站的房屋和设备虽然简陋，但是，每个福利站文化和娱乐室、看病诊所和卫生室等一应俱全。在这里，穷苦人家的孩子们得到免费诊治，学唱进步歌曲、扭秧歌、看幻灯等。

进行群众性的扫盲活动是儿童福利站重要的工作。宋庆龄采用了教育家陶行知先生在识字教育方面所倡导的“即知即传”的“小先生制度”。早在1932年，陶行知在上海郊区举办上海工学团，把劳苦家庭的儿童在谋生活动中组织起来，学习文化，学习爱国、救国的道理，并开展“即知即传”的普及教育活动。宋庆龄很赞赏这种能形成燎原之势的办法。

于是，带着小黑板的“小先生”的身影，或是出现在儿童福利站组织的几十个失学儿童识字班里；或是出现在弄堂里；或是出现在棚户区或失学儿童家中……

这样，儿童福利站就把那些没有机会进学校的失学儿童，以“即知即传”的精神，帮助他们识字，教他们唱进步歌曲和扭秧歌，组织他们观看幻灯，以向他们传播革命思想。

到新中国成立前夕，儿童福利站已经培养出170名“小先生”，开办了几百个识字班。里弄、阁楼、天井、晒台……都成了失学孩子们读书识字的课堂。

应该说，这是一项创举，也是一项具有开创性、收效高的工作。因此，在写给国外捐助机构的信中，宋庆龄掩饰不住内心激动的心情，信中说：

> 每天在福利站开放前几小时，已有孩子们在门外排队等候。我们可以说，自创办以来，这些福利站一直极受欢迎。目前已约有5000名儿童来到这里，得到靠自己没有办法享受到的益处。

宋庆龄热情关怀“小先生”们的成长，她多次来到儿童福利站看望孩子们，并且亲身到识字班指导孩子们读书，与孩子们一道看书、交谈。她特别鼓励“小先生”们要为小伙伴们服务，将来成为建设新中国的有用之人。

宋庆龄的心血没有白费，许多贫苦孩子从那一间间铁皮活动房里吮吸到了知识的乳汁，懂得了做人的道理。

后来成为成都一家研究所的高级工程师的吴方，当年曾是儿童福利站的工作人员。他一直珍藏着宋庆龄当年辅导他识字的照片。

那是1947年4月4日，这一天，正是第一个儿童福利站开幕的喜庆日子。宋庆龄又来到福利站视察了。此前，宋庆龄经常来视察儿童福利站。

宋庆龄第一次来时，儿童福利站还在修建中，吴方和其他工作人员在操场上远远地看她在那边安排工作，对她产生了深深的敬意，大家都尊称她为“国母”。

这一次，正当吴方在福利站津津有味地看着一本图画书时，宋庆龄轻轻地走进阅览室，来到了他的身边，又轻轻地挨着他坐下。

吴方抬起头，正羞涩地不知所措间，只听宋庆龄和蔼而温和地问道："书上画的是什么？认不认得画下面的字啊！"

那一刻，吴方感觉真的似妈妈在他耳边嘘寒问暖一样，因此，他心安稳了。于是，他如实地回答道："有些字认识，有些字不认识。"

听到吴方的回答，宋庆龄马上手把手、耐心地教他认那几个不认得的字——这个动人的镜头被一位外国记者拍了下来，从此成为激励吴方一生搏击，奋勇前进的强大动力。在宋庆龄的关怀下，成千上万的儿童成长起来了。这些孩子永远感谢他们的"宋妈妈"。

1947 年 12 月 23 日，宋庆龄在香山路她与孙中山的旧居设晚宴招待三位特殊的客人——三位儿童福利站的站长。

这是一次家庭式的便宴，宋庆龄亲自下厨，并亲自为三位客人夹菜倒茶。宋庆龄的随和让大家的心情很放松，因此，整个晚宴和谈话自始至终亲切而无间。交谈的话题，当然是宋庆龄时刻关怀的儿童工作。

当三位站长汇报到小先生如何主动地把小伙伴团结起来，教他们读书识字、出墙报、编演小节目、扭秧歌的时候，宋庆龄高兴地笑了起来，并且说：

"你们的工作很有成绩，要孩子们团结起来，你们这是为未来而工作，眼光要放远些，我们要有开拓精神，把事情做得越来越活跃。——但是，当前的形势风云变幻，大家都要注意安全。尤其是要注意小先生们的安全。他们将来要成为有用之才。"

1950 年 6 月，遵照宋庆龄的指示，中国福利院以设在上海胶州路 725 号的第一儿童福利站为基地，将三所儿童福利站的保健室集中起来，创建了妇幼保健站。

宋庆龄是"国母"，也是孩子们的"宋妈妈"，同时，也是一个勇敢和为人类献身的象征。难怪约翰 · 鲍威尔和西尔维亚 · 鲍威尔由衷地说："和宋庆龄在上海的中国福利会工作是一种特殊的荣幸。"

03. 关爱，创办了儿童剧团

1946年，宋庆龄在上海光华大戏院观看陈白尘的讽刺喜剧《升官图》的演出，她对这个剧极为赞赏，并萌生了一个想法——创办儿童剧团。

这种通过观看演出，寓教于乐地开展活动的方式，对于宋庆龄来说，不仅不陌生，而且还相当熟悉。可以说，为了将募捐活动搞得卓有成效，宋庆龄和保盟曾想方设法通过举行义演、义映、义展、义卖、义赛和嘉年华会等方式来进行推动。

事实证明，这是行之有效的方式。

1940年10月18日晚上，宋庆龄及保盟在香港半岛酒店举行音乐舞蹈义演。这次演出，得到了香港代理总督诺顿中将的热心赞助。

宋庆龄站在玫瑰厅门口亲自欢迎客人。她迎接的客人有：孙科及其夫人、史密斯先生及其夫人、宋子良、周寿臣、罗文锦、李树风等。

从伦敦回来的舞蹈家戴爱莲、上海的男低音歌唱家斯义桂、香港的音乐家赵浦卫等艺术家参加了此次义演。

这次义演，获得的净收入3685.35元全部用作保盟战灾儿童基金。同时，为这次义演印制的纪念特刊的售卖也十分成功。

1941年5月2日，在美国费城举行的“中国之星”演出，是由美国援华会和美国援助中国战争孤儿委员会主办的。一些著名艺术家演出了包括中国在内的各国音乐节目。特别是，著名黑人歌唱家保罗·罗伯逊参加了义演，他还用汉语演唱了《义勇军进行曲》。

美国援华会费城分会执行秘书弗兰克·苏凯明在义演前发表了募捐演说。此次义演，为国际和平医院和中国战争孤儿募得500美元，为此，苏凯明在给保盟的信中说：“我很高兴地告诉你们，‘中国之星’的演出获得了巨大成功……这次活动的全部收入，将由美国援华会寄给你们。”

除了义演之外，电影义映，也是一种独特的方式。

1941 年 4 月 21 日，保盟在香港的“李剧院”首映著名的反纳粹影片——《牧师礼堂》。香港总督罗富国爵士及许多知名的英国和中国朋友观看了影片。

这次义映净收入 3217.30 元，开支只用去 60 元。这不仅充实了保盟战灾儿童基金，而且还使人们懂得了什么是法西斯主义。

因为有了这些成功的义演、义映经验，宋庆龄深知喜闻乐见的轻松演出带给人们心灵的震撼力量。同时，她又想到了她的孩子们。因此，创立儿童剧团的想法便萌生了。

心动不如行动。过了几天，宋庆龄把著名戏剧家黄左临请来商议。

宋庆龄向黄左临和盘托出了自己的想法，她说：“对于贫苦儿童，不能只给他们吃饭、穿衣，还要给孩子们精神食粮，要使他们看到未来。”

黄左临听后，对宋庆龄这种高瞻远瞩的想法极为敬佩并深表赞同。

宋庆龄在向中国福利基金会陈述自己创办儿童剧团的理由时说：“儿童是国家未来的主人，通过戏剧去培育下一代，提高他们的素质，给予他们欢乐，点燃他们的想象力，是最有意义的事情。”

1947 年春，由中国福利基金会筹组儿童剧团。剧团一经成立，立即指定上演的第一个节目是由鲁迅翻译、董林肯改编的苏联儿童剧——《表》。

1947 年 4 月 10 日，儿童剧团排练的《表》，在兰心大剧院公演了。

《表》是描述十月革命胜利后，布尔什维克党拯救、教育流浪儿的故事。当时，演出苏联作品是犯禁的。因此，宋庆龄不仅顶着巨大的压力和风险让这场戏作为儿童剧团的首演剧目，而且，她还为首演亲笔题词：

“《表》是一出深刻而动人的儿童剧。它不仅对儿童有很大的教育作用，同时也给予从事儿童教育者一个明确的启示。”

首场演出时，来了许多小观众，他们大部分是宋庆龄请来的儿童福利站的孩子。这些孩子从来没有进过剧院，更别说看描写孩子们自己事情的戏了。他们以好奇而兴奋的心情，瞪大眼睛观看着舞台上发生的一切。

宋庆龄坐在孩子们中间，看着这些饱受文化饥渴之苦的孩子第一次陶醉在艺术享受中，她既高兴又感慨，胸中涌动着慈母般的仁爱。

由此，中国第一个专为儿童服务的专业儿童剧团在上海诞生了。宋庆龄成为中国第一个儿童剧团的创立人。

宋庆龄和孩子们

此后，在宋庆龄的直接关心下，儿童剧团发展成为新中国儿童艺术剧院。这也是我国第一个儿童剧院。儿童艺术剧院创作和演出了《马兰花》《小足球队》和《童心》等儿童剧，并多次获奖。宋庆龄将儿童艺术剧院视为掌上明珠，并亲切地把中国福利会儿童艺术剧院称为——“我的剧团”“我们的剧院”。

儿童艺术剧院曾一度面临着被合并取缔的危险。闻听此事，宋庆龄没有说什么，只是从北京回到了上海。在儿童艺术剧院的门口，宋庆龄撩开汽车的窗帘，深情地凝望着。很快，“孙夫人来看儿童艺术剧院了”的消息不胫而走。宋庆龄无声的抗议，使“合并”计划取消了。这件事被儿童艺术剧院的人们称为“20 世纪新神话”。

晚年，体弱多病的宋庆龄，听说儿童艺术剧院的一些人，在要不要坚持为儿童服务的方针上有所动摇时，深为焦虑。1979 年 2 月，她亲笔给儿童艺术剧院一连写了两封信。

在第一封信中，宋庆龄写道：“我创办儿童剧院，是为了演出儿童剧，通过儿童典型形象，感染儿童，使他们有文娱生活并寓教育于文娱之中。希望你们继续把工作重点放在儿童剧上，创作演出更多更好的儿童剧。”

信发出后，宋庆龄感到意犹未尽。于是，第二天，她再次给儿童艺术剧院写了一封信，写道：“昨天给你们写了一信，今天觉得还有话要说，再写这封信……儿童艺术剧院是示范性、试验性的，完全是为儿童服务而创办的。成人有成人的剧院。某些干部把为儿童服务的方针误会了，将是一个大错，我们既定的方针，不可曲解和转变。”

宋庆龄这两封言简意赅的亲笔信，字里行间充满了对少年儿童的深情。

1979 年 3 月，上海儿童艺术剧院创作和演出的优秀儿童剧《童心》应邀赴北京参加调演。此时宋庆龄已是 87 岁的高龄，并且健康状况欠佳，但她坚持着观看了首场演出。演出结束之后，她还让人搀扶着亲自走上舞台，送给剧院一个大花篮，热情地向导演和演员们祝贺，祝贺他们演了一出对成人和孩子都有很大教育意义的好戏，勉励他们要创作和演出更多更好的儿童剧。宋庆龄的出现让演员们喜出望外，他们看到她那熟悉的和蔼的笑容，一个个禁不住感动得热泪盈眶。

几天之后，宋庆龄专门撰写了《我看〈童心〉》，并发表在《人民日报》上。在此文中，宋庆龄热诚地希望戏剧工作者们——“为孩子多编戏，演出更多更好的戏”。

04. 关注，儿童图书阅览室

1946 年 10 月 12 日，在沪西胶州路 725 号晋元小学内，上海儿童阅览室开幕了。著名的儿童教育家陈鹤琴兼任儿童图书阅览室主任。

虽然，这只是中国福利基金会创立的一间小小的图书阅览室，然而，在十里洋场的旧上海，它成了一朵灿烂的小花，许多报刊都报道了宋庆龄这一创举。是日开幕时，郭沫若还特地写了一首儿童诗以示祝贺。

阅览室建立了，图书就成为最珍贵的资源。

为了筹措所需要的书籍，宋庆龄不停地给海外的团体和朋友写信、复函，不厌其烦地解释这项工作的意义。宋庆龄用她的每一分精力，去为苦难中的孩子们争取哪怕是一支铅笔、一张纸、一本书。宋庆龄是孙中山的夫人，是中国的“国母”，然而，为了穷孩子，她却愿意竭尽全力地去做这些微不足道的“小事”。

有时，宋庆龄一天之中，就要写出几封信。

在写给一些海外朋友的信里，经常会发现这样的字句：“感谢你捐助五美元，此款为上海儿童工作购买了纸、铅笔和橡皮。”

为了感谢美国一所社区学校捐赠的五本图书，宋庆龄甚至分别给捐赠者和转递者写了感谢信。她告诉捐赠者，她已将这五本儿童书籍转给设在上海的三所儿童福利站供儿童阅读。

仅仅以1946年7月至1947年6月，短短一年间，宋庆龄回复的关于儿童图书阅览室的捐赠信函就有十余封。

1946年7月16日，宋庆龄给格洛宾姆小姐回信，信中说：

我们刚收到你5月29日的信，你信中提到为了中国儿童的利益，将捐赠美金25元……我们高兴地接受我们收到的所有良好祝愿与资助……当前，我们的组织正在着手创办儿童免费图书馆体系，正像你们美国类似的图书机构一样。如果你能为这些儿童图书馆捐款，收集在这类图书馆中有用的书籍和其他资料，我们将使它们得到最好的利用。

7月17日，宋庆龄复函迈克瑞夫人，感谢她惠赠100元，并告知已开始设立一批儿童图书馆的事宜。

7月18日，复函阿贝，函曰：

目前我深深地沉浸在救济工作中，因此，还没有时间坐下来写个人的信……我们在邵阳办了一个种子库，用美国送来的宝贵赠书又办了一个儿童图书馆，把国外来的书译成中文以及在工人区设立阅览室。

7月27日，致函卡罗琳·斯图尔特，函曰：

我希望了解，这笔捐款将用于本会正在筹办的“上海儿童免费图书馆”。我们在市里最贫困的地区，先开办两个分馆。我们希望把它们办成示范性的图书馆，带起一个运动并逐步扩展，使全国所有儿童都有免费读书的机会。

11月6日，致函住在美国加州洛杉矶的美国友人格鲁宾小姐，函曰：

我要再一次谢谢你对儿童图书馆的捐助。……你能进一步筹集任何援助，我们将不胜感激。我们当然欢迎得到更多的书籍。不论怎样，我们中国的妇女和美国的妇女必须为此而一道工作。

1947年4月2日，致函上海美国新闻处的执行主任考德威尔，函曰：

我们收到中国援华会通过美国新闻处送来的美国儿童书籍，这些书籍供我们在上海建立的儿童图书室使用。许多书印刷精美并有奇妙的插图，孩子们十分喜欢。但我们感到如果能译成中文并请一些大学生来帮助我们，效果将更好。

4月3日，致函黄家权，函曰：

澳大利亚朋友一定认识到目前中国的情况对民主人民困难重重。因此，我们认为比以前更重要的是提供基金和物资以延续各地国际和平医院的工作。目前，我们正在上海比较贫苦的地区建立儿童阅览室并计划设立诊所、扫盲班以及儿童图书馆。我们盼望有充足的基金在广州开展同样的工作。

4月4日，致函住在美国纽约州的锡拉丘兹的友人福尔克纳，感谢她所捐赠的儿童书。宋庆龄写信告诉福尔克纳：

你送来的三本儿童书将放在我们的上海儿童阅览室里，我们已翻译出几本美国儿童书，并希望能付印分发给其他阅览室。儿童喜爱美国书的图片以及高质量的印刷和纸张。

福尔克纳的父母是宋庆龄主持的救济工作的支持者，4 月 23 日，宋庆龄又写信给福尔克纳说：

你的双亲很善意地对我们的工作表示关注……在中国会有许多人怀念你父母所做的杰出工作……附给你一份上海儿童工作报告，其中谈到阅览室，还有第一个儿童阅览室开幕的照片。

4 月 30 日，致函联合国善后救济总署中国办事处官员戴维·弗莱明，说：

我们希望现已在星嘉坡路建成的第一个阅览室仅仅是一个开始，更多的阅览室将在上海和在中国其他城市建立起来。

6 月 2 日，致函在美国密歇根州东南部的海港城市底特律市的一所初级中学——哈钦斯中学，感谢这所学校学生为中国儿童捐献的“赠书宝箱”。

我要向你们表示中国福利基金会的深切感谢，将以极大的喜悦心情收到你校赠书宝箱的众多儿童，也要向你们表示深切的感谢。宝箱是指定给延安托儿所的，但是目前与那个地区的交通已经断绝。因此，我们把你校的礼品送往山东省胶东半岛，箱里的书分给了胶东托儿所和临沂托儿所。请查阅所附关于这两个托儿所的报告以及我会上海儿童福利工作计划的报告……我们由衷地相信，你们将通过美国援华会送来更多的宝箱。

1947 年 2 月，宋庆龄为苏联童话《黑母鸡》中译本亲自撰写序言，并把新出版的该书分给儿童福利站图书室，推荐给孩子们阅读。在序言中，宋庆龄写道：“侵略者发动的战争，带给人类许多灾难，而带给儿童们以特别多的灾难。他们失去了保护、温暖、他们缺少着食粮——物质的和精神的……我们不能让这新的一代被遗忘……”

05. 关爱，首所新型托儿所

宋庆龄所做的每件事情，都有鲜明的原则性。如果捐赠者指定是捐给谁的，那么一定按捐赠者的意愿办理。并且不论捐助多少，宋庆龄都要亲笔回信，向提供捐赠的人们表示感谢，并负责任地说明他们捐出的款物用到了什么地方，起到了什么作用。并且，对每一笔捐款，不论数额大小，宋庆龄都要开给收据，并亲笔签上她的名字。

总之，宋庆龄对钱财方面的事情特别认真，严格管理、克勤克俭，把每一笔捐款都用于为儿童服务上面。

为此，卡尔逊曾说过这样的话：

> 在她那尖锐的目光下，没发生过钱款被工作人员无耻吞没的事情。这同国民党政府的贪污、受贿、腐败、欺压百姓形成鲜明的对照。保盟在中外人士心目中享有正直无私、值得信赖的声誉。

宋庆龄

除了宋庆龄自己不断写信给各国友好人士、爱国侨胞，进行宣传联络以外，编辑、出版《保盟通讯》是宋庆龄和保盟进行国际宣传的主要手段。世界各地有许多人就是在《保盟通讯》上知道中国的真实情况的。

就是以这样的工作方式和态度，宋庆龄率领保盟以及后来的中国福利基金会，在抗日战争的艰难岁月里，在物资非常缺乏，缺医少药始终困扰着人们的状况下，使各种募捐活动取得很大成功，筹得了数量可观的基金，从而使不少机构得到援助，更多的人特别是儿童得到了照顾和救济。

在敌后抗日根据地，因陋就简开办了不少儿童保育院，而保盟给予的物质与精神上的支援，使得一些保育机构得以维持和扩展。

尤其是陕甘宁边区有不少烈士遗孤和抗日将士的子女需要抚育，在艰难的条件下，宋庆龄通过洛杉矶的国际友人和华侨募集到了一批物资和款项，并马上想方设法辗转运到了延安，在窑洞里建立了一个新型儿童保育机构——托儿所。

并且，为了纪念这种国际主义和爱国主义的精神，延安还专门把这个托儿所命名为——“洛杉矶托儿所”。

宋庆龄还以在延安的窑洞里建立的“洛杉矶托儿所”作为范例，写信给澳大利亚响应孙夫人呼吁筹赈会主席黄家权，信中她说：

> 我们向世界上某些社会团体募款，以供应一个特定的托儿所，或者创办一所新的托儿所。新托儿所将以某一捐款的城市命名，例如“悉尼托儿所”。这种方式有一个先例，那就是设在延安的“洛杉矶托儿所”，是用洛杉矶华侨的捐助兴建的。或许悉尼市能参与诸如此类的创举。

1947年6月30日，宋庆龄在回复“中国之友”秘书奎雷尔夫人函中感谢她的捐助，并保证捐助将尽可能最有效地使用。同时，致函弗罗斯特夫人，感谢她经奎雷尔夫人转来的捐助一名中国儿童的48港元。告之这笔捐款已经存入香港中国福利基金会的账户，作为资助华南儿童工作之用。函中并且还提到了中国福利基金会对湖南省灾区的一千余名孤儿进行照顾，以及在上海设立免费阅览室、诊疗所、识字班等事宜。

由此，人们可以看到宋庆龄在募款方式上的灵活性和开创精神。而保育院的孩子们受到宋庆龄无微不至的关怀和爱护，又怎能不从心底里感谢她呢？

1947年7月2日，陕甘宁边区第一保育院院长杨志芳，率全体工作人员及全体儿童写信给孙夫人宋庆龄。信中说：

溯忆本院自1938年成立以来，屡蒙先生殷切关怀，时赐精神与物质的各种热情援助，至为感激！先生为全国儿童福利事业暨其他各种社会救济事业，奔走呼号，不遗余力，百折不挠，始终如一，此为民谋福之伟大精神，实素为我全国同胞所敬崇，尤为我全院数百儿童暨工员所衷心热爱和拥戴，今特向您致热烈的慰问和崇高之敬礼！本院自诞生以来……一切设备皆初具规模，儿童生活在自由幸福的乐园里，心身均获得良好之发育，孩子们个个都呈现健康结实之体格，聪明活泼之姿态……然而，因为战争，孩子们的困难，也随之加多了。正值困难倍加之际，欣获中国福利基金会之捐款，遂悉数用之于改善儿童营养及玩具设备等，经几月悉心调养，今全部儿童已恢复健康，心身均又获得迅速发展。此即最大告慰先生之关切者，并向您致深厚的谢意！今奉上决算书一份，敬盼查阅。我们怀着十分的欢欣，来企望先生不断的给以指导和各种援助，在先生热忱的策励和援助下，使本院工作得到更迅速地开展。

这封信由解放区救济总会主任董必武转交到了宋庆龄手中，宋庆龄不求什么回报，但她对延安保育院的孩子们能快乐地成长，打心底里感到高兴。

1947年7月18日，宋庆龄复函广东中山县孤儿院负责人孙勤夫人，赞赏她为托儿所所做的工作，并希望提供援助。信中宋庆龄说：

谭宁邦汇报了你为中山托儿所所做的工作，他特别赞赏你不仅要争取物质帮助，而且乐于接受意见和技术援助的良好态度。我们希望在最近的将来能为你提供这一切。我们有可能从你们托儿所开始，选出10—15名儿童作为义养对象。将来可能帮助更多儿童。我希望这一微小的贡献在九月份能稍有眉目，使你重建托儿所的计划得以实现。

1949年7月24日，宋庆龄出席并主持中国福利基金会在上海陕西北路369

号创办的托儿所的开幕典礼。这是一座花园洋房，在绿草如茵的园地，邓颖超等应邀参加典礼。

11 月 15 日，该所迁至上海五原路 205 弄 5 号，由日托制改为寄宿制，入托幼儿由 34 名增至 50 名。

这是新中国成立后上海第一所新型的托儿所。

1949 年 8 月 26 日，宋庆龄在邓颖超、廖梦醒等陪同下，从上海乘火车前往北平。8 月 28 日下午 4 时 15 分，当宋庆龄到达北平火车站时，欢迎的人群中，不仅有毛泽东、朱德、周恩来等五十余人，而且，还有一群幸福欢笑的孩子，捧着鲜花来欢迎她。

这群来自“洛杉矶托儿所”的孩子纷纷喊她“宋妈妈”，而宋庆龄高兴地接受了孩子们献给她的鲜花……

06. 关怀，夏令营与少年宫

1949 年 7 月 17 日至 8 月 21 日，上海第一个少年儿童夏令营开营。

在宋庆龄的关怀下，中国福利基金会在上海西郊虹桥路 1191 号，举办了新上海第一个少年儿童夏令营——小先生夏令营。

来自上海工人区的少年儿童，主要是儿童福利站的小先生、小服务员、小保健员共 180 人参加。

活动内容新鲜、生动、丰富，除政治学习、文体活动外，还瞻仰了鲁迅墓、参加了陶行知纪念会，访问附近农村、工厂，与解放军、工人联欢。

夏令营还设有图书馆，孩子们自己编辑出版壁报等。

7 月 19 日，宋庆龄特邀在上海的邓颖超、许广平、廖梦醒等一道到小先生夏令营视察。邓颖超是受中共中央、毛泽东主席派遣，持毛泽东、周恩来致宋庆龄的两封亲笔信和廖梦醒一起抵达上海，来迎接宋庆龄赴北平参加政治协商会议的。此前于 6 月 29 日，宋庆龄在上海寓所里亲切接待了邓颖超。

宋庆龄和邓颖超等人，来到夏令营，来到孩子们中间。她们一起观看了孩子们表演的文艺节目，看望了小朋友，并同大家共进晚餐。她们详细询问了孩子们的学习、生活情况，勉励孩子们要好好学习，做新中国的小主人。

参加夏令营，受到“宋妈妈”的亲切关怀，这一切，给了少年儿童以莫大的鼓舞。

首次儿童夏令营的成功举办，为以后的儿童工作开启了“夏令营模式”，此后，成千上万的少年儿童因为参加夏令营活动而锻炼了身心，增长了知识和才干。

在宋庆龄的心里有一根弦，一直牵系着她的“孩子们”。

1952年12月，宋庆龄应苏联对外文化协会邀请，率领中国代表团前往苏联参观访问。在参观访问的过程中，宋庆龄尤其对苏联的少先宫特别感兴趣。

当看到少年儿童在少先宫里参加各种小组活动的动人情景时，宋庆龄不禁又激发起了一个新的想法。

回国后，宋庆龄就提出了一个想法——在上海办一个如苏联少先宫那样的校外活动场地。她说：“我们不叫少先宫，就叫少年宫。”

建少年宫，首先需要解决的是房子与园地的问题。

也许是宋庆龄一颗为了孩子们的心感动了上帝，真是想啥来啥。宋庆龄正在为房子与园地的事发愁时，正巧中国福利会的一位外国友人遇见“大理石大厦”的代理人，于是房子和园地的问题就迎刃而解了。

原来，“大理石大厦”是英国犹太人埃里·嘉道理的私人住宅。1947年他们离开上海到香港居住，这座大厦便一直空着。

得到这个消息，宋庆龄非常高兴，马上组织人员着手联系办理。不久，上海房地产局将“大理石大厦”租给了正在筹备中的中国福利会少年宫。

另外，筹建少年宫还要解决干部问题。

宋庆龄决定将中国福利会的少年儿童文化馆与儿童图书馆合并于少年宫。以两处的干部作为基本骨干力量，再适当补充一些对少年儿童教育有经验的人员，这样，干部的问题也解决了。

万事俱备。

1953 年 6 月 1 日，由宋庆龄创办的中国福利会少年宫正式成立。

6 月 1 日，在这个国际儿童的节日，中国福利会少年宫举行了隆重的开幕典礼。上海市副市长潘汉年等出席了开幕式。当日，全国最早的规模宏大、建筑瑰丽、环境优美的少年宫正式对孩子们开放。

中国福利会少年宫坐落在上海大西路 6 号（今延安路 64 号）。原系英籍嘉道理爵士私邸，室内面积为 3300 平方米，有大、中、小厅室 20 多个，整个庭院草坪占地 15000 平方米。

此后，宋庆龄经常通过讲话、写信、题词和撰文等不同形式对少年宫的开办方法、工作方针、教学内容、师资队伍和学术研究给予具体指导。

少年宫创建伊始，宋庆龄对“少年宫”题名应该由谁来写这一问题再三考虑，最后认为由毛泽东来书写最为合适。

1954 年 6 月，应宋庆龄之邀，中华人民共和国主席毛泽东亲自为中国福利会少年宫题写了宫名。

1957 年 10 月 16 日，宋庆龄在中国福利会少年宫举行茶会，招待应邀参加我国国庆后来上海参观的缅甸、锡兰、埃及、印度、巴基斯坦、突尼斯等七国妇女代表团。中国福利会儿童艺术团还为贵宾们表演了《采茶舞》。

同时，在中国福利会少年宫，宋庆龄还亲切看望了科技、文艺小组组员以及小伙伴服务队的同学们，并与同学们合影留念。

在宋庆龄的关怀与指导下，少年宫的工作卓有成效。

从 1960 年开始，上海各区都成立了少年宫和少年之家。后来，在上海的带动影响下，全国各省市也都陆陆续续成立了少年宫。由此，少年儿童校外教育得到了广泛的发展。

1960 年，宋庆龄在北京市少年宫参加活动，要求对于少年宫的小朋友进行常规教育，以便训练他们成为有用的公民，能够担当起国家交给他们的任务。

宋庆龄对中国福利会的各项工作非常关心，在健康状况允许的情况下，她常常不辞辛苦地到一些负责儿童工作的单位去检查工作；到保健院去慰问产妇，看望新生的婴儿；到托儿所和幼儿园去检查厨房和厕所的卫生状况，给孩子们分糖果吃；特别是参加少年宫的活动。

她多次给少年宫题词，告诫少先队员们到少年宫来不要只是享受幸福的童年，而是要学习劳动，掌握为人民服务的本领，准备为人民创造更多的幸福。

1979 年，六一儿童节前夕，宋庆龄派人向北京市少年宫赠送有其亲笔签名的贝壳镜框，同时，也送去了她对广大少年儿童的一份深情。

07. 关注，为儿童题词撰文

1950 年 4 月 1 日，宋庆龄为中国福利基金会创办的刊物——《儿童时代》杂志创刊号题词，词曰：

> 过去，在半封建半殖民地的社会里，许多小朋友得不到温暖的保护，充分的营养和文化教育，他们在悲惨的黑暗的环境中流浪和挣扎。现在……太阳光已照耀到每个人的身上，民主的新鲜空气，充满在每个角落，使小朋友们自由地、活泼地创造新的时代……《儿童时代》的刊行，便是在给儿童指示正确的道路，启发他们的思想，使他们走向光明灿烂的境地。

1950 年 5 月 8 日，发表《解放斗争中的中国儿童——为莫斯科〈少年先锋报〉作》一文，指出中国儿童参加了中国人民反抗压迫的革命斗争，并且对于推翻封建主义和帝国主义取得胜利有过贡献。

1950 年 6 月 1 日，宋庆龄与潘汉年、饶漱石等参加了上海儿童代表 1500 余人热烈庆祝第一个国际儿童节活动。

同时，为庆祝新中国成立后第一个儿童节，宋庆龄在《人民日报》上题词：

> 今天是新中国成立后的第一个儿童节，我们要使他们得到温暖的保育，俾养成健全的体格，成为革命的生力军，肩负建设新中国的伟大任务。

并且为了庆祝六一国际儿童节，在《解放日报》上发表题词——“保护儿童的权利，是建立人民民主专政的必需条件。”

1950 年 6 月 15 日，宋庆龄在上海《解放日报》为上海市妇幼卫生展览题词：“要有强健的民族，先从母性及儿童福利着手。”

1950 年 10 月 1 日，宋庆龄又为新一期的《儿童时代》题词：“为祖国的伟大建设，好好学习。”

1951 年 3 月 1 日，宋庆龄为在上海霍山路创建的中国福利会少年儿童文化馆的奠基石题字。

1951 年 5 月，宋庆龄为《儿童时代》半月刊题词：“儿童是新中国的花朵。”

1951 年 6 月 1 日，宋庆龄在上海《解放日报》上为国际儿童节题词：“保卫和平！保卫儿童！”

1951 年 6 月 20 日，宋庆龄为中国福利会儿童剧团在上海兰心大戏院演出的儿童舞剧《时刻准备着》题词：“小朋友们：时刻准备着，为建设祖国的事业，为实现毛主席的伟大理想而奋斗。”

1952 年 4 月 14 日，宋庆龄为庆祝保卫儿童国际会议在维也纳召开，在《人民日报》发表《保卫儿童》一文。文中写道：

> 保卫儿童，不使儿童们受到任何伤害！给儿童们以幸福的生活！可是在今天，儿童们正直接受到威胁……努力制止战争，保卫儿童……

1953 年 7 月，为庆祝《少年文艺》创刊，宋庆龄发表了《让鲜花开遍这块园地》一文。文中她写道：“《少年文艺》出版了，我们的少年们将为了这件事鼓掌欢呼……我们的儿童文学应该充满了爱好和平的精神，充满了对未来的关怀。”从此，《少年文艺》影响和造就了几代人。

1953 年 9 月 1 日，宋庆龄为华东中学开学题词：“我们必须要有坚强的意志和刚毅的性格来进行学习，并且要养成优良的习惯来掌握现代的科学知识，为建设我们伟大的祖国而努力学习。同时要注意锻炼身体，按时作息，在毛泽东的光辉旗帜下勇敢地向前迈进吧！”

1954 年 5 月 16 日，为庆祝即将到来的六一国际儿童节，宋庆龄为《儿童时代》杂志题词：“孩子们！练好身体，学好功课，热爱劳动，将来才能更好地建设祖国，保卫祖国。”

1954 年 6 月 1 日，为庆祝六一国际儿童节，当日在《人民日报》上发表《什么是幸福》一文。此时的宋庆龄正好是 61 岁。她在文中说：“……在你们的面前展现着无限广阔的道路。每一条道路都是光荣的，每条路都需要运用劳动和智慧才能走得通。不管你们预备走哪条路，顶顶要紧的是先要为自己做好准备……必须用知识把自己武装起来，必须锻炼出健壮的身体和足够的勇气……要做好‘身体好，学习好，工作好’……学习和锻炼自己成为一个有知识、健壮的和勇敢的人，准备参加劳动，保持祖国的荣誉，这就是你们的幸福。”

1956 年，在国际儿童节到来之际，宋庆龄发表《把最宝贵的东西给予儿童》一文，指出：“儿童工作是一件十分重要的工作。这是一个关系着我国社会主义前途，关系着人类命运的问题。儿童是我们的未来，是我们的希望，我们要把最宝贵的东西给予儿童。”

“小朋友们要听毛主席的话：好好学习，天天向上。”这是宋庆龄 1959 年为《儿童时代》杂志的题词。

多少年来，宋庆龄一直关注着“六一”这个国际儿童共同的节日，几乎每个国际儿童节，她都用文字表达对少年儿童的爱和节日的祝贺。

多少年来，宋庆龄不遗余力地为少年儿童的事业发展题词、题名。如：为北京市少年儿童图书馆题名；为《文汇报》儿童工作专页题词；为陕西《红色少年报》题词；为上海“少年儿童书店”题名；为天津少年儿童图书馆题名；为“延安少年儿童革命斗争展览馆”题词；为沈阳《红孩子》刊物题名；为儿童玩具展览会题字；为“北京儿童剧场”题名……

最令人感动和佩服的是，垂暮之年的宋庆龄，尽管身卧病榻，但是她牵系儿童和少年成长的心依旧。重病中，宋庆龄写下《更好地为下一代着想》一文，呼吁全社会不断地关心年轻的一代，用中华民族的优秀传统培养和教育他们，把祖国和民族的希望火炬传承下去。

1979 年 5 月，宋庆龄为江苏省淮安县新安小学建校 50 周年题词：“培养学生从小爱祖国、爱人民、爱科学。”闻名全国的新安旅行团就诞生在这所学校里。

1981 年 5 月 14 日上午，虚弱的宋庆龄靠在床上，叫身边工作人员取来纸笔，伏在木板支撑的台面上，又提起了笔。因为她知道六一儿童节快到了。

她也深知，此次的庆祝儿童节报告会她不能亲自去参加了，于是，她写了一封贺信，她说：“我不能前去参加这次大会，但我关怀热爱儿童和少年的心和你们一起跳动。”要知道，这是在她逝世前的 15 天啊！

宋庆龄生前的最后一篇文章，是为 1981 年 6 月 1 日出版的《儿童时代》杂志撰写的《愿小树苗健康成长》，为孩子们留下了珍贵而永恒的赠言：

> 可爱的孩子们，每当我想到你们，我的眼前就浮现出那些充满生机的小树苗。你们像小树苗一样，柔软的枝条，嫩绿的叶子，在肥沃的土地上扎根，在和煦的阳光下成长……

宋庆龄殷切希望儿童们能够像小树苗一样成长得挺拔、旺盛，经得起任何暴风骤雨和病虫危害的考验，成长为国家的栋梁之材，成长为社会主义现代化建设事业的坚强接班人，为创造更好的物质文明和精神文明作出超过前人的巨大贡献。一字一句都倾注着宋庆龄对儿童与少年的深情厚谊，同时，也激励着千千万万儿童工作者，为培养一代新人作出贡献。

08. 关心，儿童是祖国未来

1948 年 3 月 15 日，宋庆龄致函新西兰对外救济团体联合会，要求响应联合国为儿童所发出的呼吁，帮助建设全世界儿童的未来。信中指出：

世界儿童是我们的未来。我们现在制订每一个行动计划，我们采取的每一个行动，以及我们为了提供必要的生活自由而进行的每一个斗争，都将在他们身上打下我们时代的标记，也将从他们身上反映出我们的聪明才智和犯下的过失。……我们可以把热爱自由的精神传入未来的体魄健壮的少年儿童的心灵深处。……保护未来有很多办法，我们现在就可以采取行动，办法之一是，响应联合国为儿童发出的呼吁。这个呼吁目前正在通过你们的组织实施海外救济服务。这样做的目的是试图调动一切可能调动的财力物力来帮助世界各地的贫苦儿童。……我们期待着你们对这个呼吁做出积极的响应。中国福利基金会已经提出申请，要求参加这个工作，在这个问题上，你们是会使我们的要求得到满足的。

如此鲜明的、高瞻远瞩的思路，同宋庆龄以后一再强调的“缔造未来”的思想完全一致。

1949 年 4 月 4—9 日，中国福利基金会根据宋庆龄的指示，与画家张乐平联系举办三毛原作义卖事宜，募捐救济像“三毛”一样的贫苦孩子。张乐平不仅欣然同意宋庆龄的嘱托，将他所作《三毛流浪记》《三毛从军记》等 300 多幅画稿全部拿出来展览，而且在一个月内又赶画了 30 幅彩色“三毛”生活画，并且还特地为三毛乐园设计了一枚别致的纪念章。

宋庆龄亲自主持了在外滩汇丰银行底层举行的预展。

4 月 4 日，儿童节这一天，“三毛乐园”和“三毛原作义卖展览会”在大新公司四楼正式开幕，上海各界人士踊跃参与，很快就售出了 30 多幅画，定价最高的一幅为 800 美元。至 9 日闭幕时，短短 6 天，共募得银圆 3206 元。

为此，宋庆龄一再对张乐平表示感谢，并致函张乐平，赞扬他：“为流浪儿童做了一件大好事。”

新中国成立后，宋庆龄先后担任中央人民政府副主席和全国人民代表大会常务委员会副委员长等国家重要领导职务。尽管国事繁忙，但她仍然关心儿童文化教育福利事业的发展。

1950 年 8 月，宋庆龄创办和主持的中国福利基金会，改组为中国福利会，成为我国社会主义建设中人民福利事业的重要组成部分。

1951 年，中国人民保卫儿童全国委员会成立，宋庆龄被大会一致选举为主席。在大会发言时，她激动地说："这个会的成立很重要，保卫儿童的事业是伟大的。"此后，她一直对中国人民保卫儿童全国委员会从思想上给予指导，从物质上给予支援。

1951 年，宋庆龄荣获"加强国际和平"斯大林国际奖，这是新中国成立后中国人第一次获得的国际荣誉。此时，她首先想到的是妇女和儿童，因此，将 10 万卢布的奖金用于发展儿童福利事业，并用这笔不菲的奖金在上海创建了国际和平妇幼保健院。

同时，两年之后的 1953 年，宋庆龄又把所著《为新中国奋斗》一书的全部稿费捐赠给儿童福利基金会。

1979 年春，中国人民保卫儿童全国委员会举行年会。此时，宋庆龄虽然身体欠佳，但依然坚持亲自到会出席，并做了重要讲话。她说："关心儿童，人人有责。"同时，她还向台湾的儿童工作者致以热烈的问候，她说："我们热切关怀着台湾儿童。"

宋庆龄关心儿童，事情无论大小，都细致入微。大至全国亿万儿童的衣食住行，小到身边工作人员子女的生日，她都一一关注，牵挂在心。

有一次，她把许多小朋友请到家中，与孩子们共同点起红蜡烛，唱起了生日快乐的祝福歌。这是为什么呢？是谁的生日如此"排场"？

原来，"小寿星"就是这些孩子中的一员，而他就是炊事员老张八岁的儿子。德高望重的宋庆龄副主席为自己八岁的儿子庆生，而作为孩子的父亲，老张自己都把孩子的生日忘得一干二净了。望着眼前的这一切，炊事员老张禁不住热泪盈眶。

作为一个伟大的政治家、思想家和社会活动家，宋庆龄关怀、热爱儿童是为了祖国的未来和人类的明天。她把儿童看作是"世纪之宝""人类的花朵""革命的未来"和"祖国的希望"。

在半殖民地半封建的旧中国，她关怀儿童，是因为她确信儿童代表着未来和希望。她说："他们将来要在他们的父母正在战斗、受苦受难、流血牺牲的土地上建立一个新的中国。"

在社会主义新中国，她关怀儿童，是要把他们培养成为新中国的建设者、创造者。她说："要把儿童培养成为对四个现代化作出贡献、对人类的前途作出贡献的人。"

宋庆龄总是站在历史的高度，谆谆告诫大家不能忘记中华民族一百多年来受屈辱的过去；她总是站在时代的高度，要求少年儿童不能只是享受幸福的童年，更要紧的是学习劳动的本领；学习为集体工作，热爱祖国，热爱科学。

她说："为了将来而天天在准备着。"在她看来，必须让少年儿童把历史和现实、今天的幸福和明天的责任紧密结合起来，才能帮助他们打下爱国主义的思想基础，树立革命志向。

她说："年轻一代都应该成为具有人类最优秀品质的人。"这些品质包括团结、友爱、劳动、勇敢、诚实、集体主义、朴素、节俭等。

她说："这些高尚的品质，就是我们培养性格的指针。"

1980 年，宋庆龄在《中国儿童》创刊号 1980 第 1 期上题词："愿孩子们勤奋学习，锻炼身体，光辉的未来属于你们！"

第十章

奉献大爱，献身和平的使者

有一种大爱，叫献身和平。

1949 年 10 月 1 日，中华人民共和国成立了。宋庆龄与中央人民政府主席、副主席及各委员一起登上了天安门城楼，参加了盛大的开国大典。

此时，端庄典雅的宋庆龄，脸上挂着微笑。

作为一名伟大的女性，宋庆龄的伟大之处就在于：在她的心里永远装着的不是小家而是大家，不是一己之得失而是中国乃至全世界的妇女与儿童的文化、教育、卫生与福利事业。

1951 年 4 月 6 日，宋庆龄荣获 1950 年度“加强国际和平”斯大林国际奖金。而获奖之后她唯一的动作就是在 10 万卢布的汇款单上亲笔批示：“此款赠中国福利会作妇女儿童福利事业之用。”

宋庆龄一直认为：必须忠诚地捍卫孙中山先生的“三民主义”，必须坚持践行孙中山先生的“三大政策”。不论当官还是做事，一切以此作为总的出发点和总的原则。

作为中国人民的友好使者，宋庆龄先后出访了许多国家和地区。她广泛结交朋友，为增进世界各国人民之间的友谊做了大量工作。

和平——鸽子——宋庆龄，一直是三位一体的标志性符号。

除了文学学士，宋庆龄还获得了法学博士学位。不只一所学校，不止一次地获得。尽管是“名誉”和“荣誉”的，但她仍然很高兴。事实证明，她也无愧于这个称号。

01. 亲临，新中国开国大典

1949 年 10 月 1 日, 中华人民共和国成立。在北京, 举行了盛大的开国大典。

下午 3 时，天安门广场上，30 万人齐聚。宋庆龄与中央人民政府主席、副主席及各委员一起登上了天安门城楼。

端庄典雅的宋庆龄，脸上挂着微笑。

这一刻，无人能知道宋庆龄心里在想什么，但是，从此，她那永远一丝不乱的、古朴中透着典雅的、高贵而不失大气的、中国传统妇女的发型；她那脸上永远充满着温馨的、给人以宽厚、从容、亲切之感的笑容；她那宽宽的闪耀着睿智的光芒的额头；她那弯弯的柳叶眉下一双亮丽的明眸；她那圆润的鼻子下的两片微微上翘的、能牵动出人心灵魂力的嘴唇……成为宋庆龄的印记，在世人的心中变成了永恒。

似乎已注定，1949 年，对于 56 岁的宋庆龄来说，是忙碌而不平凡的一年。

此前的 1 月 19 日，毛泽东和周恩来联名电邀宋庆龄北上参加新政治协商会议筹备会。电谓：

“中国革命胜利的形势，已使反动派濒临死亡的末日。沪上环境如何，至所系念。新的政治协商会议将在华北召开，中国人民革命历尽艰辛，中山先生遗志迄今始告实现。至祈先生命驾北来，参加此一人民历史伟大的事业，并对于如何建设新中国予以指导。至于如何由沪北上，已告梦醒与汉年、仲华切商，总期以安全为第一。谨电致意，祈盼回音。”

这份电报通过香港中共中央华南局的方方、潘汉年、刘晓送交给宋庆龄。

周恩来指示华南局，强调执行这一任务的两个必须：第一，必须秘密，而且不能冒失；第二，必须孙夫人完全同意，不能稍涉勉强。

同时周恩来强调：如有危险，宁可不动。

宋庆龄复函周恩来，表示她经过长时间考虑，确认一动不如一静，她将在上海迎接解放。

身穿中山装的宋庆龄

2 月 2 日，宋庆龄在上海寓所接见国民政府代总统李宗仁，拒绝为其北上向中共“谋和”。同时，宋庆龄对李宗仁说：“德邻先生，我曾明白表示过，在国民党未实行孙中山先生的三大政策以前，我绝不参与这个党的任何工作。不久前，上海有些报纸造谣，说蒋介石下野了，宋庆龄要出山了，我立即发表辟谣声明。二十多年来，我的立场和态度始终一贯，不容有所变更。”

宋庆龄对李宗仁以字号相称呼，既当他为老朋友，又有对一党领袖的尊重，同时，再一次重审她坚定不移坚持孙中山三大政策的立场和态度，这让代总统李宗仁真的无话可说了。

2 月 20 日，宋庆龄复函中共中央毛泽东、朱德、刘少奇、周恩来，函谓：

请接受我对你们极友善的来信之深厚的感谢。我非常抱歉，由于有炎症和血压高，正在诊治中，不克即时成行。

但我的精神是永远跟着你们的事业。我深信，在你们英勇、智慧的领导下，这一章历史——那是早已开始了，不幸于23年前被阻——将于最近将光荣地完成。

5 月 25 日，宋庆龄在上海的寓所中迎来了上海的解放。此时，宋庆龄正在病中，讨厌的荨麻疹折磨着她的躯体，服用的药物使她有些昏昏欲睡。

6 月初，中共中央得知，一心为劳苦大众服务的宋庆龄，虽然募得了万千捐款，自己的经济却非常困难。感动之余，中共上海市委收到中央指示：“要保存孙中山先生在上海的旧居，以资纪念；从优供给宋庆龄的日常费用及实物。”

6 月上旬，宋庆龄抱病复电李济深、沈钧儒等人及中华全国妇女联合会，感谢各方人士的关切和慰问，并告之因病将暂缓北上。李济深时任中国国民党革命委员会主席。

6 月 19 日，毛泽东来函，告以特派邓颖超专诚欢迎其北上共商国是；20 日，李济深来函，商请北上出席新政协；21 日，周恩来来函，告以派邓颖超专诚迎迓，希早日命驾北上。

6 月 29 日，宋庆龄在上海寓所亲切接见了邓颖超。经过几次交谈后，宋庆龄同意北上。30日，应中共中央华东局统战部特邀，抱病出席中共中央华东局、中共上海市委隆重举行的庆祝中国共产党诞生28周年大会，受到了热烈欢迎。

7月1日，中共中央致电上海市委并转邓颖超，指出：宋庆龄病体难支，故北上时应“备头等卧车直开南京，然后再换车，由浦口直开北平，并附餐车”。

7月21日，邓颖超复电周恩来、李维汉，告之孙夫人表示因身体欠佳不能参加任何团体的业务，也不愿意参加任何团体，只愿以个人旁听的资格列席新政协会议的意愿。

8月6日，周恩来就宋庆龄来北平的日期致电邓颖超，称新政协9月开会，孙夫人以8月下旬或9月5日前来北平为好，并请宋庆龄9月下旬在北平参加中苏友好协会筹备会议。

8月26日，宋庆龄在邓颖超等人的陪同下启程前往北平。当28日到达北平时，受到了中共中央的热烈欢迎，接受了“洛杉矶儿童保育院”的儿童敬献的鲜花。

9月21日，宋庆龄出席中国人民政治协商会议第一届全体会议，当选为大会主席团成员，并以特殊代表的身份发表了讲话。并且在主席团会议上，她被任命为常务委员。

随后，宋庆龄以饱满的热情，全程参加了中国人民政治协商会议第一届全体会议，并以执行主席的身份，见证了国都、国歌、国旗等制定与通过的全过程。特别值得祝贺的是，在9月30日的会议上，宋庆龄被选为中华人民共和国中央人民政府副主席，并与毛泽东主席及朱德等副主席共同主持闭幕式。

开国大典虽然结束了，但是，亲临开国大典的一幕幕，成为宋庆龄一生中最珍贵、最难忘的记忆。

02. 开拓，妇女解放的先驱

作为一名伟大的女性，宋庆龄的伟大之处就在于：在她的心里装着的，投入主要精力的，不是小家而是大家，不是自己的一己之得失，而是中国乃至世界的妇女与儿童的文化、教育、卫生与福利事业。

自 1949 年 9 月 2 日，中华全国民主妇女联合会第九次常务委员会通过决议——敦请孙夫人宋庆龄先生为该会名誉主席，从此，她用实际行动践行着这一职务。

1949 年 12 月 10—16 日，亚洲妇女会议在北京隆重举行，有 23 个国家的 198 人参加了会议。国际民主妇联总书记古久里夫人出席了会议。虽然，宋庆龄因疾病的困扰缺席了会议，但是，她抱病为亚洲妇女会议撰写了文章并致函祝贺会议的召开。在贺函中，她提出，这的确是一次历史性的集会。她倡导亚洲妇女应团结起来，为实现七项权利而斗争。同时，她建议此次北京集会要发出两封通电。

第一封是给亚洲妇女的。电谓："亚洲的妇女们，鼓舞起来！加倍的勇敢，加倍的斗争！"第二封是给美英和其他西方国家的妇女的。电谓："亚洲的妇女向你们致敬！"

1950 年 1 月 5 日，宋庆龄给日本妇女民主新闻社总编辑水泽耶奈女士复函，感谢她转来日本女作家宫本百合子女士的信，在感谢她们对自己的鼓励的同时，也表示中国妇女同样热诚支持日本妇女的斗争。

1950 年 2 月，宋庆龄发表《"三八"纪念与家庭妇女生产建设》一文。整篇文章从五个部分进行了阐述，条理清楚，文字干练，鼓舞人心，堪称一篇中国妇女走出家庭，走向社会，走入新时代的动员令。

1950 年 8 月 12 日，宋庆龄为上海首届妇女代表大会题词：

"树立以劳动为光荣的观念，参加生产建设，彻底解除封建束缚，才能获得真正平等的地位。"

1951年3月8日，为庆祝三八国际劳动妇女节，宋庆龄给《解放日报》题词：“团结起来，为整个的妇女力量，对内提早完成土改，加紧生产建设，对外摧毁帝国主义阴谋，巩固世界和平阵营。”

1951年6月，宋庆龄与天津各界妇女一起，为响应中国人民抗美援朝总会于6月1日发出的关于“推行爱国公约、捐献飞机大炮运动，以支援中国人民志愿军”的号召，为捐献“天津妇女号”飞机集资。

1952年12月20日，宋庆龄率团出席在维也纳召开的世界人民和平大会期间，特别出席了国际民主妇联理事会会议并发表了演说。指出：

> 今天我们最重要的任务就是保卫和平……为了在朝鲜、越南和马来西亚等地英勇斗争的姐妹们，为了千千万万个天真无邪的儿童们，为了人类的文化和幸福生活，我们应该加倍的努力……如果全世界的妇女都起来保卫和平，那么和平便得到了有力的保证。

1953年4月15日，宋庆龄出席中国第二次全国妇女代表大会，并向大会致贺词，对妇女未来的工作计划，提出四点建议：一、必须继续教育人民群众重视保护妇女的权利；二、必须逐步地把妇女从家庭的繁重工作中解放出来；三、必须使妇女能够自由选择职业；四、必须保证妇女尽量地积极参加国家的政治活动。

1953年，宋庆龄撰写了《当前中国妇女的地位》。她堪称妇女解放的先驱。

1953年12月21日，宋庆龄撰写《当前中国妇女的地位》一文，向世界妇女说明，中国妇女已成为新中国独立、积极和负责的公民，对世界各地正在为争取自由平等斗争的妇女，将给予一切可能的援助。

宋庆龄堪称妇女解放运动的先驱。她对妇女未来的工作计划，规划得头头是道；对中国妇女的地位，讲得是掷地有声。然而，如果把她当作硬邦邦的“铁娘子”，那就太片面和狭隘了。事实上，她不仅是出口成章的才女，而且还是铁血柔情的诗人。

1953 年冬，宋庆龄为武昌“九女墩”无名烈士墓碑刻题诗，并由何香凝完成书写。

“九女墩”坐落于湖北武昌东湖边上。当地人有这样一个传说。当年，太平军夺取武昌时，军中有获得了解放的妇女参加工作。清军攻陷武昌后，进行大肆屠杀，有九名女革命志士遇害，乡人敬慕她们的义烈，把她们的遗体葬在东湖边上。本应称“坟”，因避免被清廷发现迫害，因此，改称为“墩”。

有感于此，宋庆龄题诗全文如下：

在这里，我们伟大祖国的中心，
在过去很久的日子里，
九个无名的中国妇女，不肯屈膝，不肯低头。

在这里，我们伟大祖国的中心，
在她们之后的年代，
更有千千万万像她们似的继承者，
燃烧着革命的火焰，
裹扎起战斗的创伤，
在人类新时代的歌声中向前迈进。
许多人献出了一切，为了人民。

在这里，我们伟大祖国的中心，
在人民当家做主的时代，

我们为那九个无名的妇女树立起碑石，

为了敬仰她们，为了敬仰所有的中国妇女。

我们今天纪念过去，但也展望将来，

我们今天正在建设着明天，

为了所有的人民。

03．荣誉，获得世界和平奖

1949年9月6日，宋庆龄出席中苏友好协会筹委会欢迎会，并发表讲话。

24年前，孙中山先生把他衷心的愿望遗下给我们，要我们和中国唯一的友人苏联亲密合作。我们一定都记得，他曾怎样欢愉地迎接十月革命，热烈地主张和中国共产党合作。24年后的今天，他的愿望终于实现了。

说至此，宋庆龄的声音中带着些许的哽咽……

1949年9月10日，在华莱士为和平和国际友谊与合作退出杜鲁门政府三周年之际，宋庆龄特别去电祝贺，并表示将为响应孙中山的号召奋斗不息。贺电的最后说：

……我们将和你及世界进步人士继续共同努力，直到世界各处都获得自由、教育和文化，取得他应有的地位。每一间茅舍都变成舒适的住屋，大地的产品很容易可以轻易买到，工厂的收获相当于付出的劳动。每个家庭由生到死，都得到免费的医疗。每个人不问种族、肤色、信仰和居住地域，都能平等地获得他的必需品。在上述目标尚未实现之前，我们的共同努力绝不停止。

1949 年 10 月 2 日为“国际和平斗争日”，宋庆龄与郭沫若、林伯渠等人出席了在北京举行的中国保卫世界和平大会的开幕式，并与郭沫若等 105 人一起被选为大会主席团成员。在 3 日召开的会议上，她又担任了大会执行主席，见证了《中国保卫世界和平大会宣言》的通过。

1950 年 4 月 29 日，宋庆龄在中国人民救济代表会议上致闭幕词，与全体代表共同发出拥护世界保卫和平大会号召的宣言。她说：

……我们全体代表本着爱护和平，反对侵略的宗旨，热烈地拥护世界保卫和平大会常设委员会所发出的保卫和平的号召：要求无条件地禁止原子弹，要求建立严格管制，宣布首先胆敢使用这武器的政府为战争罪犯。

1950 年 6 月 8 日，宋庆龄发表《中国人民签名拥护世界和平——为〈真理报〉作》一文，文章指出：

中国人民正在签名拥护世界和平……在每一个村庄，在每一个城市，数千百万的人们，都通过和平宣言发出呼声，要求保卫和平，珍视和平。那是声音的洪流，它成了一条河，并汇合别的河流最后注入海洋，那儿，和平的吼声明确地说明中国人民所需要的是什么。

1950 年 10 月 1 日，宋庆龄发表《新中国的第一年——为庆祝中华人民共和国建国一周年而作》一文。文中她倡议让我们朗声宣布：“人民一定会有和平！世界和平万岁！”

1950 年 11 月 22 日，宋庆龄在华沙召开的第二届世界保卫和平大会上，被推选为世界保卫和平委员会委员。次日，在世界保卫和平委员会召开的首次会议上，她又被推选为执行局成员。25 日，宋庆龄致电世界和平理事会主席约里奥·居里，祝贺第二届和平大会成功！

1951 年 4 月 6 日，宋庆龄荣获 1950 年度“加强国际和平”斯大林国际奖金。

这个奖项，是根据苏联最高苏维埃主席团于1949年12月20日，为庆祝斯大林七十寿辰而颁发的命令设立的。此项奖金每年由“加强国际和平”斯大林国际奖金委员会评选颁发一次，名额为5—10名。全世界任何国家的公民，凡是在维护与巩固和平的斗争中贡献卓越者，不论其政治见解、宗教信仰和种族，均可获得此项奖金。得奖人将各领奖状一纸，刻有斯大林像的金质奖章一枚及奖金10万卢布。

“加强国际和平”斯大林国际奖金委员会，于1951年4月2日、5—6日在莫斯科举行会议，会议由委员会主席斯科贝尔琴主持，委员会副主席郭沫若，委员、苏联作家法捷耶夫及爱伦堡等出席。会议决定将“加强国际和平”斯大林国际奖金，授予在维护与巩固和平的斗争中，有卓越贡献的世界各国民主力量的代表，法国的约里奥·居里、中国的宋庆龄、朝鲜的朴正爱等七人。

为此，委员会主席斯科贝尔琴在《真理报》撰文介绍1950年度奖金获得者的卓越功绩，并称：荣获奖金的人，都是有权威的世界知名的和平战士，他们的忘我劳动已经获得了全世界人民的普遍感激。

对于宋庆龄的评价，斯科贝尔琴指出：“宋庆龄贡献出她的力量，为伟大的中国人民的幸福和摆脱国民党政权的统治而斗争，她坚决反对美帝国在远东的侵略，主张维护远东与世界的和平，反对日本的重新军国主义化。”

得知宋庆龄获奖的消息，4月10日，中国人民保卫世界和平反对美国侵略上海分会的代表，第一时间到上海宋庆龄的寓所祝贺并献花致贺词！随后，中国福利会儿童剧团等团体，周恩来、蔡畅、国际民主妇女联合会总书记瓦扬·古久里夫人、李济深、张澜等也来电来函表示祝贺！

宋庆龄复函复电对各团体和友人对她的祝贺表示感谢。

宋庆龄因为身体的原因，没有亲赴莫斯科受奖，因此，“加强国际和平”斯大林国际奖金委员会委员爱伦堡、聂鲁达，专程来到中国为宋庆龄颁奖。

1951年9月18日，授奖典礼在北京隆重举行，爱伦堡、刘少奇、周恩来、李济深等有关方面负责人700余人参加。授奖典礼由郭沫若主持。爱伦堡在致祝词时说："……在最黑暗的年代里，您始终忠于孙中山先生的伟大教训，您始终忠于自己的人民。……为了救济自己的同胞，倡导了救死扶伤、抚育孤儿寡妇的伟大事业，您以多年来的不倦的工作帮助中国人民医治战争的创伤。"

长期以来，宋庆龄习惯于默默地遵循孙中山先生的嘱托工作着，此时，面对如此宏大的颁奖礼，她真是太高兴、太激动，几乎不敢抬头，羞涩得像个孩子。这一刻，将是她终生难忘、永远珍爱的一个时刻。她想得好远好多……

而她唯一的行动就是在10万卢布的汇款单上亲笔批示：

"此款赠中国福利会作妇女儿童福利事业之用。"

1952年9月18日，用这笔奖金创建的国际和平保健院在上海宣告成立。

04. 视察，真正的人民公仆

有人说，宋庆龄一生担任的职务很多，但大部分是无职无权的虚职、闲职，或者是累人累心的、有名无利的民间职务。

对此，宋庆龄却有自己的理解和看法：必须忠诚地捍卫孙中山先生的"三民主义"，必须坚持践行孙中山先生的"三大政策"。不论当官还是做事，一切以此作为总的出发点和总的原则。

宋庆龄是这么想的，这么说的，也是这么做的。

因此，可以说，宋庆龄的一生始终是和人民群众联系在一起的。

她不辞辛苦去全国各地视察，深入到工厂、农村、部队和少数民族地区，关心人民群众的生活，和人民心连心。她谦逊和蔼，平等待人，兴办实事，创办杂志，为人民代言。

她是真正的人民公仆。

1950年，宋庆龄57岁。无论从身体还是年龄上，她都已开始步入老年人的行列。

但是，就在这一年的10月下旬到11月下旬，她却做出了一个令所有人刮目相看的举动——赴东北三省考察。

宋庆龄是和林伯渠一起赴东北考察的。同行的还有廖梦醒、沈粹缜、罗叔章等人。

宋庆龄一行在东北境内行程达4260公里，访问了54个地区和工程，包括七个主要城市和四个完成了土地改革的村子，视察了十一个工厂、一个农场，以及不计其数的文化福利机构。

在每个地方，宋庆龄一行，听取了当地的口头汇报或书面报告，此外，还进行了个别访问，跟一般农民、工人以及工厂和政府的行政负责人进行了交谈，掌握了大量的第一手资料。

宋庆龄在访问工厂、农村、部队时，看到祖国建设事业在开国后很快得到恢复，边防得到巩固，她十分高兴，勉励大家要不断取得新的成就。

在视察中，宋庆龄忘我地工作着。

早晨，宋庆龄很早就起床看材料，为视察做着准备工作。白天，每到一处，她认真听汇报、提问题，深入了解各方面的情况。晚上，她阅读文件。她就像一台上足了发条的机器，连轴运转着。

这一天，宋庆龄率先冒着漫天大雪，奔赴秦皇岛，并且来到港口，登上轮船，站在船舷上眺望。

冷风夹着雪花，鼓动着她的衣衫，吹红了她的脸颊……

然而，此时此刻，她已全然不顾，全然不知。

她的思想已经游离于躯体，回到了二十多年前，回到了孙中山先生手书《建国方略》的时刻……

此刻，一个声音在宋庆龄的耳边响起："'建国大纲二十五条'，实为施行'三民主义''五权宪法'之基础，而图国家长治久安之至道也。"

宋庆龄感觉这个声音仿佛来自她所眺望的海与天相连接的地方，所以，她久久地、痴痴地凝望着，寻找着……终于，她发现，这个声音就在附近，就在脚下，就在她站立的地方。哦，就是这里，这里就是孙中山先生《建国方略》中所提到的北方大港啊！

这次历时一个多月行程数千里的考察，令本就身体虚弱的宋庆龄成了病号。然而，宋庆龄坚持下来了。因为，她的心中装着一股信念，这股信念支撑着她，圆满地完成了这一趟辛苦的旅行。由此，也充分表明了宋庆龄同孙中山真挚深厚的情谊。

宋庆龄没有让心血和辛苦白费。东北之行考察结束之后，她将考察中所见、所闻及所思写成了一篇内容翔实、有理有据的考察报告——《新中国向前迈进——东北旅行印记》，于 1951 年 5 月 1 日在《人民日报》公开发表。

报告共分三大部分。前两部分，分别是“农村和土地改革”及“城市与建设”，列举了大量事实与统计数字，讲述了视察期间所看到的东北城乡的巨变，表示了由衷的钦佩。报告的最后部分为“绪论”。她在“绪论”中写道：

> 总结一下我从东北所得的主要印象吧：帝国主义、官僚资本、军阀割据、国民党的腐败政权都已经完全摧毁了。代之而起的，是一个真正的人民政权。……东北证明了新中国确实是在朝着它光辉的未来，向前迈进。

新中国成立初期，宋庆龄一直在思考由中国福利会主办一份刊物，主要将中国的情况对外进行宣传报道。

1951 年 1 月 28 日，宋庆龄与周恩来就创办对外宣传刊物事宜达成了共识。他们商议的结果是：周恩来建议由宋庆龄出面组织创办对外宣传的英文刊物的各项事宜，同时，周恩来同意由宋庆龄推荐的人选——从美国回来的陈翰笙协助工作。

这份刊物为英文双月刊。为了有利于扩大杂志的发行量，宋庆龄等人在刊物的名称上，做足了功课。那么，取一个怎样更有吸引力的名称呢？

1951 年 6 月 4 日，陈翰笙致宋庆龄函说：“我完全同意你的看法……对于中国来说，你二十多年来的工作无疑代表了一个历史性的里程碑。既然你将用自己的语言表达自己的工作了，你可望得到我能够提供的一切帮助。”

6 月 18 日，陈翰笙再次致函宋庆龄，同意按照宋庆龄的意见，将杂志取名为《中国建设》。信中说："你建议杂志取名为《中国建设》，意义深远。它意味着中国不仅在国内重建，而且还帮助世界上其他地区进行建设。"

8 月 30 日，宋庆龄主持在上海常熟路 157 号中国福利会会议室召开的《中国建设》杂志首次筹备会议。会议对《中国建设》的对象、任务、目标、风格及表现形式作了深入的研讨。

1952 年 1 月，《中国建设》英文双月刊创刊号在上海正式出版。这是中国福利会出版的综合性、多语种的对外报道刊物。创刊号刊登了宋庆龄的《福利事业与世界和平》一文，阐明福利事业与世界和平两者之间的关系，指出新中国是保卫世界和平的坚强堡垒之一。此后，宋庆龄主持创办的《中国建设》英文版杂志，把中国人民的真实情况介绍给了世界人民。

如今，《中国建设》杂志已改名为《今日中国》，从英文一种版本增加到七种文字版本，发行到世界 150 多个国家和地区。

1955 年 5 月下旬，62 岁的宋庆龄回到上海，利用两天时间，来到了上海国营第一棉纺厂视察。第一天，她听取了厂长和工会主席的汇报，又参观了车间、卫生室、托儿所、俱乐部、图书馆和单身宿舍。特别是在托儿所，她停留了很长时间，极为高兴地和孩子们一起活动。第二天，上午，她和老工人、青工等十余位代表进行了四个多小时的座谈。下午，亲临工人住宅区曹杨新村视察。她走进先进工作者杨富珍等的家里，详细地询问她们的生活情况，并进行了亲切的交谈。

赴江苏，奔上海；去工厂，进医院；宋庆龄的视察一直在继续着……每一次视察，宋庆龄的到来，都让人们如沐春风，她的每一句话语，都犹如甘甜的雨露滋润着人们的心田。

05. 和平，多个国家的出访

作为中国人民的友好使者，宋庆龄先后出访了许多国家和地区。她广泛结交朋友，为增进世界各国人民之间的友谊做了大量工作。她一贯关心早年追随孙中山先生的老朋友、海外侨胞，关心台湾的前途，盼望早日实现祖国统一。

1950年，印度总理贾瓦哈拉尔·尼赫鲁在派大使来华履新时，特地致函宋庆龄，表达对她及中国的良好祝愿。函中说：

> 我们的大使就要到中国上任了……我很高兴中印两国正在互派外交使团……我同您在莫斯科短暂的会面后，一别已有22年了……在生活中，您一直是鼓舞我们前进的榜样。有时，当阴云笼罩着我们时，我们就会想起您，想起您不屈不挠的个性并从中获得安慰。

1952年12月22日，宋庆龄率领出席世界人民和平大会中国代表团乘车离开维也纳回国，晚7时，抵达匈牙利首都布达佩斯，匈牙利部长会议主席拉科西亲往车站迎接。

12月27—30日，应苏联对外文化协会邀请，宋庆龄率中国代表团访苏。在莫斯科，宋庆龄一行参观了克里姆林宫、巴黎公社鞋厂等单位，并且还欣赏了歌剧、民歌和舞蹈及马戏表演，出席了特意为欢迎中国代表团及著名艺术家梅兰芳、常香玉而举行的晚会。

12月31日晚，应邀到工会大夏参加了盛大的除夕晚会，与苏联人民一起度过了一个欢乐的除夕之夜，一起迎来了1953年的元旦。

1月2日，宋庆龄率代表团到达了列宁格勒。期间，参观了米高扬糖果厂、全苏劳动保护科学研究所、儿童之家和国立艺术馆等，并观看了著名舞剧《村姑小姐》。之后，代表团一行回到莫斯科，正赶上新一届的“加强国际和平”斯大林国际奖金授奖典礼在克里姆林宫举行。宋庆龄与斯科贝尔琴、郭沫若等作为授奖典礼大会主席团成员出席。此次，该奖授给了著名的印度公众领袖、全印和平理事会主席赛福丁·克斯鲁。这多少弥补了一些当年她没有亲自前来受奖的遗憾。

1953年1月13日，晚10时15分，宋庆龄和郭沫若一起，在克里姆林宫一间长方形房间里，拜会了斯大林。斯大林问到新中国成立后中国人民的生活情况、教育的发展程度，以及妇女、青年、少数民族等情况，并希望宋庆龄和郭沫若这两位和平战士，努力争取有发动侵略战争危险的那些国家的人民，广泛地从事维护和平的事业。

令宋庆龄没想到的是，这次拜会斯大林后不到两个月，竟然获悉了斯大林病逝的噩耗，她和全世界爱好和平的人们一样，不禁为之痛惜。

1955 年 12 月 16 日，应印度政府邀请，与廖承志、陈翰笙等 10 人，由昆明乘印度政府所派专机赴印度访问。下午 4 时 45 分，宋庆龄一行到达新德里机场，印度总理尼赫鲁亲临机场迎接。我国驻印度大使及领事馆工作人员及印度政府其他官员和各界代表都到机场迎接。在机场，宋庆龄发表了讲话。

17 日，宋庆龄受到了印度政府最高规格的接待。她还拜谒了甘地墓并敬献了花圈。18 日，宋庆龄参观了新德里儿童合作组织，受到儿童们的热烈欢迎并接受儿童敬献的花环。随后访问齐特普尔合作牧场，同农民亲切交谈并访问了农民家庭。19 日上午，宋庆龄一行参观印度工业博览会，接受印度手工业局局长赠送的两个玩偶。宋庆龄高兴地说："我将把印度朋友送的这些礼品，带回上海，送给上海少年宫。"中午，出席女议员们所设的宴会，共有 30 位女议员参加。下午 4 时，我驻印度大使袁仲贤为宋庆龄的访问举行招待会。下午 6 时 30 分，宋庆龄又出席印中友好协会在海德拉巴大厦举行的招待会。20 日上午，宋庆龄访问印度世界事务委员会，出席印度大学妇女联合会举办的欢迎午宴。下午 4 时，出席印度 26 个妇女团体在德里红堡联合举办的欢迎会，社会各界妇女 500 余人参加。晚上，观看了印度音乐戏剧院演出的音乐舞蹈。21 日，上午，离开马德里前往亚格拉参观泰姬·玛哈尔陵。下午，从亚格拉到达波保尔，参观了具有历史意义的桑吉佛塔和其他古迹。上千的印度村民在路旁夹道欢迎，许多妇女儿童热烈地向宋庆龄欢呼。22 日上午，参观波保尔城的建设工程和结核病医院及巴拉加村。下午 5 时，宋庆龄偕随行人员到达孟买。

23—24 日，宋庆龄在孟买受到 40 多个妇女团体及社会各界的欢迎，并进行了参观访问。25—27 日，又从孟买到达加尔各答，受到了社会各界包括 22 个妇女团体的 500 余人的欢迎。28—29 日，当宋庆龄一行到达马德拉斯，同样受到各界人民团体、当地华侨的热烈欢迎。30—31 日，宋庆龄一行从马德拉斯到班加罗尔，再到奥南格巴德，参观了世界闻名的印度阿罗拉古代石窟。这是由一座石山雕出来的两层和三层楼的庙宇，有佛像、飞禽、走兽。这些石刻大多是在相当于我国唐朝时期雕刻的，它们代表着印度教、佛教、耆那教的宗教艺术。

当新年的钟声敲响的时候，宋庆龄率团回到了新德里。1956 年 1 月 1 日，下午 7 时，宋庆龄在新德里全印广播电台向印度人民发表告别广播："印度和中国是世界两个人口最多的国家……"

1956 年 1 月 2 日，宋庆龄结束了在印度为期 17 天的访问，应缅甸的邀请到达仰光，开始对缅甸的访问。在此后 21 天的访问中，宋庆龄一行同样受到了缅甸总理吴努及社会各界的热烈欢迎。宋庆龄与妇女代表亲切交谈，看望仰光童子军，参观代表缅甸文化的大金塔，应邀出席缅甸反法西斯人民自由同盟为其举行的政治大会。特别是，还访问了海拔 4200 米的葛鲁风景区。最后，仰光人民在广播中听到宋庆龄热情的话语："……缅甸人民是聪明勤劳的人民……我期望中缅友谊在 1956 年将有更大的发展……"

1956 年 1 月 24 日，宋庆龄一行到达巴基斯坦首都卡拉奇，开始了对巴基斯坦为期 9 天的访问。在应邀参观巴基斯坦电台各个部门后发表广播演说："巴基斯坦和中国是近邻……我们两国都有着悠久的文化遗产……中巴两国人民都希望和平，世界的和平、有利于进步的和平……"

1956 年 3 月 10 日，宋庆龄在第一届全国人大常委会第三十二次会议上作了《印度、缅甸、巴基斯坦三国访问报告》。会议认为，宋庆龄访问三国，增进和发展了中国人民同这三国人民之间的了解和友谊，并有助于亚洲和世界和平事业。对其访问工作，大会一致表示满意。

1956 年 8 月 14—24 日，宋庆龄率中国代表团对印度尼西亚进行了为期 10 天的访问。期间，她特意乘飞机抵达万隆，游览了万隆市容，瞻仰了召开过亚非会议的独立大厦，观看了当时中国代表团和周恩来总理坐过的位置。

1957 年 11 月，宋庆龄以 64 岁的年纪，随同毛泽东率领的中国代表团赴莫斯科，参加了十月革命 40 周年的各种庆祝活动。

这是宋庆龄第三次来到苏联，来到莫斯科，回想往事，她感慨万千，展望未来，她信心百倍。

06. 大爱，送来一只和平鸽

“和平”是人类最迫切的共同愿望，当然也是宋庆龄为之毕生奋斗的目标。从 20 世纪 30 年代起，宋庆龄就投身于人类争取和平进步的事业，并成为世界和平运动的杰出领袖。为此，她荣获了 1950 年“加强国际和平”斯大林和平奖，而颁奖大会的会标，即为毕加索所创作的“鸽子”。

当然，宋庆龄平生最喜欢的动物，就是象征和平的——鸽子。令她骄傲的是，她饲养的鸽子参加了 1951 年国庆节首次在天安门进行的和平鸽放飞。

和平——鸽子——宋庆龄，一直是三位一体的标志性符号。

1952 年 3 月 21 日，宋庆龄领衔发起召开“亚洲及太平洋区域和平会议”，并与郭沫若等 11 人联名通电，向亚洲及太平洋沿岸各国爱好和平与正义的人士发出邀请。至 5 月 15 日，先后有包括澳大利亚等 20 个国家的人士来电拥护。

为了此次会议，宋庆龄接连撰文。5 月，她发表了《中国人民与和平》一文。谓：人民的政权与和平——这是中国今天两根坚强的柱子。7 月，发表《为亚洲、太平洋区域和全世界的和平而奋斗——为〈人民中国〉作》一文。

10 月 15 日，在北京召开的亚太区域和平会议上，宋庆龄被选为联络委员会主席，并以主席的身份主持会议及致辞。有来自 37 个国家的 53 人参加了此次会议。当日下午，宋庆龄又特别出席了各国妇女代表举行的关于妇女问题的座谈会。

1952 年 12 月 12—19 日，宋庆龄率领中国代表团一行 59 人，出席在维也纳举行的世界人民和平大会。参加大会的共有 85 个国家的 1857 人。在会上，宋庆龄被推选为会议执行主席，并作了题为《人民能够扭转局势》的演讲。

1955 年 10 月，宋庆龄在《中国建设》英文版第 10 期上发表《维护和平的新力量》一文。文中，她首先指出："旧的亚洲不复存在了，新的亚洲已经出现了。"接着，她阐述了和平共处五项原则的历史意义和发挥的重大作用。最后，她严正地表示："亚洲人民俯首听命于外部势力的时代已经一去不复返了。"

1963 年 4 月，宋庆龄迁居北京后海北沿 46 号新住所，与她一同迁居的还有她的一群鸽子。

宋庆龄养鸽子，不只是因为她喜欢这种文雅的飞禽，还因为纪念孙中山，因为孙中山喜欢鸽子。孙中山和宋庆龄都知道鸽子是和平的象征，因此，她将人间大爱寄情于象征和平的鸽子。

她爱鸽子，每天亲自喂它们、看着它们。为了与鸽子沟通与交流，她学会了鸽子的叫声。鸽子一听到她熟悉的呼唤，就会应声而至，聚在她的跟前，或啄食，或凝望着她。这是她与鸽子独特的联系方式。甚至她去世后，这群鸽子还留在花园里，总共有 100 多只，常在过道上吃食，在天空中组成美观和充满生气的队形上下翱翔。

鸽子也是宋庆龄与中外友人联系的纽带。

宋庆龄和鸽子

1969 年，在给友人的回信中她说："送给我的小鸽子已经当了妈妈。过些日子，等我关节痛好些，请你带孩子来看那只鸽子。"

宋庆龄曾将一对通体纯白的名鸽，送给印度尼西亚总统苏加诺。

宋庆龄的老部下、好朋友爱泼斯坦，在她去世以后，还经常到她的故居去看望她的鸽子。斯人虽已去，但那些鸽子仍然让老朋友泪珠滚滚。

每当有纪念或重大活动，故居仍会放飞鸽子，这已经形成了一种不成文的规定。宋庆龄虽已辞世，但她故居的鸽子仍然生生不息，她所倡导的和平仍然世世代代传承下去。

曾经，宋庆龄饲养的鸽子也经历了一段小波折。

那是 1969 年 8 月 30 日，宋庆龄看到上海报纸《养鸽、养鱼，玩物丧志》的报道后，立即要北京寓所的工作人员把一部分鸽子送给何香凝，余下的全部交伙房杀掉。工作人员不同意，说鸽子是孙中山先生在世时就养了的，同时鸽子也象征和平。此事报告了周恩来。经周恩来特别批示，由秘书张珏写了报告向她说明情况，才使鸽子保留下来。

于是，送出的鸽子又都飞回来了。

长期以来，宋庆龄与周恩来和邓颖超夫妇的友谊无人可比。他们之间的交流大到国家民族，小到一个苹果或一个鸽蛋。

1975 年 12 月末，邓颖超派人送来了一些苹果和梨，而宋庆龄借机向送苹果来的邓颖超的秘书赵炜询问周恩来的病情，当得知周恩来想吃鸽蛋时，她立即吩咐人速去鸽棚里寻找。虽然只找到一个鸽蛋，她也即刻请赵炜带过去，并说：“等以后找到了，我会马上让人送去的。”

然而，可恶的病魔没给宋庆龄送出第二个鸽蛋的机会。1976 年 1 月 8 日，中共中央副主席、国务院总理、全国政协主席周恩来在北京逝世。1 月 15 日下午，83 岁高龄的宋庆龄抱病到人民大会堂参加周恩来追悼会，并献花圈。在追悼会上她紧

宋庆龄和周总理

紧地拥抱着邓颖超，亲切地呼唤着邓颖超的名字，请她节哀保重。吊唁结束回家后，她一个人静静地独坐流泪，重重地叹气，说："国家少了一个好帮手，一个好帮手呀！"

1980 年 3 月，宋庆龄在北京寓所收到了邓颖超为纪念孙中山逝世 55 周年赠送的鲜花。宋庆龄嘱咐工作人员给邓颖超回赠了鸽蛋。

1980 年 3 月 10 日，宋庆龄致函全国妇联主席康克清，说："3 月 8 日的国际劳动妇女节 70 周年联欢会开得很好、安排得很好、组织得很好、秩序很好，孩子们表演得很好。"同时，函中还说："近来饲养的鸽子下了蛋，赠给您，请自己食用。"

1981 年 5 月 12 日，清晨 5 时，宋庆龄叫来工作人员，说要做事。她让人扶着，艰难地走到写字台旁坐下，用颤抖的手，写下了"韬奋手迹"四个大字，落款"宋庆龄题 1981 年"，她一连写了两张供选用。写完后，她说："我现在放心了。"她一再叮嘱将写好的字交给沈粹缜。因为，这是她早就答应沈粹缜的。

这是宋庆龄人生中最后一次题字。

07. 名誉，多次获法学博士

1925 年年底，宋庆龄捐款 500 美元给美国留学时的母校——威斯里安女子学校，作为扩建基金和兴建新校舍之用。这证明在离校 12 年之后，在相距 1.2 万英里的中国，在宋庆龄的心里，那所将宋庆龄培育成为文学学士的威斯里安女子学校，仍然有着同过去一样重要的位置。

可能连宋庆龄自己也没想到，在她的一生中，除了文学学士外，她还会获得法学博士，而且不只一所学校，不止一次地获得。尽管是"名誉"和"荣誉"的，但她仍然很高兴。事实证明，她也无愧于这个称号。

第一次获得的名誉法学博士学位，是东巴基斯坦达卡大学授予的。

1956 年 1—2 月，宋庆龄率廖承志等 10 人访问巴基斯坦。

1月25日上午11时15分，宋庆龄访问巴基斯坦制宪会议，会见了副议长吉邦斯、反对党领袖苏拉瓦底、司法部长琼德里加和宣传部长拉希迪。宋庆龄在巴基斯坦制宪议会上旁听了两个小时，当时的议程是关于宪法草案的辩论，听了两种不同意见的发言，了解了他们宪法上的一些问题。

1月30日，宋庆龄一行乘坐巴基斯坦总督专机离开卡拉奇前往东巴基斯坦访问。

2月1日，在达卡政府大厦会见东巴基斯坦总督伊斯坎德尔·米尔扎和夫人。

下午4时，出席东巴基斯坦达卡大学授予宋庆龄名誉法学博士学位仪式。参加这个仪式的有达卡大学教职员、学生及达卡的各国外交代表。达卡大学副校长詹金斯博士宣读了授予学位的“嘉词”，赞扬宋庆龄在政治活动方面的成就和对中国人民的社会福利事业的贡献。达卡大学名誉校长艾哈迈德把名誉法学博士学位证书授予宋庆龄。

宋庆龄庄重地接过学位证书，说：“授予我荣誉学位，在我看来，是你们对我的国家和人民的友谊的象征。我深深感激地接受这个学位。”

接着，宋庆龄简略地谈到她对人类历史进展的看法和中国历史的发展，并谈到国家建设和和平的关系。同时，她指出：“一个完全为它的人民和利益而工作的真正的国家不需要战争。国家建设最终的目的不仅是把国家从它的落后状态拔出，而且是要在生产、教育和文化上继续前进，以便满足几乎是无限制的提高我们的生活水平的要求。战争是不需要的，有一切理由实行和平共处。”

第二次获得的荣誉法学博士，是加拿大维多利亚大学授予的。

1981年1月20日，中国人民对外友好协会派人前来联系关于宋庆龄接受加拿大多伦多市维多利亚大学授予的荣誉法学博士学位事宜。

1月21日，宋庆龄就接受这一学位一事，答复中国人民对外友好协会：因病，关节炎，不一定能出席授予典礼。

1月23日，嘱咐秘书复函中国人民对外友好协会，谓：我十分遗憾，健康绝不允许我今年接受加拿大多伦多市维多利亚大学授予的法学博士学位。可否请他们改期？

2月3日，宋庆龄同意接受加拿大维多利亚大学授予的荣誉法学博士学位。并且建议：届时如因健康原因不能出席，可请王炳南代为接受。

3月末，宋庆龄致函陈翰笙，商谈关于接受加拿大维多利亚大学授予的荣誉法学博士学位的答词内容。

4月9日，通过钟兴宝传达指示：第一，请王炳南购买两件具有中国特色的礼物，将它们赠送给加拿大维多利亚大学授予宋庆龄荣誉法学博士学位证书的来宾。第二，接受仪式地点在人民大会堂。第三，会后在家宴请外宾及有关人员。并定于5月8日举行接受仪式。

考虑到宋庆龄的健康状况，接受学位典礼拟订了两个方案：一是由宋庆龄亲自出席仪式；二是由王炳南代替。宋庆龄坚持第一个方案，亲自出席典礼。

为此，4月14日，为出席接受典礼，宋庆龄对秘书张珏口授具体程序安排："授学位的活动一般总是在该校的校园里举行。维多利亚大学出于尊敬，来到北京授学位，是借我们的地方，他们是主人，应该以他们为主。"

此时，重病的宋庆龄仍然头脑清晰，对仪式的细节，包括座位的安排等等，都一一作了口述安排。

4月20日，宋庆龄指示杜述周，5月8日请沈粹缜、李家炽夫妇参加维多利亚大学授予荣誉法学博士学位的授赠典礼，并初定在人民大会堂江苏、湖南两厅举行。

由于健康原因，宋庆龄采纳了预先录音的建议，同意在仪式上播放录音代替讲话。5月5日，在北京寓所书房，宋庆龄接受加拿大维多利亚大学授予荣誉法学博士学位的讲话录音。

5月6日，对外友协刘庚寅、贾继周前来北京寓所，商定5月8日参加宋庆龄接受加拿大维多利亚大学授予荣誉法学博士学位的授赠典礼的人员名单。宋庆龄指示：请沈粹缜、李家炽参加接受加拿大维多利亚大学授予荣誉法学博士学位的授赠典礼。

5月8日下午，宋庆龄乘坐面包车坐着轮椅来到人民大会堂江苏厅。稍事休息后，会见加拿大维多利亚大学校长霍华德·佩奇。之后，她穿戴好博士服，仍坐着轮椅来到了湖南厅，坐在大会主席台上。

授赠典礼由中国人民对外友好协会会长王炳南主持，宋庆龄在现场发表讲话。她既未采用事先录制好的讲话录音，也未接受她先读几句话，然后由翻译者译读全文的建议，而是手持讲稿，用流利的英语即席作了近 20 分钟的讲话。

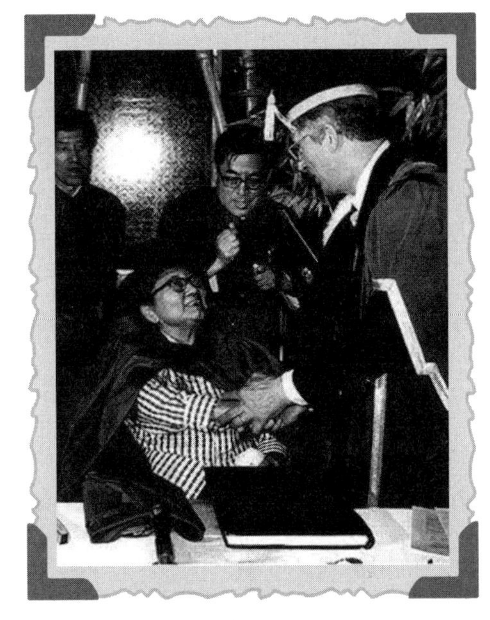

1981 年 5 月 8 日，宋庆龄副委员长获加拿大维多利亚大学荣誉法学博士学位。

她说："我为接受加拿大维多利亚大学博士学位感到荣幸。我接受这一学位，不是为我个人，而是把它看作是你们对中国人民的尊敬和友谊的象征……"

在 200 多位中外人士热烈的掌声中，宋庆龄从加拿大维多利亚大学校长手中接受了荣誉法学博士学位证书。这是宋庆龄一生中最后一次参加公众活动。

维多利亚大学校长霍华德·佩奇在仪式上致辞："这是加拿大维多利亚大学第一次在校园以外的地方授赠学位，所以今天的仪式是空前的、独特的。……宋庆龄是二十世纪最伟大的社会公仆和社会领导人之一……"

08. 至孝，与父母永远相伴

宋庆龄一生与书结缘。

儿时，从事出版业的父亲让她成为一名小作者、小编辑，于是，她有了当作者和主编的早期经历，受到了很好的启蒙教育。少时，她是一名痴书的少女，因此，无论身居何地，图书馆都是她最常去的地方。青春时，她酷爱读书，家中到处是书，丰富的藏书见证了宋庆龄对知识的渴求。

婚后的十年里，陪伴着孙中山著书立说的日子，是她最难忘的快乐时光。就连孙中山留给宋庆龄的遗产也是书。

而在孙中山离世后的漫长岁月里，读书、写书则成了宋庆龄生命的重要组成部分。无论是在孙中山与宋庆龄在上海共同生活的故居，还是孙中山逝世后宋庆龄在北京和上海的故居，人们都会惊奇得看到丰富的藏书。从这些藏书可以看出他们渊博的学识以及他们广泛的兴趣。

1956年，在孙中山诞辰90周年之际，宋庆龄不仅撰写并发表了《孙中山——中国人民伟大的儿子》和《回忆孙中山》两文，而且整理出一批珍藏了30多年的孙中山的重要文献和珍贵的遗物，其中包括《建国大纲》手稿等，寄给北京纪念孙中山诞辰90周年筹备委员会。

1956年11月9日，宋庆龄来到了上海故居。她久久地、饱含深情地凝视着中山先生的遗物——两件北伐时穿的衣服、一顶呢帽、两副眼镜、碗筷杯匙等餐具，以及中山先生当医生时用的医疗器具，共66件。这些遗物她保存了30多年，也陪伴了她30多年。

此时，宋庆龄深深地懂得，中山先生不仅仅是属于她一个人的，而是属于中国和中国人民的。她不能“自私”地永久将中山先生的遗物据为己有。

1966年11月12日，宋庆龄在北京参加纪念孙中山先生一百周年诞辰大会，并饱含深情地发表题为《孙中山——坚定不移、百折不挠的革命家》的演说。

在离开孙中山的日子里，宋庆龄坚定不移地践行着中山先生的“三大政策”和“三民主义”，而在对自己身后事作安排时，她没有和好朋友何香凝一样与夫“生同寝，死同穴”的想法，而是选择与父母永远相伴。

因为，父母不仅给予她生命，而且是教育她成长的启蒙老师，父母对宋庆龄一生的影响是巨大的。

宋庆龄喜爱音乐，尤其是弹钢琴，直到八十岁高龄还经常弹奏。她的钢琴教师即为她的母亲倪桂贞。在一天辛勤工作之余，她常在卧室里一面弹钢琴一面哼着她小时候听父亲唱的一些歌曲，作为休息。但是，多少年来，她从不在公众面前弹琴。

多少年来，宋庆龄一直保存着父亲留下来的歌曲书，其中有《纳什维尔第一卫理公会神圣公会教堂青年赞美诗集》《合唱及独唱歌曲集》等。

宋庆龄喜欢烹饪，这也是她的母亲倪桂贞培养的。母亲把做美国饭的窍门和乐趣都传给了她，使得她在漫长的一生中，经常会系上围裙，照着国外朋友寄来的新食谱试制。宴请来访的外国朋友时，她会出人意料地自己下厨做些“家常菜”来款待他们，此举给人以宾至如归的温馨感。

在宋庆龄生命最后的日子里，她多次表达了要永远与父母长相伴的想法。

1981 年 2 月 5 日，宋庆龄得知陪伴了她四十多年的李燕娥因病在北京医院去世，即请保姆钟兴宝、秘书杜述周转达指示：其一，李燕娥骨灰，火化后拿回家里来，因李不喜欢八宝山。其二，自己回上海时将骨灰盒带回上海。其三，把李燕娥骨灰安葬在花园或安葬在自己的母亲墓旁边。

秘书杜述周按照宋庆龄的委托，操办了李燕娥后事，并及时向宋庆龄汇报和请示。2 月 13 日，宋庆龄同意杜述周的报告，并书面批复：“我一直答应让李姐的骨灰埋葬在我父母的坟的边头，要立她的碑，我以后也要埋在那里。记得我家在那里有八穴地。”

宋庆龄的父母、兄弟姐妹八人，她清楚地记得曾经的“约定”——死后全家人要葬在一起。

新中国成立前的万国公墓宋氏墓地，除有父亲宋嘉树、母亲倪桂贞的合葬墓外，另有宋家子女六人的寿穴。宋庆龄没有忘记这个“约定”，希望身后永远陪伴父母。

除了宋氏的这个“约定”外，让宋庆龄没有选择南京中山陵而是上海万国公墓的原因，是因为她认为：孙中山是伟大的革命先行者，应该独自葬在中山陵，永远接受人们的瞻仰和纪念。

1981 年 2 月 21 日，宋庆龄致函韩湘眉，告之李燕娥去世的消息及自己的近况，再一次提及了对自己身后事的安排。她说：“我可怜的燕娥在好几天以前由一些信得过的朋友陪同，在上海曲江埋葬了。她的骨灰将埋在宋氏墓地。

我死后，将长眠在我忠诚的同伴旁边。在那里，朋友们会比在高耸的紫金山更容易找到。紫金山是只为真正伟大的人物服务的。”

宋庆龄曾想去翠亨村孙中山故居访问瞻仰，但由于国事繁忙及健康关系，始终没能实现这一夙愿。

1981 年 3 月，宋庆龄在病中又想到此事，因此，派三名工作人员赴翠亨村，拍摄了大量的孙中山故居照片。宋庆龄反复地翻看着照片，不放过任何一个细节，以此表达她对孙中山的思念之情。

1981 年 5 月 15 日，宋庆龄一生中最大的夙愿得以实现——中共中央政治局宣布接收宋庆龄为中国共产党正式党员。

5 月 17 日，晨，宋庆龄在病榻上收听中央人民广播电台时事广播，当听到全国人大常务委员会授予她中华人民共和国名誉主席的广播后，她高兴地对守候在身边的同志们说：“听清楚了，谢谢同志们。”

自 5 月 16 日起，中共中央、全国人大常委会、国务院开始发布宋庆龄患慢性淋巴性白血病及并发败血症的病情公告。

闻悉，中外各界友人的心被牵动了，纷纷致电、致函或亲自前来探望。

5 月 20 日，上午 9 时，在病榻上，宋庆龄与前来探望的廖承志谈了 20 分钟，这是她生前的最后一次长时间谈话。

宋庆龄说：“你们为我所做的一切，我很感谢。”喘了几口气后又接着说：“如果我有什么问题的话……如果我发生问题……”“叔婆请放心。我们将依照您的吩咐去做的。一切照您的意思去做。”听到廖承志的回答，宋庆龄一再点头，脸上浮现满意的笑容。分别时，廖承志握住宋庆龄的手说：“叔婆，请您不要再讲话了。请您好好休养。我明天再来看您。”宋庆龄的手也有力的回握，并微笑着说：“明天……明天……”然后又点了点头。

5 月 22 日，孙穗英、孙穗华及一些亲友从旧金山赶来了。二弟宋子良从美国纽约发来慰问电：“获悉你患病在身，不胜难过。为你的康复而祈祷。”

1981 年 5 月 29 日 20 时 18 分，宋庆龄病逝于北京，享年 88 岁。

6 月 3 日，在北京举行了隆重的宋庆龄追悼大会。6 月 4 日，遵照她的遗愿，遗体火化，骨灰运回上海，安葬于万国公墓的宋氏墓园，其父母陵墓的东侧。

伟大的宋庆龄永垂不朽！

宋庆龄追悼大会

宋庆龄故居

Postscript · 参考文献

1.《宋庆龄年谱长编》（上下册），主编：尚明轩，社会科学文献出版社。

2. 孙中山宋庆龄资讯网（http://www.sszx.org.cn/index.aspx）